새로운
사회를 여는
교육자치
혁명

진보 교육감 4년, 성과와 과제
새로운 사회를 여는 교육자치 혁명

초판 1쇄 인쇄 2014년 5월 15일
초판 1쇄 발행 2014년 5월 28일

지은이 한국교육연구네트워크
펴낸이 김승희
펴낸곳 도서출판 살림터

기획 정광일
편집 조현주
북디자인 구화정 page9
인쇄·제본 (주)현문
종이 월드페이퍼(주)

주소 서울시 마포구 서교동 395-27
전화 02-3141-6553
팩스 02-3141-6555
출판등록 2008년 3월 18일 제313-1990-12호
이메일 gwang80@hanmail.net

ISBN 978-89-94445-64-9 03370

새로운
사회를 여는

교육자치 혁명

한국교육연구네트워크 엮음

진보 교육감 4년, 성과와 과제

살림터

이 책을 펴내며

그동안 우리나라 교육은 중앙 정부의 직접적인 통제로 인해 획일화되어 왔고, 교육정책은 주민들의 민의보다는 정치적 논리나 경제적 이해관계에 의해 좌우되었기에 지방자치뿐 아니라 이와 연동된 교육자치라는 제도의 구현이 원초적으로 불가능했던 비민주적 역사를 가지고 있다. 공교육제도 가 도입된 이래 우리나라 교육행정은 구조적으로 교육 자체의 논리에 의해 교육 활동을 지원하기보다는 국가의 정치·경제적 목표를 실현하기 위한 수 단의 역할을 해왔다. 국가의 온갖 시정 목표가 교육 목표가 되고 교육행정 은 이를 교육 현장에 관철시켜 평가하고 관리·통제하는 기능을 수행해온 결과 교육행정이 본래의 교육 지원 기능을 하지 못하고 오히려 교육 현장 에 온갖 짐을 부과하여 교육이 살아날 수 없게 하는 역할을 해왔다. 이러한 가운데 부분적으로 실시된 우리의 지방 교육자치 제도는 '깁고 누비는' 과 정을 밟아왔다고 할 수 있다(김용일,『지방 교육자치의 현실과 이상』, 2009). 지방 교육자치 제도를 옷이라고 한다면, 제도에 거는 기대와 요구를 몸에 비유할 때 이런 표현이 가능하다.

완벽한 제도의 구현은 아니지만, 2010년 주민 직선 교육자치 시대가 열림에 따라 교사, 학부모, 학생 등 교육 주체들의 요구를 반영한 교육정책이 본격화되기 시작하였다. 전국 지방자치단체 동시 선거와 함께 전국의 모든 지역에서 주민 직선에 의한 교육감이 선출된 것이다. 이와 함께 본격적으로 교육자치 시대가 개막되었다. 주민 직선 교육자치는 단지 교육감을 주민들이 직접 선출했다는 데에만 의미가 있는 것은 아니다. 각 지역에서 주민들의 민의를 반영한 교육정책이 수립되고 집행되었다는 점, 교육행정과 학교 운영에 있어서 교사, 학부모, 학생, 주민이 직접 참여하는 통로가 열렸다는 점에 그 의미가 있다.

특히 혁신학교, 무상급식, 학생인권 등 새로운 교육적 의제가 본격적으로 제기됨에 따라 우리나라 교육정책의 근본적인 패러다임 전환이 이루어졌다. '경쟁과 차별'을 넘어 '협력과 지원'이라는 새로운 교육 패러다임이 수립되었고, 무상교육 확대 등 공교육의 근본적 가치가 제기되었으며, 학생인권 보장 등 교육적 약자에 대한 배려가 강조되었다. 우리 사회가 이러한 교육적 의제에 대해 본격적으로 논의하게 된 것이야말로 교육자치의 성과라 할 수 있다.

이 책은 2010년 이후 제1기 주민 직선 교육자치 시대의 성과와 과제에 대한 본격적인 논의의 장을 마련하기 위해 기획되었다. 특정한 지역이나 한정된 주제가 아니라 전국적인 차원에서의 여러 교육정책을 본격적으로 다루고자 하였다. 이는 특히 2014년 전국 지방자치단체 선거를 맞이한 지금, 민선 2기 교육자치 시대의 의미는 매우 크다고 할 수 있다.

「교육자치가 시작되다: 주민 직선 교육자치 1기, 성과와 과제」는 이 책의 총론에 해당한다. 여기서는 지난 4년 동안 진행되었던 각 지역 교육자치의 성과를 공교육 혁신, 보편적 교육 복지, 존중과 배려의 학교 문화, 교육 주체 참여의 제도화 측면에서 분석하였다. 그리고 이러한 성과를 계승하기 위한 향후 과제로서 보편적 교육 복지 확대, 혁신학교의 전국화, 교육협동조합 활성화, 민관 거버넌스 내실화, 친환경 생태교육·비폭력 평화교육 강화, 학교 비정규직 문제 해결 등을 제시하였다.

　제1부 '학교가 바뀌다'에서는 교육자치 출범 이후 혁신학교, 학생인권조례, 학교 자치, 평준화 확대, 사립학교 개혁 등으로 인해 달라지고 있는 우리 학교의 모습을 전반적으로 다루고 있다.

　「공교육 혁신의 모델, 혁신학교」에서는 제1기 주민 직선 교육자치의 대표적인 정책이었던 혁신학교의 성과와 과제에 대해 다루고 있다. 여기서는 6개 지역에서 동시에 추진된 혁신학교의 현황과 철학을 제시하고 그 성과를 학교 만족도, 학업 성취도를 중심으로 분석하였다. 또한 혁신학교 추진 동력 형성 및 지원 체제 강화의 측면에서 향후 발전 과제를 제시하였다.

　「학생, 참여와 인권을 만나다」에서는 학생인권 보장과 학교 폭력 예방을 위한 성과를 제시하고 있다. 여기서는 각 지역에서 추진하였던 학생인권조례의 내용과 이에 대한 논란, 그리고 학생인권 정착을 위한 구체적인 성과를 제시하였다. 또한 최근 심각한 사회문제로 대두되었던 학교 폭력 문제에 대한 대응책을 다루었다. 그리고 인권이 보장되는 평화로운 학교를 만들기 위한 향후 과제를 제시하였다.

　「교사, 학생, 학부모가 주인 되는 학교」에서는 참여와 소통이 보장되는 학교 자치를 위한 노력과 성과를 제시하였다. 우선 교육 주체의 참여를 보장하기 위한 각 지역에서의 노력을 소개하였으며, 그 구체적인 모습으로서 서울의 혁신학교인 상원초등학교의 학교 운영 사례를 제시하였다. 나아가 이러한 성과와 노력이 보다 확산되기 위해 필요한 법적·제도적 과제를 제시하였다.

　「평준화 확대로 학교가 살아나다」에서는 지난 4년 동안 고교 평준화 정책이 새롭게 적용된 경기도 광명·안산·의정부, 강원도 강릉·원주·춘천, 충청남도 천안 지역의 사례를 다루고 있다. 이 지역에서 고교 평준화 정책이 적용된 경과와 그 성과에 대해 다룬 후, 공교육의 보편적 원리에 따른 평준화 정책의 과제를 제시하고 있다. 특히 이 연구는 지난 이명박 정부의 '고교 다양화 정책'에 따른 학교 서열화가 심각한 부작용을 낳고 있는 가운데 고교 평준화 확대의 의의를 다루고 있다는 점에서 주목할 만하다.

「국민에게 박수 받는 사립학교 만들기」는 우리나라 중학교의 20%, 고등학교의 40%를 차지하고 있는 사립학교의 민주성과 공공성 강화를 위한 과제를 다루고 있다. 우선 사립학교에서 끊임없이 발생하고 있는 비리의 구조적 원인을 분석하고, 이를 해결하기 위한 각 시도 교육청의 노력을 분석하였다. 나아가 사립학교의 민주성과 공공성을 강화하기 위한 향후 법적·제도적 과제를 제시하고 있다.

제2부 '수업이 바뀌다'에서는 교육자치 시대에 새롭게 변화하고 있는 교육과정 및 수업의 양상을 다루고 있다.

「교육과정 혁신의 성과와 과제」에서는 급변하는 사회 변화에 맞추어 각 시도 교육청에서 어떠한 교육과정 혁신의 노력을 기울여왔는지를 분석하고 있다. 여기서는 각 지역에서 공통적으로 나타나고 있는 양상을 분석한 후 특히 광주교육청의 사례를 집중적으로 분석하였다. 나아가 '누구나 존엄한 사회, 품위 있는 삶을 영위할 수 있는 시민'을 위한 교육과정 혁신의 과제를 제시하였다.

「'학습 복지'에 관한 발전적 시론」에서는 모든 학생이 소외받지 않고 자신의 잠재력을 극대화할 수 있는 조건으로서의 '학습 복지' 개념을 제시하였다. 이는 기존의 '보편적 교육 복지'에 머물지 않고 학습 조건 및 학습 결과를 두루 포괄할 수 있는 새로운 개념이라 할 수 있다. 이 연구에서는 이 개념을 바탕으로 기초학력 보장, 보편적 학습 설계, 체계적 학습 지원, 학습공동체 구현 등의 향후 과제를 제시하였다.

「학습 복지와 수업 혁신의 출발: 학급당 학생 수 감축 및 협력교사제 도입」에서는 '혁신교육지구'에서 시도된 학급당 학생 수 감축 및 협력교사제의 성과를 분석하였다. 이들 정책이 구체적으로 수업 혁신 및 생활지도 혁신, 학습 부진 예방 및 교육과정 혁신에 어떠한 긍정적인 영향을 주었는지 분석하였다. 그리고 향후 학급당 학생 수 감축 및 협력교사제 도입을 위한 구체적인 정책 방향을 제시하였다.

「더불어 사는 시민 역량 강화를 위한 민주시민교육」에서는 우선 민주시민교육의 개념과 도입 배경을 설명하였다. 그리고 경기도교육청의 사례를 살핀 후 그 성과와 함께 한계점까지 분석하였다. 나아가 민주시민교육을 위한 교사의 역량 강화, 청소년의 민주적 자치활동 강화, 봉사학습 체제 도입, 세계시민교육 강화 등 향후 과제를 제시하였다.

제3부 '교육청이 바뀌다'에서는 교육자치 시대 이후 새롭게 변화하고 있는 교육행정의 모습을 다루고 있다.

「돌이킬 수 없는 시대정신, 무상교육」에서는 각 시도 교육청의 무상교육 확대의 경과와 성과를 분석하고 있다. 여기에는 무상급식 확대뿐만 아니라 학습 준비물 지원, 수학여행 및 체험학습비 지원 등 다양한 영역에서의 무상교육 확대 정책이 망라되어 있다. 그리고 이러한 무상교육 정책이 실질적으로 학생 및 학부모에게 어떠한 혜택을 주었는지 나아가 공교육에 대한 인식 변화에 어떠한 영향을 주었는지 분석하고, 향후 과제를 제시하고 있다.

「지방자치단체와 교육청이 함께 책임지는 교육」에서는 지방자치와 교육자치의 협력 체제에 대해 다루고 있다. 우선 지방자치와 교육자치의 교육협력 구조를 다양한 유형으로 분석하고 각각의 특징을 다루었다. 그리고 이에 따른 성과를 분석한 후 향후 지방자치와 교육자치의 협력을 위한 과제로서 교육행정협의회 구성, 교육협력관제 활성화, 안정적 재원 확보 및 집행 등을 제시하였다.

「교육 비리 해소, 인사제도 개선이 답이다」에서는 끊임없이 불거지고 있는 교육 비리의 원인을 구조적 차원에서 분석하고 있다. 그리고 이러한 비리를 해소하기 위해 각 시도 교육청에서 진행한 장학사 시험제도 개선, 사무관 선발제도 개선, 교장 공모제 확대, 교육장 공모제 확대 등을 구체적으로 제시하고, 향후 발전 방향을 모색하였다.

「또 하나의 교육 가족, 학교 비정규직」에서는 최근 학교 현장에서 급속도로 확산되고 있는 학교 비정규직 노동자의 문제를 다루고 있다. 여기서는 학교 비정규직 노동자들이 처해 있는 현실을 구체적인 통계 자료를 통해 분석하고, 각 시도 교육청에서 학교 비정규직 처우 개선을 위해 어떠한 제도적 개선책을 마련하였는지 제시하였다. 그리고 이를 해결하기 위한 과제로서 교육감 직고용, 교육공무직법 개정 등을 제시하였다.

「교육협동조합, 협동으로 교육을 살리다」에서는 최근 확산되고 있는 협동조합운동의 흐름과 관련하여 교육협동조합 설립의 현황을 분석하였다. 특히 아직은 낯선 교육협동조합운동이 실제 역사적으로는 오랜 뿌리가 있음을 제시하였다. 나아가 최근 학교 매점, 공동 육아, 방과후학교 등 최근 공교육 영역과 접목되고 있는 교육협동조합운동을 소개하고, 민관 협력 교육협동조합의 모델을 제시하였다.

이 연구물은 개인의 연구 결과가 아니라 여러 연구자들의 집단적인 연구의 결과이다. 특히 경기도교육연구원, 광주교육정책연구소, 전남교육정책연구소, 전북교육정책연구소에 소속된 연구원들이 기초 자료를 수집하고 전반적인 방향을 제시하였다. 이 자료를 바탕으로 교육학 연구자들이 각각의 주제에 대해 자료를 정리하고 원고를 작성하였다.

「주민 직선 교육자치 1기, 성과와 과제」와 「또 하나의 교육 가족, 학교 비정규직」은 한만중 선생이, 「공교육의 새 모델, 혁신학교」와 「교육과정 혁신의 성과와 과제」는 성열관 교수가, 「학생, 참여와 인권을 만나다」, 「국민에게 박수 받는 사립학교 만들기」, 「학습 복지와 수업 혁신의 출발: 학급당 학생 수 감축과 협력교사제 도입」은 이형빈 선생이, 「교사, 학생, 학부모가 주인 되는 학교」는 이용환 선생이, 「평준화 확대로 학교가 살아나다」는 성기선 교수가, 「'학습 복지'에 관한 발전적 시론」은 이수광 선생이, 「더불어 사는 시민 역량 강화를 위한 민주시민교육」은 심성보 교수가, 「돌이킬 수 없는 시대 정신, 무상교육」은 이윤미 교수가, 「지방자치단체와 교육청이 함께 책임지는 교육」은 하봉운 교수가, 「교육 비리 해소, 인사제도 개선이 답이다」는 김용 교수가, 「교육협동조합, 협동으로 교육을 살리다」는 김언순 선생이 대표로 집필하였다. 하지만 이 원고들은 여러 연구자들의 집단적인 연구 결과물이라 할 수 있기 때문에 책의 본문에서는 개별 저자를 명기하지 않았다.

이 연구물은 제1기 주민 직선 교육자치 시대의 성과와 한계를 분석하고 향후 과제를 제시하기 위한 집단적 노력의 산물이다. 이 연구 결과가 아무쪼록 한국 교육자치의 발전에 많은 시사점을 제공하고, 향후에 보다 본격적인 논의가 활성화되는 데에 기여하기를 고대한다.

한국교육연구네트워크 이사장

심성보

차례

교육자치가 시작되다:
주민 직선 교육자치 1기, 성과와 과제

1. 여는 글

우리 사회 발전의 원동력이었던 교육은 과도한 공·사 교육비 부담으로 저출산 문제의 주범이라는 오명을 얻고 있다. 또한 국제학업성취도평가(PISA)에서 최상위권의 실적을 내고 있지만, 비슷한 순위의 핀란드에 비해 두 배 이상의 과도한 학습 시간으로 인해 학생들의 학업에 대한 흥미와 자기 주도성은 최하위권에 머물러 있다. 우리 교육의 이러한 고질적인 난제를 해결하기 위한 방안으로 '두 개의 길'이 제시되어왔다. 하나는 경쟁을 통한 공교육의 효율성을 강화하는 방안인 시장주의 교육개혁으로, 이는 1995년 5·31 교육개혁 방안이 발표된 이후에 지속적으로 추진되었으며 이명박 정부에 이르러 전면화되었다. 또 하나의 방안은 진보 진영을 중심으로 학벌 체제 등 사회구조적인 문제 해결과 사회적 기본권으로서의 교육권 실현을 위한 무상교육 강화 등이 제시되었다.

한편 2000년도 초반에 교실 붕괴론이 유포되고 평준화 망국론이 기승을 부리면서 학교 선택권 보장을 내세운 학교 다양화(계층화) 정책이 추진되었다. 반면에 농어촌 학교 통폐합이 본격화되는 과정에서 작은 학교 살리기 운동이 나타났다. 폐교 위기에 처한 학교를 교육과정 개편 등을 통해 새로운 학교로 변화시킨 남한산초등학교 등에서 교육적 성취가 이루어지면서 학교 개혁 운동이 본격적으로 확산되었다. 공급자인 교사와 학교 간의 경쟁을 강화하여 소비자인 학생과 학부모를 위한 학교를 만든다는 학교 정책에 맞서 교사의 자발적인 학교 혁신을 바탕으로 교육 주체의 자발적 참여와 협력을 통해 새로운 학교를 만든다는 또 다른 학교 정책이 학교 개혁 운동 차원을 넘어서 제도화되는 흐름이 나타난 것이다.

자율과 분권을 내세운 이명박 정부가 일제고사 등 경쟁 체제를 중심으로 하는 정책을 전면화하는 가운데 2010년 6월 전국적 단위에서 최초로 주민 직선에 의한 교육감, 교육의원 선출이 이루어졌다. 2006년 「지방 교육자치에 관한 법률」이 개정되면서 2008년 부산 교육감 선거에서부터 직선제가 도입되었다. 2009년 경기 교육감 보궐 선거에서는 특권 학교 반대, 혁신학교, 친환경 무상급식 등을 주요 공약으로 내세운 김상곤 교육감이 당선되었다. 2010년 6월 전국에서 동시에 실시된 지방 교육자치 선거에는 이러한 정책들을 주요 공약으로 내세운 6명의 후보가 당선되었다.

2010년 지방 교육자치 선거는 시장주의 교육개혁과 진보주의 교육개혁이라는 두 개의 길이 국민들에게 제시되고 선택을 받는 과정이었다고 할 수 있다. 기존의 정부 차원의 교육 시장화 정책 추진에 대해 진보적 교육 단체들이 반대하고 저지하는 방식을 넘어서서 새로운 진보적 교육개혁을 시도 교육청 차원의 정책으로 추진하는 새로운 국면이 열리게 된 것이다. 비록 16개 교육청 중에 6개 교육청에 해당하지만, 전국의 과반수 이상의 학생과 교직원을 담당하는 교육청에서 주민 직선에 따라 선출된 교육감에 의해 진보적 교육개혁이 추진되는 지형이 만들어진 것이다.

이러한 의미에서 2010년 주민 직선 교육감 당선 이후 지난 4년 동안 우리

교육의 변화를 살펴보는 것은 중요한 의미를 지닌다. 정부 차원에서는 여전히 시장주의 교육개혁을 기본 원리로 하는 정책이 추진되고 있지만, 6개 교육청에서 추진해온 진보적 교육개혁 정책은 다른 지역의 교육청과 정부의 정책에도 직간접적인 영향을 미쳐왔다. 여기에서는 지난 4년 동안에 나타난 학교 현장의 변화를 중심으로 공교육에서 나타난 일련의 흐름을 조망하고 교육 복지의 확대 등에 따른 교육적·사회경제적 효과를 살펴볼 것이다. 이를 통해 교육이 희망이 아닌 고통이 되어버린 현실을 타개하고 미래 사회를 이끌어갈 교육의 방향을 모색해보고자 한다.

2. 주민 직선 교육자치 4년의 변화

교육의 자주성, 전문성 그리고 지방 교육의 특수성을 살리는 교육자치의 시대, "가장 지역적인 것이 가장 세계적인 것이다."라는 글로컬리제이션 (Glocalization)의 시대가 열렸습니다. 중앙 정부에서 시도 교육청으로, 시도 교육청에서 개별 학교로, 학교에서 선생님들, 학생들, 학부모들에게로 이어지는 자치의 연쇄 속에, 자유의 공간이 확대되고, 그 공간에서 모든 교육 주체들은 자율성을 단련할 것이며, 우리 민주주의는 성숙해질 것입니다.

–〈주민 직선 교육감 취임 1주년 교육 혁신 공동선언문〉 중에서(2011년 6월 8일)

민선 교육감이 당선되고 나서 본격적으로 정책을 추진하게 된 2011년에는 가치가 서로 다른 정책들이 충돌하면서 갈등이 벌어졌다. 혁신학교와 창의경영학교, 체벌 금지와 간접 체벌 허용, 강원·경기 지역에서의 평준화 확대 정책과 교과부의 사실상의 저지 활동, 친환경 무상급식 실시와 오세훈 서울시장의 전면 무상급식 반대 활동 등이 대표적이다. 이러한 현상의 본질은 근본적으로 교육의 가치, 철학의 문제이다.

"경쟁에서 협력으로", "차별에서 지원으로"를 내세운 새로운 가치가 교육청의 교육 시표와 주요 성책 과세로 설성되는 시내가 열렀나. 6개 교육청에서 '지식 중심의 경쟁적인 교실'에서 '소통과 협력으로 꿈을 이루는 교실'로의 전환을 위한 시도가 이루어져왔다. 경기교육청이 2013년에 발간한 『혁신교육 백서 - 주민 직선 교육자치 4년의 기록』은 '혁신학교, 교육 공공성의 강화, 차별 없는 보편적 교육 복지 확대, 인간의 존엄성과 더불어 사는 민주시민, 미래형 인재 교육의 패러다임 전환' 등의 교육 목표와 가치를 구현하기 위한 과정과 성과를 기록하고 있다. 전남교육청의 『전남교육계획 2013』에 제시된 전남 교육 5대 시책은 '학생 중심 학교 운영 실현, 수업혁신 기본 학력 정착, 소통하는 학교 문화 조성, 차별 없는 교육 복지 확대, 지원 중심 교육행정 구현'으로 구성되어 있다. 학생 중심의 교육, 모든 학생에게 최소한의 학습력을 길러주는 교육 등 진보적 교육 가치가 중심인 것을 볼 수 있다.

또한 강원교육청은 '친환경 무상급식 지원'이라는 개념을 '친환경 급식 지원'이라는 개념으로 바꾸었다. 공교육[1]에서 급식 지원은 국가가 마땅히 책임져야 하므로 '무상'이라는 용어가 의미가 없다는 것이다. 이명박 정부에서 전문계 고등학교(현재의 특성화 고등학교)의 무상교육이 이루어지고 박근혜 정부에서도 고등학교 무상교육 실시를 추진하게 된 것은 진보적 교육개혁의 흐름을 보수 진영도 외면하기 어려운 상황이라는 것을 반증한다. 이처

---

1) 근대 공교육은 교육 내용에 있어서 보통교육(general education), 교육 방식에 있어서 국가에 의해 강제로 실시되는 의무교육(compulsory education), 교육비 충당에 있어서 세금에 의해 지원되는 무상교육(free education)을 기본 원리로 운영되는 대중 교육(mass education)이자 공교육(public education)을 기본 원리로 하고 있다.

새로운 사회를 여는
교육자치 혁명

럼 2010년 선거 이후 주요 정책의 변화는 '시장주의 교육개혁의 퇴조와 진
보적 교육개혁으로의 전환'으로 규정할 수 있을 것이다. 이러한 변화의 과
정이 우리 교육에서 어떠한 의미를 지니고, 향후 우리 교육이 해결해야 할
주요한 과제는 무엇인지 살펴보자.

(1) 공교육 혁신과 보편적 교육 복지를 통한 교육 공공성 강화

2013년 대통령 선거 당시 용인 지역에는 새누리당에서 내건 혁신학교와
친환경 무상급식을 확대하겠다는 플래카드가 걸렸다. 2009년 보궐 선거를
통해 당선된 김상곤 교육감이 추진하던 무상급식을 포퓰리즘이라 비판하면
서 예산 통과를 거부하던 입장과는 사뭇 달라진 것이다. 경기도의 중산층 아
파트가 밀집되어 있는 지역에는 아파트 주민들의 명의로 "ㅇㅇ학교 혁신학
교 지정, 선생님 감사합니다."라는 플래카드가 걸렸다. 주민 직선 교육감이
전국적으로 선출된 이후 2014년을 맞이한 현재까지 우리 교육의 대표적인
변화는 무상교육과 혁신학교가 전국적인 흐름으로 확산되고 있다는 것이다.

(가) 친환경 무상급식

2013년 7월 기준 전국 초중고 학생 648만 2,000명 가운데 무상급식이 지
원되는 학생은 435만 6,000명으로 무상급식 지원 비율은 67.2%에 이르고
있다. 전남의 경우에는 읍 이하 고등학교에도 무상급식을 실시하여 88.7%
에 이르고 있는 반면에, 울산 지역은 무상급식 지원 대상이 초등학교 전체를
포괄하지 못해 37.4% 수준에 머무르고 있다. 하지만 현재 전국의 17개 교육
청 전부에서 무상급식을 실시하고 있다.

경기도의 경우 2013년에는 유치원 · 초등학교 · 중학교 전체 학년 학생 137
만 7,963명에 대해 무상급식이 실시되었다. 경기교육청이 2012년 10월 도
내 초등학교 248개교의 학생, 학부모 교직원 3만 7,426명을 대상으로 실시

한 '2012 친환경 무상급식 만족도 설문 조사 결과'에 따르면, 급식의 질에 대한 만족도는 83.3%로서 2011년에 비해 12.8% 상승했으며, 급식 운영에 대한 만족도는 85%로서 2011년에 비해 12.7% 상승했다. 그리고 '무상' 급식 방식에 대한 만족도는 85.6%로서 2011년에 비해 8.4% 상승했으며, '친환경' 급식에 대한 만족도는 90%로서 2011년에 비해 무려 15.8% 상승한 것으로 나타났다. 또한 친환경 무상급식이 실시되면서 연간 약 51만 7,000원의 학부모 부담 경감 효과가 발생한 것으로 추정되며 학생들의 낙인감 해소 및 자존감 향상의 효과를 나타냈다. 이뿐만 아니라 사회 양극화가 심각한 우리 사회에서 소득의 재분배 효과가 나타나기도 하였다.

무상급식의 경제적 효과로는 재분배 효과와 승수 효과를 들 수 있다. 재분배 효과란 세금을 더 걷어서 무상급식을 할 경우 누진세 제도 때문에 고소득층의 소득 일부가 중저소득층으로 이전되는 현상을 가리킨다. 그리고 승수 효과란 무상급식으로 인한 고소득층의 소비 감소보다 저소득층의 소비 증가가 더 크기 때문에 국민소득이 증가하는 것을 의미한다.

무상급식을 둘러싼 사회적 논쟁은 한국 사회에 무상교육과 무상의료 등 진보 정당이 제기하였던 사회적 권리로서의 보편적 복지를 현실적으로 구현하는 경로를 마련하게 되었다. 사실상 무상급식이 전국적으로 확산되고 무상보육으로까지 영역을 확대하며 '보편적 복지' 담론이 우리 사회에 자리 잡아가고 있다. 보편적 복지 담론이 크게 부상하면서 모든 사회 구성원들이 복지에 대한 새롭고 전향적인 인식을 가지게 되었다. 그 결과 보편 복지 담론은 무상보육, 무상의료, 반값 등록금, 기초노령연금 등의 영역으로 확대되고 있다. 박근혜 후보가 대선 공약으로 교육 복지 공약을 내세운 것은 이러한 사회적 요구와 흐름을 거스르기 어려웠기 때문일 것이다.

박근혜 정부 주요 교육 복지 공약

• 고교 무상교육을 단계적으로 실시하여 수업료·입학금·학교 운영 지원비·

교과서 대금을 무상 지원

  - 2014년부터 매년 25%씩 확대하여 2017년에 전면 무상교육 실시.

• 소득 하위 80%까지 '소득 연계 맞춤형 국가 장학금'을 지원하여, 대학 등

록금 부담을 절반으로 경감

  - 소득 1~2분위 등록금 전액, 소득 3~4분위 75%, 소득 5~7분위 50%,

소득 8분위 25%를 지원.

  - 2014년 대학 등록금 실질적 반값 정책 완성.

  - 소득 9~10분위 학생에게도 학자금 대출 자격 부여.

• 대학 재정 지원 대폭 확대

  - 대학에 대한 정부 재정 지원 규모를 GDP 대비 0.7%에서 1%(OECD 평

균 수준)로 대폭 확대.

친환경 무상급식과 함께 무상교육 확대를 통해 보편적 교육 복지의 토대를 마련하는 정책이 다각도로 추진되어왔다. 학생 수업에 필요한 학습 자료를 학교에서 제공하여 학부모의 경제적·심리적 부담을 경감시키고, 소외 계층의 교육 복지 향상 등을 위해 시행하고 있는 학습 준비물 지원 정책은 현재 인천을 제외한 16개 시도 교육청에서 실시하고 있다. 북유럽 사회 등 무상교육이 실시되고 있는 국가들은 교육 활동에 필요한 경비를 학부모가 부담하지 않고 학교에서 제공하고 있다. 지난 4년 동안 시도 교육청 차원에서 초·중학생 수학여행비, 체험학습비 지원이 진보 교육감 지역을 중심으로 교육 소외 계층의 활발한 교육 활동 보장, 학부모 부담 경비 경감 및 현장

체험학습 확대, 보편적 교육 복지 실현 등을 위해 이루어졌다.

무상급식 및 무상교육의 확대는 진보 교육감 지역에서 더욱 적극성을 띠고 있지만, 대부분의 교육청에서 보편적 교육 복지 차원에서 무상급식 및 무상교육을 확대해나가고 있다. 하지만 이러한 흐름을 반영하여 대통령 선거 공약으로 제시하였던 박근혜 정부는 고등학교 무상교육, 대학교 반값 등록금 등의 정책을 공수표로 만들고 있다. 또한 무상급식 등의 예산이 지역 교육청과 지방자치단체의 예산으로 운영되면서 지방 교육재정을 압박하고 지역별 편차를 보이는 등 문제점이 나타나고 있다. "누구나 언제 어디서나"라는 보편적 복지 차원의 무상교육이 실시되기 위해서는 중앙 정부 차원의 정책과 예산 편성이 이루어져야 할 것이다.

(나) 혁신학교: 학교 혁신을 통한 공교육 강화

우리나라는 대학 진학률이 80%를 넘고 있어 고등 교육까지 보편화 단계를 보여주고 있지만, 학력 간 업종 간의 사회경제적 격차와 학벌 체제 등으로 입시 경쟁 체제가 더욱 강화되는 상황에서 벗어나지 못하고 있다. 이로 인해 학생에게는 학교와 학원을 오가는 세계 최장 시간의 학습 시간을 학부모에게는 공·사 교육비 부담을 주고 있다. 하지만 근본적인 해결 방안을 찾지 못한 채 평준화 망국론, 교실 붕괴론 등의 부정적 담론이 확산되고, 교사의 경쟁력 강화를 위한 교원평가 실시 등의 경쟁과 통제 중심의 정책이 추진되어왔다.

이러한 여론의 흐름에 정치적인 부담을 가졌던 역대 정권은 공교육 강화를 통한 사교육비 경감을 핵심적인 정책으로 제시해왔다. 시장주의 교육개혁을 가장 본격적으로 추진한 이명박 정부 역시 "학교교육 만족 두 배, 사교육비 절반"을 슬로건으로 내세웠다. 그런데도 정권의 정치적 부담으로 작용해온 사교육비는 계속적으로 증가하고 있고 학교 폭력 문제가 심각성을 띠는 등 학교는 교육 공간으로서의 의미를 찾지 못하고 있다.

새로운 사회를 여는
교육자치 혁명

'혁신학교'는 이러한 상황을 타개하는 해결책이 될 것인가? 혁신학교가 6개 교육청을 중심으로 확대되고 지역 주민들의 적극적 호응을 받게 되면서 지난 대통령 선거에서 문재인 후보는 "모든 학교를 혁신학교로"라는 슬로건과 공약을 제시한 바 있다. 2013년 경기교육청은 '혁신학교 시즌 II'를 발표하면서 혁신학교의 일반화를 기본 방향으로 설정하였다. 전북에서도 2011년에 20개 학교로 시작한 혁신학교가 본래의 계획을 뛰어넘어 2012년에는 50개 학교, 2013년에는 84개 학교, 2014년에는 101개 학교로 늘어나는 놀라운 성장세를 보이고 있다.

이른바 특권 학교로 지칭되는 특목고와 자율형 사립고, 국제학교 등은 특정 계층의 교육적 요구를 반영하는 학교이다. 이에 비하여 농어촌 지역과 교육 환경이 열악한 지역을 중심으로 지정된 혁신학교가 경기도 보평초등학교 등 대도시에서도 일정한 성과를 보이면서 학생과 학부모의 지지를 받고 있는 것은 주목할 대목이다. 다음의 표에서 나타난 것처럼 혁신학교는 전국 단위로의 확산 가능성을 보이고 있다.

교육청명	혁신학교 현황
경기도교육청	• 혁신학교 227교 운영 – 초등학교 113교, 중학교 88교, 고등학교 26교(예비 지정교 72교)
서울특별시교육청	• 서울형 혁신학교 67교 운영 – 초등학교 36교, 중학교 21교, 고등학교 10교
광주광역시교육청	• 빛고을혁신학교 18교 운영 – 초등학교 10교, 중학교 6교, 고등학교 2교
전라남도교육청	• 무지개학교 51교 운영 – 초등학교 34교, 중학교 15교, 고등학교 2교
전라북도교육청	• 혁신학교 84교 운영 – 유치원 1원, 초등학교 54교, 중학교 25교, 고등학교 4교

강원도교육청	• 행복더하기학교 41교 운영 – 초등학교 22교, 중학교 13교, 고등학교 6교
	합계 488교
대구광역시교육청	• 행복학교 11교 운영 – 초등학교 10교, 중학교 1교
충청남도교육청	• 행복고감학교 15교 운영 – 초등학교 7교, 중학교 6교, 고등학교 2교
경상남도교육청	• 꿈나르미학교 10교 운영 – 초등학교 10교(예비 지정교 80교)
제주특별자치교육청	• 제주형 자율학교 51교 운영 – 초등학교 36교, 중학교 10교, 고등학교 5교
기타 87교	합계 575교(혁신학교 488교+기타 87교)

*2013년 9월 현재

혁신학교의 빠른 확산에 대한 우려와 비판이 일각에서 제기되고 있지만 일련의 연구 결과에서 나타난 학생과 학부모, 교사의 높은 만족도는 공교육의 혁신 모델로서 혁신학교의 가능성을 보여주고 있다. 혁신학교는 교사에게는 수업 혁신과 생활지도 효능감, 교육과정 혁신, 학교 공동체감, 교사 집단 효능감 등이 높았으며, 학생에게는 수업 참여도, 학생 자치활동, 교사 관계 형성, 학생인권 존중, 자기 효능감이 일반 학교에 비해 높은 것으로 나타나고 있다. 이는 결과적으로 학력 향상에도 기여하게 하였고, 학교 폭력의 감소, 학생 건강의 증진, 사교육비 경감 효과로 나타났다.

먼저 경기도교육청 소속 혁신학교의 학생·학부모·교사 만족도를 보면 초등의 경우 혁신학교로 지정되기 전인 2009년 70.0%에서 2010년 85.8%로, 중학교는 2009년 49.0%에서 2010년 68.0%로 높아졌다. 경기도 초등학교는 2011년에 전년도 대비 270학급이 감소하고 중학교는 46학급이 감소했지만, 혁신학교에서는 오히려 학생 수가 증가하고 있다. 예컨대 조현초등학교는 2009년 혁신학교로 지정되자 학생 수가 90명에서 230명 이상으로

새로운 사회를 여는
교육자치 혁명

늘었고, 2012년에는 313명으로 급증하였다. 동시에 학교 주변 집값은 2009년 방송에 학교가 소개되고 혁신학교 지정이 되면서, 전세 2,500만원 하던 집값이 최근에는 1억 3,000만 원까지 올랐다.

경기도교육청은 2011년 혁신학교의 기초학력 미달 학생 비율이 전년도에 비해 초등 1.7%, 중학교 4.1%가 감소했다고 밝혔다. 이것은 도내 평균 초등학교 0.3%, 중학교 2.5%가 감소한 것에 비해 상당히 큰 폭이라고 할 수 있다. 서울 지역의 혁신학교 61곳과 일반 학교 29곳의 학생·학부모·교사 등 1만 4,811명을 대상으로 진행한 설문 조사 결과, 혁신학교 학생들이 느끼는 학교 만족도는 초·중·고교 모두에서 일반 학교보다 높았다. 초등학생의 경우 일반 학교의 만족도는 4점 만점에 3.17점이었으나 2011년 지정된 1기 혁신학교에서는 3.32, 이듬해 2기 혁신학교에서는 3.33으로 높아졌다. 혁신학교에 대한 만족도가 높은 이유는 학생들의 적극적인 참여에 있다. 강의식 수업을 하다가 공동 해결 과제를 내주고 답을 찾게 하거나 개개인의 의견을 반영해 학교 규율을 정하는 등 학교생활 전반에서 학생이 주도적인 역할을 하기 때문에 만족도가 높은 것이다.

전북도교육청 역시 혁신학교에서 1년간 기초학력 미달 학생 비율이 크게 줄어들었다는 것을 발표했다. 2012년 2월에 발표된 전북도교육청의 자료에 따르면, 2010년에 지정한 20개 혁신학교의 1년간 학업 성취도를 분석한 결과 기초학력 미달 학생 비율이 크게 줄어들었다. 전북도 내 초등학교 기초학력 미달 학생 비율이 평균 1.0%인 데 반해 익산 성당초, 남원초, 정읍 수곡초, 완주 삼우초, 완주 이서초, 임실 대리초, 순창 풍산초, 진안 장승초, 무주 구천초 등 9개 학교에서는 기초학력 미달 학생 비율이 0%인 것으로 확인됐다. 이들 학교가 대부분 소규모 농촌 학교라는 것을 감안하면 상당한 성과라고 볼 수 있다. 혁신학교로 지정된 전북의 초·중·고등학교들도 지난 1년간 기초학력 미달 학생 비율이 크게 개선되었다. 혁신학교로 지정된 초등학교

(12개교)는 2010년에 1.0%에서 2011년에는 0.85%로 감소했다. 중학교(4개교)는 2010년에 10.7%에서 2011년에는 5.75%로, 고등학교(1개교)는 2010년에 7.7%에서 2011년에는 1.3%로 감소했다. 20개 혁신학교의 기초학력 미달학생 비율과 도내 전체 학급별 비율을 비교하면, 초등학교는 0.85%(초등학교 전체 평균 1.0%), 고등학교는 1.3%(고등학교 전체 평균 2.5%)인 것으로 나타났다.

혁신학교가 정착되는 과정에서 다양한 과제가 제기되고 있다. 혁신학교는 교육 활동 중심 학교로의 전환을 통해 궁극적으로는 교육과정의 혁신으로 나아가게 된다. 이 과정에서 교육의 목표를 재정립하면서 기존의 학력관에 대한 비판적 검토를 거쳐 미래형 교육의 패러다임 변화를 기도하게 된다. 경기교육청의 창의지성교육 과정과 강원교육청의 창의공감교육 과정은 이러한 노력의 산물이라 할 것이다. 하지만 이러한 교육청 차원의 교육과정 개편이 학교 현장과 교육 주체의 변화와 맞물리지 않을 경우에 또 다른 형식화와 관료화의 모습을 띨 수도 있다.

앞에서 살펴본 것처럼 정부 차원의 하향식 정책이 아닌 교사 주도의 학교 개혁 운동을 모태로 하는 혁신학교는 공교육 혁신 모델로서의 가능성을 보여주고 있다. 일부 지역에서 혁신학교를 지원하기 위한 조례가 제정되고 국회 차원에서 혁신학교 지원 법률이 논의되는 것은 혁신학교 수준의 학교교육 혁신이 시대적 요구임을 보여주는 것이다.

(2) 학교 폭력 문제와 '존중과 배려'의 학교 문화

한국교육개발원이 실시한 "교육 여론조사 2013"에 의하면, 지난 이명박 정부의 교육정책 가운데 가장 낮은 평가를 받은 정책은 2.15점을 기록한 '학교 폭력 근절 및 인성교육 강화' 정책이다. 2011년 대구 중학생 자살 사건 이후 정부가 학교 폭력 종합 대책의 일환으로 학교 폭력 가해 사항의 학교생활기록부 기재, 복수 담임제, 학교 폭력 전수 조사 등을 내놓았으나 국민들이 느낀 실효성은 크게 떨어진 것이다. 실제 학교 폭력 문제는 교육부와 시도 교육청 차원의 노력만으로는 온전히 해결될 수 없다. 사회 전체가 폭력적 구조를 완화해야 하며, 심각한 가정 해체 문제나 입시 위주의 경쟁 교육 문제 등에 대해 범사회적인 자기성찰을 통해 우리 사회의 근본적인 지향점을 전환해야 근본적인 해결의 실마리를 찾을 수 있다.

학교 폭력 문제의 해결 방안으로는 가해 학생에 대해 불관용의 원칙과 엄벌을 가해야 한다는 입장과 학교와 사회의 폭력적 구조를 완화하고 상호 존중의 공동체성을 회복시키는 방안을 마련해야 한다는 입장으로 나뉘었다. 특히 진보 교육감 지역에서 추진한「학생인권조례」를 둘러싸고 교과부와 교육청이 대립하고, 학교 폭력 대책으로 정부가 추진한 생활기록부 기재 문제도 첨예한 시각차를 드러내고 법적 공방으로까지 치달았다.

2013년 11월에 국회 정진후 의원실에서 발표한 '2013년 상반기 학교 폭력 현황'은 이와 관련하여 학교 폭력 문제 해결 방안에 대한 시사점을 보여주고 있다. 여기에서는 진보 성향의 교육감 지역이 보수 성향의 교육감 지역보다 학교 폭력이 전년도에 비해 3~4배 더 많이 감소했다는 결과를 제시하고 있다.

<표> 2012~2013년 학교 폭력 현황 비교·분석

		학교 폭력 현황			전체 학생 수	학생 1만 명당 월평균		
		심의 건수	가해 학생	피해 학생		심의 건수	가해 학생	피해 학생
강원, 경기, 광주, 전남, 전북	2012년	12,287	23,201	19,577	3,838,170	2.67	5.04	4.25
	2013년	2,905	5,852	5,041	2,585,129	1.87	3.77	3.25
기타 지역	2012년	8,395	15,324	14,902	2,944,613	2.38	4.34	4.22
	2013년	5,221	10,390	8,583	3,943,907	2.21	4.39	3.63

또한 「학생인권조례」를 시행하는 지역이 미실시 지역보다 학교 폭력 감소 비율이 높은 것으로 나타났다. 2012년 당시 「학생인권조례」를 실시한 경기와 광주 지역의 경우, 학교 폭력 심의 건수는 3.2배, 가해 학생은 5.3배, 피해 학생은 2.3배 줄어든 것으로 나타났다. 「학생인권조례」는 학생의 기본적인 인권을 학교와 교사가 존중하자는 것을 취지로 하고 있다. 체벌 금지라는 지도 방식의 변화 차원만이 아니라 교사와 학생, 학생과 학생 서로 간의 존중하는 문화와 풍토를 마련하는 것이다. 특히 혁신학교에서는 이러한 「학생인권조례」의 정신을 잘 살리고 있다.

경기도 시흥 장곡중학교 교무실 풍경은 언뜻 평범해 보이지만 여느 학교와 달리 평화롭기만 하다. 혁신학교 담당 교사인 박현숙 교사는 "선생님들 책상 위에서 어느 순간 매가 사라졌다"며 "교무실에 불려와 무릎 꿇고 있는 아이들, 복도에 손들고 서 있는 아이들, 수업 시간에 졸거나 딴짓하는 아이들, 그런 아이들을 혼내는 교사의 화난 목소리가 우리 학교에는 전혀 없다"고 자랑했다. 아닌 게 아니라 1학년 교실부터 3학년 교실까지 둘러보는 동안 그런 아이들을 전혀 보지 못했다. 1주일에 한 번꼴로 학교폭력대책위원회가 열릴 정도로 사건 사고가 끊이지 않았던 이 학교는 이제 다른 학교 학생들이 오고 싶어 하는 학교, 전국 각지에서 벤치마킹하기 위해 찾아오는 학교가 됐다

-『한경 매거진』(2011. 7. 6).

정진화(2012)는 혁신학교에서 학교 폭력이 줄어드는 것을 다음과 같이 밝히고 있다. 의정부여중에서는 교사들이 비폭력 대화, 집단 상담 등의 연수를 함께 받고, 여러 교과에서 다양한 방식의 수업을 통해 협력과 경청을 강조하

며, 학생들이 수업의 주인공이 되어 참여하고 있다. 그 결과 학생 사안이 경미해지고 줄어들었다. 금품 갈취도 많이 줄고, 도난 사고도 거의 사라졌다. 그 이유는 학생들에 대한 교사들의 태도와 관계의 변화가 학교생활 전반에서 나타나면서 생겨난 변화라고 추정된다. 홍덕고등학교는 '자율과 책임의 학생 문화'를 위해 여러 가지 프로그램을 실시해왔다. 현재 학생들 간에 핸드폰 분실, 우발적 싸움 등은 가끔 있지만 몇몇 학생들이 특정 학생을 괴롭히거나 심각한 폭력을 행사하는 등 지속적으로 왕따시키는 일은 없다고 한다. 2010년 개교 직후에는 7, 8명의 학생이 한 학생을 괴롭히는 일이 있었으나, 2011년에 들어와서는 그런 일이 사라졌다.

2011년 발생한 학교 폭력으로 인한 중학생 자살 사건 이후에도 다른 지역에 비해 대구 지역에서 연이어 학교 폭력의 희생자가 발생하는 안타까운 일이 벌어졌다. 학교 폭력은 결코 진보와 보수의 입장 차이나 지역의 차이에 의해 해결될 수 있는 문제는 아니다. 하지만 앞에서 나타난 조사 결과와 혁신학교의 운영 원리를 조망해보면, 학교 폭력 문제의 궁극적 해결을 위해 어떠한 방향으로 정책이 마련되고 추진되어야 할 것인지를 보여주고 있다.

학생 건강 측면에서도 학생들의 자발성과 참여를 존중하는 혁신학교에서 긍정적인 변화가 나타나고 있는 것도 주목해야 할 대목이다. 경기도교육청은 "조현초등학교는 주의력 결핍 과잉행동장애(ADHD) 증상이 있는 아동이 전학 온 후 6개월 내 완치된 사례가 9건이나 있다"고 밝혔다(『한경 매거진』 2011. 7. 6). 2011년 3월 서울형 혁신학교로 개교한 강명초등학교는, 학급 정원이 25명인데 30명 넘는 학급이 있을 정도로 전학 온 학생이 넘치고 있다. 김영동 교장은 "우리 학교에 전학 와서 틱 장애가 없어졌다는 아이도 있다"면서 "아침마다 아이들이 빨리 학교에 가고 싶어 한다는 학부모들의 이야기를 들으면 교사로서 정말 행복하다"고 말했다(『한경 매거진』 2011. 7. 6). 또한 강명초등학교는 1년 사이에 보건실 방문 학생 수가 격감하여 1학기(2,392명)

보다 2학기(1,700명)에 두드러지게 줄었다. 병원 진료 권유와 안전공제 신청 건수도 1학기에는 각각 19회, 4회이던 것이 2학기에는 한 명도 없었다(오마이뉴스, 2012. 1. 15). 혁신학교에서 보건실을 찾는 학생들이 줄어드는 이유를 교사들은 수업 시간에 활발하게 자기표현을 할 기회를 갖고, 학생 자치활동이 활발하며, 긴장이나 협박을 상소하는 학교 분화와 문·예·제 교육 때문이라고 분석하고 있다(정진화, 2012).

(3) 교육 주체의 참여의 제도화와 교육 비리 척결

분권과 참여는 지방자치의 기본 원리이다. 2010년 주민 직선 교육감 선거 과정에서 주민들이 기존 선거에 비해 자신들의 요구를 공약으로 채택할 것을 강력하게 요구하는 양상이 나타났다. 진보 진영의 교육 단체뿐만 아니라 보수 진영에서도 후보 단일화 추진과 무상교육 반대 등을 내세우는 활동을 전개하였다. 이러한 과정을 거쳐 이루어진 선거 결과 당선된 교육감들도 기존에 비해 교육 주체와 주민들의 참여를 제도화하거나, 자신들이 내세운 공약을 이행하기 위한 노력을 기울여왔다. 주민참여 예산제도와 다양한 민관 거버넌스가 만들어진 것은 이러한 흐름에서 비롯되었다. 서울교육청이 2010년 9월에 발표한 교육 지표 중 "함께하는 참여 교육"은 이러한 취지를 담고 있다.

> • '함께하는 참여 교육'의 일차적인 의미는 교육행정 및 학교 운영의 민주화에 있다. 서울 교육행정은 물론 단위 학교 운영에 학부모와 서울시민의 실질적 참여를 보장하여야 한다. 이를 위하여 '참여와 협력의 교육공동체 구축', '투명하고 신뢰받는 지원 행정 확립' 등의 주요 정책을 함께 제시하였다.

새로운 사회를 여는
교육자치 혁명

• 과거의 교육 비리를 떠올려볼 때, 우리는 참여 교육의 정책 방향이 지니는
의미를 더욱 깊이 되새겨볼 필요가 있다. 비리로 얼룩진 구태를 벗고 서울 교
육에 투명하고 공정한 행정 관행과 제도를 뿌리내리도록 하기 위하여, 교육청
과 학교의 각종 위원회에 시민 참여를 보장하고 확대하여야 한다. 이러한 시
민 참여 확대로 민관 협치와 투명 행정이 확립되면 우리 사회의 민주주의도
더욱 성숙하게 될 것이다.

－서울특별시교육청, 〈서울 교육 지표 해설〉

주민과 교육 주체들의 참여가 확산되면서 교육청의 주요 정책이 이들의
요구를 반영하는 양상이 나타났다. 기존의 교육정책이 탁상행정식의 내리
매김 행정이라는 비판을 받아온 것에 비하여 교육 현장의 요구를 중심으로
하는 교육행정을 펼치려는 시도들이 나타나게 되었다. 주민참여 예산제도
는 주민의 참여를 활성화하고 제도화하는 제도로서 중요한 의미를 지닌다.
예산 편성은 교육청이 무엇을 중시하고 무엇을 하지 않을 것인가를 가장 구
체적으로 현실화하는 과정이기 때문이다. 2010년 하반기에는 진보 교육감
지역의 교육청에서 2011년 교육청이 추진하는 사업의 바탕을 마련하는 예
산 수립 과정에서 교육 주체와 주민들의 참여를 제도화하기 위한 활동으로
주민참여 예산제도가 도입되었다. 서울의 경우 학교 단위 설명회 개최 등의
노력을 통해 설문 조사에 1만 4,000명에 육박하는 시민들이 참여한 것은 많
은 시사점을 주고 있다. 경기교육청이 교원 잡무 경감을 위한 대책을 마련하
기 위해 현장 모니터 제도를 구축하고 5차례에 걸쳐 정책의 적합성을 점검
하고 개선해나간 것도 중요한 시사점을 주고 있다.
　이와 함께 지역 주민의 요구에 맞는 차별화된 교육정책들이 나타나면서

중앙 정부의 정책을 이행하는 방식을 벗어나 현장 적합성을 띤 정책을 추진하는 풍토가 마련되고 있다. 민선 교육감 시대가 출발하면서 학생의 학습권을 존중하고 학생 중심의 교육을 실현하려는 다양한 교육정책이 수립되고 집행되고 있으며, 주민 직선제에 대한 지역 주민의 관심도 선거 이전에 비해 높아지고 있다. 특히, 교육감의 교육관에 따라 교육청의 교육정책도 타 지역과 차별화가 이루어지면서 자연스럽게 교육감 사이에 선의의 경쟁 관계가 형성되고 있고, 이와 같은 현상으로 인해 교육정책을 비교 분석하여 상호 벤치마킹할 수 있는 기회가 마련됨으로써 지방 교육자치의 발전에 기여할 수 있는 바탕이 되고 있다.

이와 같은 참여 행정은 진보 교육감 지역을 중심으로 이루어졌지만 여타 지역에도 확산되었다. 경남교육청의 경우에도 공약 이행과 관련한 교육청의 사업 추진 현황을 공개하고, 외부 감사관을 채용하는 것을 추진해왔다. 인사위원회와 징계위원회 등에 외부 인사의 참여가 확대되고 사립학교 임용 과정에서 교육청이 1차 전형을 담당하는 사례가 늘어나면서 '깨끗한 교육'에 대한 주민들의 요구가 반영된 교육행정이 이루어졌다. 이러한 참여 행정은 결과적으로 교육 비리 감소에도 일익을 담당하게 되었다. 하지만 충남교육청의 장학사 선발 시험 과정의 비리와 인천교육청의 인사 비리 등 교육 비리 척결은 여전히 주요한 과제로 남아 있다. 장학사 제도를 포함한 교원 인사 승진제도의 전면적 혁신, 교육장 추천제 확대 실시, 광주교육청에서 추진해온 사립학교임용위원회 설치 등이 더욱 강력하게 추진되어야 할 것이다.

3. 주민 직선 교육자치 2기의 과제

2011년 6월 30일 김상곤 교육감을 비롯한 6명의 교육감이 발표한 주민 직선 교육감 취임 1주년 교육 혁신 공동 선언문은 다음과 같이 시작하고 있다.

새로운 사회를 여는
교육자치 혁명

교육개혁의 부름을 받고 쉼 없이 달려왔지만, 아이들의 고통, 선생님들의 좌절, 학부모들의 불안은 끝나지 않고 있습니다. 희망 교육을 위하여 매진해왔지만, 교육의 절망은 걷히지 않고 있습니다. 청소년 자살률과 낮은 출산율의 서글픈 수치가 바로 교육문제에서 기인한다는 사실은 참담할 따름입니다. 교육의 근본을 다시 세워야 합니다. 인간의 교육, 삶의 교육을 다시 시작해야 합니다. 아이들이 성장의 기쁨을 온전히 누리고, 선생님들께서 교단의 명예를 되찾고, 학부모들이 학교에 대한 신뢰를 회복하는 교육으로 돌아가야 합니다. 자신을 사랑하고, 타인을 존중하며, 너와 내가 공동체의 주인이 되는 학교로 돌아가야 합니다. 교육 혁신에 우리 사회의 명운이 걸려 있습니다.

이 글에서는 우리 교육에 근대 공교육 체제가 구축된 이후 누적된 과제들이 불과 몇 년간의 일부 교육청의 노력으로 이루어지기 어려운 현실을 절실하게 드러나고 있다. 이러한 문제를 해결하기 위해 이들은 7가지 항목으로 "입시 교육 체제를 넘어선 새로운 교육 패러다임으로의 전환, 대학 입시제도 개선으로 초·중등교육을 정상화, 교육 주체가 주도하는 교육과정, 보편적 교육 복지로 행복한 교실을 만들기, 교육재정 확충과 공정 배분으로 공교육의 질 제고, 학생·학부모·교사 중심의 교육자치 실현, 교육 혁신을 위한 사회적 대토론과 합의를 위해 민간 독립기구 구성"을 제안하였다.

2012년 대선 과정에서는 여야 후보를 망라하여 이러한 취지를 담은 공약을 내세웠다. 하지만 "꿈과 끼를 기르는 행복 교육"을 표방한 박근혜 정부가 출범한 이후, 보편적 복지 차원의 무상교육 확대는 추진 일정조차 제시되지 않고 있고, 자유 학기제 등은 현장 적합성을 갖추지 못하고 표류하고 있다. 또한 혁신학교에서의 일정한 성과에도 불구하고 우리 교육 현실은 여전히 학생들이 과도한 학습 노동에 시달리고 있다. 또한 명예퇴직 신청 교사는 2012년 3,579명, 2013년 4,202명, 2014년 5,172명으로 해마다 500명 이상이 증가하고 있다. 공무원연금법 개정 움직임이 이를 부추기는 요인으로 작용하고 있지만, 교사들은 학생과 관계 맺기의 어려움과 과중한 업무가 명퇴자가 급증하는 주요한 원인으로 보고 있다.

민선 2기 교육자치 시대는 이러한 교육 문제를 해결하기 위한 더욱 실천적인 방안을 마련하고 추진해나가야 할 것이다. 이를 위해서는 우리 교육의 고질적인 과제를 해결하기 위한 최선의 방안을 도출해내고, '모든 이를 위한 질 높은 교육'이 실현되기 위한 사회적 합의를 마련하려는 노력을 기울여야 할 것이다.

(1) 고등학교 무상교육 실시 등 보편적 교육 복지의 확대

현재 전국적인 단위에서 무상급식이 실시되고 있지만 지역별로 편차를 보인다. 또한 중앙 정부의 지원이 없어 시도 교육청의 예산 운용을 제한하고 있다는 비판도 제기되고 있다. 보편적 복지는 "언제 어디서 누구나"와 "더 필요한 곳에 더 많은 지원을"을 모토로 하고 있다. 친환경 무상급식과 저소득층에 대한 체험학습비와 교복비 지원 등 교육청 차원에서 실시된 사업을 이러한 원리에 의해 중앙 정부와 교육청이 기준선을 마련하여 공동으로 추진해야 할 것이다.

서구 복지국가에서는 고등학교 무상교육은 물론 대학교육까지 무상으로 실시하고 있다. 현재 특성화고등학교가 사실상 무상교육으로 되어 있고 대기업 직원과 공무원 자녀들에게 고등학교 학비가 지원되고 있는 상황이기 때문에 고등학교 무상교육은 일반고의 저소득층과 자영업자 학부모에게까지 범위를 확장하는 것이다. 이와 함께 고등학교 학부모가 부담하고 있는 학교 운영 지원비도 당연히 폐지되어야 한다. 사부담 공교육비에서 많은 비중을 차지하고 있는 방과후 교육비를 해결하기 위해 방과후 공영제 등을 도입하고, 체험학습 차량 등을 교육청에서 제공하는 방안 등 무상교육의 범위를 지속적으로 확장해나가야 할 것이다.

(2) 혁신학교의 전국화

"가고 싶은 학교, 머물고 싶은 학교"는 학교교육에 대한 신뢰와 자발적인 참여가 이루어질 때 가능한 것이다. 혁신학교에서 이러한 흐름이 일정하게 나타나고 있는 것은 우리 교육의 현실에서 고무적이다. 혁신학교가 진보 진영의 학교로 규정되어 중앙 정부와 보수적인 교육감들에 의해 방해를 받거나 배척되는 것은 안타까운 일이다. 어떠한 이름을 사용하든 교사, 학생, 학부모의 교육 만족도가 높아질 수 있는 학교 정책을 마련하기 위한 논의를 거쳐 이러한 학교가 전국 어디에서나 만들어질 수 있도록 제도적 지원책을 마련해야 한다. 학습 노동에 시달려온 학생들이 학습 복지가 실현되는 학교에서 꿈과 끼를 기르는 행복 교육을 누리는 사회적 합의를 이루어내야 할 것이다.

혁신학교가 전국적 단위에서 실시되기 위해서는 공교육 혁신의 표준 모델로서 위상을 갖추어야 한다. 이를 위해서는 학교교육의 보편적 요구인 학력 향상과 사교육비 경감을 위한 맞춤형 교육과정과 개별화 학습 교육을 실현할 수 있는 교육과정을 마련하고, 학교 폭력의 교육적 해결을 위해 존중과 배려의 민주적 학교 공동체 만들기를 위한 실천적인 방안이 보완되어야 한다. 교사의 전문성 강화를 위해 학교 조직을 교수-학습 중심으로 학습 조직화하고 공동 연구와 실천 중심의 교사 학습공동체를 구축하는 것도 중요한 과제이다.

혁신학교의 확대는 다음과 같이 혁신학교 일반화를 위한 학교 혁신과 혁신학교 확산의 투 트랙 전략을 마련하여 추진해야 할 것이다(서길원, 2014).

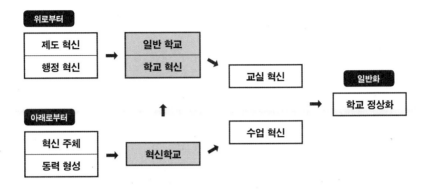

지역과 여건 학교 구성원의 요구를 수렴하여 학교 특성을 고려한 혁신학교의 다양화와 특성화 모델로 지속 발전해나가야 할 것이다. 자연 체험, 숲속학교, 교육농장, 체험인성교육을 중심으로 하는 전원형 혁신학교, 교육 복지, 아토피 치유, 정서 치유 등을 위주로 하는 교육 복지형 학교 등 다양한 모델이 실현되면서 성적과 경제력에 의해 서열화되는 학교가 아닌, 저마다의 특성과 활력을 지닌 학교를 만들어나가는 것이다.

(3) 교육협동조합 활성화와 민관 거버넌스의 내실화

서울 영림중학교의 사회적 협동조합은 학생 복지를 위한 친환경 매점 운영을 통해 학생들의 먹을거리 개선과 구성원 전체의 복리 증진을 목적으로 2013년 2월 총회를 거쳐 설립했다. 초등학교 저학년을 대상으로 하는 방과후 마을학교 '둥지'는 어른과 아이의 치유적 공간이자 심리상담 공간인 '마음 이야기', 마을 어른들의 배움터인 '마을이 대학이다' 등의 교육 사업을 운영하고 있다. 이러한 사회적 협동조합은 자발적이고 개방적인 조합원 제도, 민주적인 관리와 운영, 지역사회에 대한 기여 등 협동조합의 정신과 원칙들은 교육공동체 구성과 운영에 있어 시사점을 제공하고 있으며, 교육 분야에 다양하게 적용되고 있다(전남교육정책연구소, 2014). 교육 현장에서 교육 당사자들이 실제 운영에 직접 참여하는 협동조합 모델은 실질적인 참여 교육으로 발전할 가능성이 높은 제도이다. 매점이나 방과후학교뿐만 아니라 다양한 영역에 협동조합 운영을 도입하기 위한 논의를 바탕으로 민선 2기 교육감 시대에는 협동조합이 학교와 지역마다 활성화되어야 할 것이다.

민선 교육감 1기 과정에서 나타난 다양한 민관 거버넌스가 정례적인 회의 참여조차 이루어지지 않는 형식적인 운영에 머물렀다는 평가가 적지 않게 제기되어왔다. 최근 서울시의 거버넌스인 교육복지민관협의회에서는 영·유아부터 평생교육까지 서울시의 역할이 필요한 부문에 대한 정책을 추진하기 위해 교육복지지원센터를 구축하는 방안을 논의하고 있다. 이처럼 교육 현장과 밀접하게 추진되는 정책 부문은 과감하게 민간 기구에 권한을 위임하고 행정 당국은 행·재정적인 지원을 담당하는 모델을 통해 정책의 현장 적합성을 제고하고 실질적인 '참여 교육'이 실현되는 방안을 모색해보아야 할 것이다.

(4) 친환경 생태교육 강화

서울교육청이 2012년 7월에 발표한 〈서울 교육 중장기 발전 계획〉에는 친환경 생태교육 강화를 위한 방안을 다음과 같이 제시하고 있다.

- 정규 교육과정 내에서 환경교육 강화
  - 초등 환경 교재 『환이랑 경이랑 함께하는 초록 서울』 관련 교과에 활용.
  - 교과 시간 및 창의적 체험활동을 통한 환경교육 실시.
  - 중·고등학교 전 교과 환경 주제 추출을 통한 환경 교재 연차적 개발·보급.

- 생명 가꾸기를 통한 환경 감수성 함양 및 생명 존중의식 실천
  - 텃밭·화분·화단·학교 숲을 활용하여 교육과정에 수록된 식물 가꾸기.
  - 애벌레, 물고기, 새 등의 동물과 친구 되기.

- 생태환경 체험 프로그램 운영 지원 및 확대
  - 서울형 생태환경 모델 학교 · 환경교육 체험 프로그램 · 환경 동아리 운영 지원.
  - 각종 환경 단체와 네트워크를 형성하여 프로그램과 인적 자원을 지원.

하지만 입시 편중 교육에 허덕이는 학교에서 지속가능한 사회를 위해 선차적으로 실시되어야 할 친환경 생태교육은 여전히 뒷전인 것이 현실이다. 2011년 3월 후쿠시마 원전의 방사능이 유출된 지 3년이 지났지만 이 사태로 인한 후유증은 일파만파로 늘어나고 있는 형국이다. 서울시의 '원전 하나 줄이기' 정책은 이러한 사회적 과제를 해결하기 위한 자치단체의 적극적 노력으로 평가할 수 있을 것이다. 경기도교육청은 태양광 발전소 설립을 2014년부터 500여 곳의 공립학교 옥상에 BOT(Built Operate Transfer) 방식으로 추진할 예정이다. 학교 옥상을 임대하여 신·재생 에너지를 개발 보급하고, 학생들의 태양 에너지 학습장으로 활용하고, 부수적으로는 교육재정을 증대하는 효과를 거둘 수 있다. 태양광 발전소를 비롯해 친환경 생태교육 환경을 갖추기 위한 노력이 민선 2기 교육자치 시대에는 전국적으로 확산되어야 할 것이다.

(5) 비폭력 평화교육과 평화통일 교육 강화

혁신학교의 사례들은 학급당 학생 수 25명 등의 교육 환경 개선이나 참여와 협력의 학교 문화를 조성하는 것이 학생 폭력 문제의 근본적인 처방이 될 수 있는 가능성을 보여주고 있다. 이러한 교육적인 접근을 보다 체계화하여 교육과정과 연계한 평화교육과정 개발과 학교 단위 비폭력 평화교육 지원, 자살 및 충동적인 행동 예방을 위한 생명 존중 교육을 강화해야 할 것이다.

또한 학교 안에서의 비폭력 평화교육 강화와 함께 생태·인권·노동·평화 등 사회적인 가치 실천을 위한 교육도 강화해야 한다. 나아가 민족 동질성 회복을 위한 평화통일 교육 및 남북 간의 교류 사업도 활발하게 진행되어야 할 것이다.

(6) 학교 비정규직 문제 해결

우리 사회가 비정규직이 50%를 넘는 고용 불안의 사회가 되는 추세와 맞물려 학교 비정규직도 15만 명을 넘어서고 있다. 서울교육청이 체벌 금지 조치를 취하면서 전문 상담사들을 비정규직으로 채용하고, 경기교육청이 교사의 업무 경감을 위한 교육행정 지원사를 비정규직으로 채용하는 등 진보 교육감 지역에서도 새로운 교육정책을 추진하는 가운데 비정규직을 양산하는 상황이 발생하고 있다. 학교 비정규직의 교육감 직고용 등에 앞장섰던 교육청에서도 학교 비정규직 노조가 '대량 해고 위협 중단과 교육감 직접 고용 조례 추진'을 촉구하면서 무기한 농성에 들어간 것은 학교 비정규직 문제의 심각성을 상징적으로 보여준다.

학교 폭력 대책으로 도입된 스포츠 강사, 영어로 회화하는 수업을 위해 도입된 영어 전용 강사 등이 집단 해고 위협에 처해 있는 등 학교 비정규직 문제는 근본적인 해법을 마련해야 할 상황에 직면하고 있다. 시도별로 편차를 보이고 있는 교육감 직고용, 학교 비정규직 노조가 요구하고 있는 교육

공무직 도입, 월 100만 원 이하의 열악한 처우를 해결하기 위한 호봉제 도입 등이 시급히 이루어져야 할 것이다.

4. 나오는 글

주민 직선에 의한 교육감 선출은 지방 교육자치 제도의 방안 중 하나이다. 교육자치가 제도적으로 존재해야 하는 이유는 학생, 학부모, 교직원 등 교육 주체들을 중심으로 지역 주민들에게 필요한 교육을 실시하기 위한 것이다. 더 나아가 우리 교육의 본질적인 문제를 해결하기 위한 방안을 중앙 정부와 함께 모색해나가는 것도 주요한 과제 중 하나이다.

지난 4년 동안 전국적으로 확대된 친환경 무상급식 정책은 수익자 부담 원칙으로 교육비 부담을 개인에게 전가시켰던 기존의 교육 틀에서 벗어나 교육이 사회적 기본권으로서 보편적 복지 차원에서 이루어질 수 있다는 것을 보여준 대표적인 사례이다. 2014년 6월에 실시되는 지방 교육자치 선거는 이와 같이 교육 현실을 개선하고 교육의 희망을 꿈꾸게 하는 교육 의제들이 제시되고 치열한 논의를 거쳐 새로운 정책으로 추진되는 과정이 되어야 할 것이다.

국회 정치개혁특별위원회에서는 교육감 직선제를 폐지하고 임명제로 회귀해야 한다는 주장이 제기되기도 하였다. 교육감 직선제가 도입되면서 일부 교육감이 비리 혐의로 구속되었고, 중앙 정부와 이른바 진보 교육감의 갈등이 심화되어 학교 현장에 혼란을 가져왔다는 것이 이들의 주장이다. 민선 교육감 1기 과정에서 나타난 중앙 정부와 지역 교육청의 갈등과 대립이 합리적으로 조정될 수 있는 장치를 마련하는 것도 해결 과제인 것은 분명하다. 하지만 교육감 직선제도의 존폐를 논의하기 위해서라도 우선적으로 이루어져야 하는 것이 있다. 그것은 바로 주민 직선 교육감 선출제도하에서 제출된 공약과, 이를 추진하는 과정에서 이루어진 지난 4년간의 교육의 변화에 대해 사회적 논의를 만들어가는 일이다.

참고문헌

● 강원도교육청(2013), 『초대 주민 직선 교육감 공약사항 연도별 세부 실천계획 및 실적』.
● 광주교육청, 『공약 이행 메니페스토』.
● 경기교육청(2013), 『혁신교육 백서』.
● 경기교육청(2014), 『친환경 무상급식이 우리 사회 교육 복지 정책에 끼친 효과 보고서』.
● 전북교육청, 『제16대 교육감 공약 이행 현황 및 실천 변경 계획』.
● 전남교육청(2013), 『전남교육 2013』.
● 전남교육정책연구소(2013), 『주민 직선제 교육감 선거 제도의 의의와 전남 교육의 과제』.
● 전남교육정책연구소(2014), 『교육협동조합 정책 연구』.
● 정진화(2012), 『교사 주도 학교 개혁 운동에 관한 연구』.

1부

학교가
바뀌다

공교육 혁신의 모델, 혁신학교[2]

1. 혁신학교의 추진 배경

혁신학교는 지역마다 약간씩 다르지만 '민주적 자치공동체와 전문적 학습공동체에 의한 전인교육을 실현하는 공교육 혁신의 모델 학교'로 정의할 수 있다. 혁신학교의 교육 성과는 두 측면에서 나타난다. 경기도교육청에서 수행한 연구 결과에 따르면, 교사에게는 수업 혁신과 생활지도 효능감, 교육과정 혁신, 학교공동체 구축, 교사 집단 효능감 등이 높아졌으며, 학생에게는 수업 참여도, 학생 자치활동, 교사관계 형성, 학생인권 존중, 자기 효능감이 일반 학교에 비해 높은 것으로 나타나고 있다(경기도교육청, 2013). 이러한 성과로 인해 혁신학교는 경기도를 넘어 강원도, 광주광역시, 서울특별시, 전라남도, 전라북도 혁신학교 정책을 만들어냈으며, '공교육 혁신의 모델 학교'가 되어가고 있다.

---

2) 이 글은 『경기 혁신교육 백서』(경기도교육청, 2013)를 기초로 작성되었다.

혁신학교는 1990년대 후반 농촌의 작은 학교 살리기 운동의 일환으로 시작되었으며, 이때 성공적인 학교 모델을 만들어냈다. 작은 학교 살리기 운동은 농촌의 작은 분교에서 학생 수가 줄어들어 폐교까지 가는 과정에서 학부모와 교사, 지역사회가 협력하여 학교를 살리려는 노력에서 출발하였다. 이런 교육 주체들의 연대와 협력은 학교의 문화를 집단지성의 문화로 만들었으며, 그 바탕 위에 학교는 다양한 교육적 실험을 할 수 있었다. 집단지성으로 학교의 교육과정을 운영하였기에 작은 학교들의 교육적 실험은 성공적인 결과를 가져왔다. 그 대표적인 예가 남한산초등학교이다.

남한산초등학교와 같은 작은 학교 운동의 결과는 실패한 기존의 공교육도 교육 주체들의 협력과 열정, 헌신이 있다면 얼마든지 혁신할 수 있다는 가능성을 제시하였다는 데 의의가 있다. 그러나 공교육 혁신의 새로운 모델로서 작은 학교 운동은 농촌의 소규모 학교라는 한계를 동시에 가지고 있었다. 이렇듯 초기 혁신학교는 대체로 낙후된 지역의 소규모 학교에서 질 높은 교육을 통해 학부모의 만족을 높이고 나아가 공교육 정상화 모델을 전체 학교로 확산하고자 시작하였다.

2. 혁신학교의 현황과 철학

혁신학교 정책은 추진 과정에서 교육 주체들로부터 오해를 받기도 했다. 이유는 '혁신'이라는 용어에서 오는 반감이었다. 역대 정부마다 학교 혁신, 교육개혁은 일방적 과제였다. 교육을 혁신하기 위해 명칭을 달리한 기구가 생겨 정책을 쏟아냈지만 현장 교사들과 공감할 만한 혁신적인 정책을 생산하지 못했으며 현장의 변화도 이끌어내지 못하였다. 이런 경험이 경기도교육청 '혁신학교'와 중첩되며 혁신학교에 대한 이해를 저하시키는 원인이 되었다.

그러나 혁신학교 정책이 진행되는 과정에 경기도 조현초등학교를 비롯한 학교별 성공 사례가 알려지면서 혁신학교는 공감대를 넓히기 시작했다. 입시에 연연하지 않지만 결과적으로 창의적이고 독특한 교육과정이 펼쳐지면서 공부가 즐겁고 행복한 학교를 만들어가는 모습, 학생들의 사고력을 키워내는 수업을 통해 궁극적으로 학력이 향상되는 사례들을 통해 "저런 학교에 우리 아이를 보내고 싶다"는 학부모가 생겨났다. 서울과 수도권의 많은 학부모들이 자녀 교육을 위해 혁신학교 근처로 이사 가는 현상이 발생했다.

이런 사례들은 결과적으로 강원도의 행복더하기학교, 광주광역시의 빛고을혁신학교, 서울특별시의 서울형 혁신학교, 전라남도의 무지개학교, 전라북도의 혁신학교 정책을 만들어냈다. 다음은 각 시도 교육청의 혁신학교 현황이다.

시도 교육청		강원	경기	광주	서울	전남	전북
혁신학교 명칭		행복 더하기 학교	혁신학교	빛고을 혁신학교	서울형 혁신학교	무지개 학교	혁신학교
최초 추진 연도		2011	2009	2011	2011	2011	2011
혁신학교 수 (2012년 7월 기준)	초	22	76	4	31	25	32
	중	13	60	4	20	13	15
	고	22	18	2	10	2	3
	계	41	154	10	61	40	50
초·중·고 전체 학교 수[3]		682	2,200	299	1,282	830	751
혁신학교 비율		6.01%	7%	4.76%	4.60%	4.81%	5.32%
2014년 목표 학교 수		41	200	22	300	60	100
2014년 혁신학교 비율		6.0%	9.1%	7.4%	23.4%	7.2%	13.3%

*출처: 2012 경기도교육청 정책 연구, 「혁신학교 성과 분석 및 확산 방안 연구」.

---

3) 2012년 기준 학교 수. 단 광주와 전북은 2011년 학교 수.

새로운 사회를 여는
교육자치 혁명

혁신학교는 각종 정책 학교나 시범 학교와 달리 명확한 철학이 있는 학교이다. 동시에 혁신학교가 이룬 성과와 함께 시대 흐름에 따른 사회적 필요와 분위기를 반영하여 발전적인 변화도 추구하고 있다.

2009년 경기도교육청 혁신학교 추진 계획서에 제시된 혁신학교의 철학은 자발성, 지역성, 창의성, 공공성이었다.

- 자발성: 교원의 자발성과 학부모의 참여로 운영되는 학교.
- 지역성: 지역사회 여건 및 실정에 적합한 학교교육.
- 창의성: 소수의 수월성 교육에서 다수를 위한 수월성 교육으로.
- 공공성: 누구든지 어디서나 만족하는 교육.

* 출처: 「2009년 경기도교육청 혁신학교 추진 계획」.

첫째, 자발성이 의미하는 것은 교원들이 자발적으로 학교 운영과 학교 혁신에 참여하는 동시에 학부모도 학교 운영과 학교 혁신의 주체로 참여하고 협력하는 것이다. 아무리 완벽하게 만들어진 문서나 정책이 있다 해도 그것을 실천하는 교사들이 수동적일 때는 제대로 이루어지기 어렵다. 또한 지시와 명령에 의해 운영되는 것은 형식적으로 이루어질 수밖에 없다. 여기서 말하는 자발성은 교사들의 자발성만을 의미하지 않는다. 왜냐하면 학교 혁신이 학부모의 참여 없이 교원들로만 진행될 때, 학교는 지역이나 현실과 동떨어져 폐쇄적으로 운영되고, 실제적인 변화와 개혁 없이 눈앞에 당장 보이는 성과 위주로 진행될 수밖에 없기 때문이다. 그렇기 때문에 교원과 학부모의 자발적인 참여는 필수적이다.

둘째, 지역성은 지역사회 여건과 실정에 맞게 교육과정을 재구성하여 학교교육을 하는 것을 말한다. 혁신학교 철학 중 특히 지역성은 우리나라 교육에서 가장 취약한 부분이라 할 수 있다. 지방 교육자치라고 하지만 교육정책의 상당 부분이 중앙 정부 주도형으로 이루어지다 보니 전국 대부분의 학교가 비슷한 교육과정, 비슷한 수업, 비슷한 학교 문화에서 자유롭지 못하다. 학교가 처한 상황과 조건은 다르다. 농촌과 도시, 교육 주체들의 특성, 경제적인 여건 등 같은 환경과 여건을 가진 학교는 드물다. 혁신학교가 지역성을 중시하는 이유가 여기에 있다.

셋째, 창의성은 소수의 수월성 교육에서 다수를 위한 수월성 교육을 추구하는 것이다. 사람은 누구나 행복을 느끼며 살아가고 싶어 한다. 교육은 개인이 인생을 행복하게 살아갈 수 있도록 기본 조건을 제공해야 할 의무가 있다. 그렇기에 공교육은 소수의 뛰어난 사람을 만드는 것이 아니라 모두가 스스로 자질과 적성을 실현할 수 있도록 균등한 기회를 제공해야 한다. 모두가 자아 성취를 하며 행복을 느끼는 사회가 우리가 바라는 미래 사회이다. 혁신학교는 이러한 바람에 기초하고 있다.

마지막으로 공공성은 누구나 어디서나 만족하는 교육을 의미한다. 공교육이 가진 보편성의 원리로 누구나 경제적으로 어떤 상황에 있든지 질 높은 교육을 받을 수 있는 것을 말한다. 이는 사교육에 지나치게 의존하고 있는 현실에 대한 대안적인 측면도 가지고 있다. 학습 결손을 학교에서 해결하지 못하고 사교육에 의존하게 함으로써 지적된 학교의 책임론을 극복하기 위해 학생 한 명 한 명이 소외되지 않고 돌봄을 받으며 만족할 수 있는 교육과정을 생산하는 것이다.

이렇게 시작된 혁신학교 철학은 2011년에는 공공성, 창의성, 민주성, 역동성, 국제성으로 변화 발전하였고, 2012년 경기도교육청 혁신학교 추진 계획에서 그 의미가 정교화된다.

- 공공성(사회적 역할): 가능성의 평등을 통한 건강한 사회를 만드는 노력.
- 창의성(교육 내용): 창의지성교육을 통한 창의적 인재 육성.
- 민주성(학교 운영): 구성원의 인권 보장과 책무성을 바탕으로 민주적 학교 공동체 구축.
- 역동성(교육 방법): 집단지성을 통한 학생 모두의 수월성 추구.
- 국제성(교육 지향): 평화, 소통, 협력을 중시하는 국제성의 가치 추구.

* 출처: 「2012년 경기도교육청 혁신학교 추진 계획」.

3. 혁신학교의 성과

혁신학교는 거시적 차원에서 다음과 같은 의의와 성과가 있다.

첫째, 혁신학교는 공교육 희망을 만들기 위한 프로젝트로서 의의가 있다. 그렇기 때문에 기존 수업과는 다른 '배움 중심의 수업'이 이루어진다. 입시 대비 위주였던 강의식이나 문제 풀이식 수업보다 교육의 공공성을 바탕으로 학생들의 참여와 소통, 협력을 강조하는 수업을 진행함으로써 미래 핵심 역량에 부합한 미래 지향적 교육을 추구한다. 이런 수업을 통해 학생들은 흥미를 갖고 학습에 참여한다. 혁신학교는 학교생활과 수업에 적응하기 어려운 학생들에게 섬세한 돌봄을 실천하는 희망의 공동체를 만들어왔다.

둘째, 혁신학교는 우리 교육의 지속적인 변화와 발전을 담보로 하는 학교이다. 혁신학교 구성원들의 역할은 종래의 상명하달식 구조와 상당히 다르다. 혁신학교 학교장은 학교의 비전과 교육 목표를 교사들과 함께 만들어 이를 공유하고 소통하는 역할을 한다. 교감은 교장의 명령을 이행하는 역할이 아니라 교사들의 전문성을 지원하여 수업에 전념하도록 하기 위해 교원 행정 업무 경감을 위해 노력한다. 이런 모습은 구호로서만 존재하는 혁신이 아니라 실제 변화를 추구하는 진정성을 의미하며 교사들의 자발성을 일으키는 원동력이 된다. 자발성에 기초한 교사들의 자아 효능감과 자신감은 학교 혁신으로 이어져 아래로부터 혁신하는 지속가능한 변화와 발전의 바탕이 된다. 혁신학교는 이러한 변화를 실제로 이끌어냈다.

셋째, 혁신학교는 다양한 학생들에게 다양한 교육을 실천하는 학교이다. 혁신학교는 다양한 계층, 서로 다른 배경과 환경을 가진 학생들이 함께 모인 학교이다. 혁신학교에서는 학생들이 경쟁보다는 협동의 가치를 통해서 서로의 다름과 차이를 인정하고 이해하면서 성장할 수 있도록 다양한 교육을 실현하고자 노력하고 있다.

이상의 특성을 볼 때 혁신학교는 '좋은 학교'라는 개념을 새롭게 정립하는 학교로 지역사회와 긴밀하게 협력하며 실천과 혁신을 주도해왔다. 2012년 경기도교육청의 혁신학교 계획서에 '혁신학교 운영의 특징'이 다음과 같이 제시되어 있다.

- 혁신교육 철학을 반영하여 교육 활동 전개.
- 혁신학교는 고정된 모델(내용과 형식)이 있는 것이 아니라 학교의 여건을 반영하여 다양한 교육 활동 전개.
- 교육 내용의 다양성과 수평적·민주적 자치 공동체 지향.
- 교원의 자발성을 바탕으로 네트워크를 구축하여 협력과 동반 성장 지향.
- 연수, 컨설팅, 평가 등 지속적인 질 관리로 정책 관리 역량 제고.
- 교원, 학부모, 지역사회의 적극적인 참여.

* 출처: 「2012년 경기도교육청 혁신학교 계획」.

새로운 사회를 여는
교육자치 혁명

혁신학교가 성장하게 된 바탕에는 혁신학교가 이룬 성과가 있었다. 혁신학교는 학생과 교사, 학부모의 교육 만족도가 높은 것으로 나타났다.

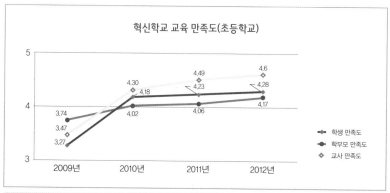

혁신학교 교육 만족도(초등학교)

구 분	2009년	2010년	2011년	2012년	증감
학생 만족도	3.27	4.18	4.23	4.28	↑ 1.01
학부모 만족도	3.74	4.02	4.06	4.17	↑ 0.43
교사 만족도	3.47	4.30	4.49	4.60	↑ 1.13

*5점 만점.
*증감: 2009년도와 2012년도 자료 비교임.
*조사 범위: 혁신학교로 2년 이상 운영한 22개교 자료(단, 2009년은 7개교).
*출처: 2012년 경기도교육청 혁신학교 통계 취합.

중학교의 경우 역시 2009년도에는 학생, 학부모, 교사의 만족도가 각각 2.34, 2.27, 2.75에서 2011년도에는 각각 3.39, 3.71, 4.02로 높아졌고, 2012년도에는 각각 3.59, 3.75, 4.26으로 나타나 혁신학교 운영이 교육 주체 모두에게 만족도를 높여준다는 것을 알 수 있다.

혁신학교 교육 만족도(중학교)

구 분	2009년	2010년	2011년	2012년	증감
학생 만족도	2.34	3.44	3.39	3.59	↑1.25
학부모 만족도	2.27	3.67	3.71	3.75	↑1.48
교사 만족도	2.75	4.03	4.02	4.26	↑1.51

*5점 만점. *증감: 2009년도와 2012년도 자료 비교임.
*조사 범위: 혁신학교로 2년 이상 운영한 14개교 자료(단, 2009년은 6개교).
*출처: 2012년 경기도교육청 혁신학교 통계 취합.

학생, 교사, 학부모 모두 학교에 대한 만족도가 높아지고 있다는 통계는 사회적으로 혁신학교의 인기가 왜 높은지에 대한 해답을 제시한다. 학생이 학교에 만족하기 때문에 학교를 좋아하고, 학부모들은 그런 학교에 학생을 안심하고 맡긴다는 의미이다. 교사 측면에서도 혁신학교는 교육 활동 속에서 만족을 얻는 학교라는 것을 통계가 증명하고 있다.

혁신학교의 성과는 학력 향상으로도 나타난다. 학력을 산술적으로 비교하는 것은 용이하지 않지만, 비교적 수긍할 수 있는 수치가 국가수준 학업 성취도 결과이다. 결과를 분석하면 혁신학교는 기초학력 미달 비율이 해마다 감소하고 있다. 다음 그래프를 보면 혁신학교로 2년 이상 지정된 초등학교 22개교의 학업 성취도 평가에서 '기초학력 미달 비율'을 비교한 결과, 2010년 1.8%, 2011년 0.9%, 2012년 0.6%로 매년 미달 비율이 감소하였으

새로운 사회를 여는
교육자치 혁명

며, 지난 2년 동안 경기도 전체 학교가 0.9% 감소한 데 비하여 혁신학교는 1.2% 감소하였다.

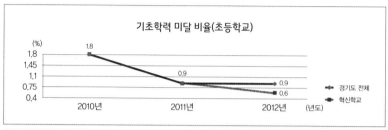

구분	2010년	2011년	2012년	증감
경기도 전체	1.8	0.9	0.9	↓ 0.9
혁신학교	1.8	0.9	0.6	↓ 1.2

*조사 범위: 혁신학교로 2년 이상 운영한 22개교 자료.
*출처: 2012년 경기도 혁신학교 통계 취합.

중학교도 혁신학교로 2년 이상 지정된 중학교 14개교의 학업 성취도 평가 '기초학력 미달 비율'을 비교한 결과 2010년 6.3%, 2011년 3.9%, 2012년 3.6%로 매년 미달 비율이 감소하였으며, 지난 2년 동안 경기도 전체 학교가 2.3% 감소한 데 비하여 혁신학교는 2.7% 감소하였다.

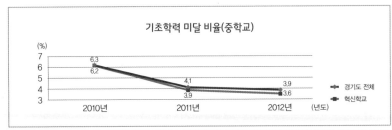

기초학력 미달 비율(중학교)

구분	2010년	2011년	2012년	증감
경기도 전체	6.2	4.1	3.9	↓2.3
혁신학교	6.3	3.9	3.6	↓2.7

*조사 범위: 혁신학교로 2년 이상 운영한 22개교 자료.
*출처: 2012년 경기도 혁신학교 통계 취합.

고등학교도 혁신학교로 2년 이상 지정된 6개교의 학업 성취도 평가 '기초학력 미달 비율'을 비교한 결과 혁신학교의 기초학력 미달 비율이 2011년 13.7%, 2012년 9.1%로 감소하였다. 경기도 전체 고등학교의 '기초학력 미달' 비율을 볼 때 2011년, 2012년 똑같이 4.7%로 변동이 없었으나 혁신학교는 전년도 대비 '기초학력 미달' 비율이 4.6% 감소한 것으로 나타났다.

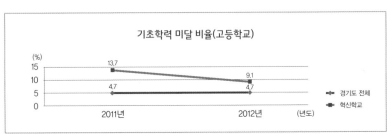

기초학력 미달 비율(고등학교)

구분	2011년	2012년	증감
경기도 전체	4.7	4.7	0
혁신학교	13.7	9.1	↓4.6

*조사 범위: 혁신학교로 2년 이상 운영한 6개교 자료.
*출처: 2012년 경기도 혁신학교 통계 취합.

새로운 사회를 여는
교육자치 혁명

다음은 학업 성취도 평가 '보통학력 이상' 현황 비교이다. 혁신학교로 2년 이상 지정된 중학교 14개교의 학업 성취도 평가 보통 이상 학력 비율을 비교한 결과, 지난 2년 동안 경기도 전체 학교가 5.0% 증가한 데 비하여 혁신학교는 6.7% 증가하였다. 특기할 점은 2010년 이들 혁신학교가 혁신학교 운영 2년이 채 되기 전에는 경기도 전체 평균 비율보다 1.6%가 낮았으나 2011년 0.3%로 일반 학교를 앞지르기 시작하여, 2012년 0.1%로 꾸준히 일반 학교보다 높은 비율을 유지하고 있다는 사실이다. 혁신학교 운영 2년이 되기 전에 일반 학교보다 보통학력 이상이 낮은 이유는 주변 환경이 어렵고 학력이 낮은 지역을 우선적으로 지정했기 때문이다. 그런 학교가 혁신학교 운영 2년 만에 일반 학교를 앞지르고 있다는 사실은 혁신학교가 학력 면에서 상당한 성과를 내고 있다는 것을 보여준다.

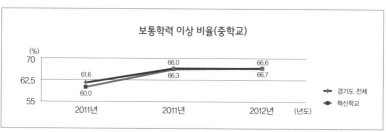

보통학력 이상 비율(중학교)

구분	2010년	2011년	2012년	증감
경기도 전체	61.6	66.0	66.6	↑5.0
혁신학교	60.0	66.3	66.7	↑6.7

*조사 범위: 혁신학교로 2년 이상 운영한 14개교 자료.
*출처: 2012년 경기도 혁신학교 통계 취합.

혁신학교로 2년 이상 지정된 6개교의 학업 성취도 평가 보통 이상 학력 비율을 비교한 결과, 2011년 경기도 고등학교의 전체 평균인 78.0%, 2012

년 76.0%보다 2011년 43.7%, 2012년 50.6%로 낮은 수치를 보인다. 그러나 2011년 대비 2012년도 차이를 보았을 때 경기도 고등학교 전체 평균은 2.0% 감소하였으나 혁신학교는 6.9% 증가하였다.

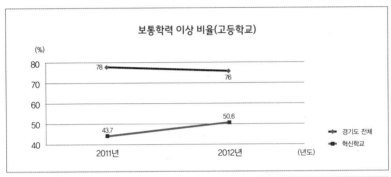

보통학력 이상 비율(고등학교)

구분	2011년	2012년	증감
경기도 전체	78.0	76.0	↓2.0
혁신학교	43.7	50.6	↑6.9

*조사 범위: 혁신학교로 2년 이상 운영한 6개교 자료.
*출처: 2012년 경기도 혁신학교 통계 취합.

경기도의 비평준화 지역에 있는 신설 고등학교는 비평준화 지역의 특성상 지역에 있는 학교 중 대체로 낮은 학력의 학생들이 입학하는 경향이 있었다. 중학교에서 성적이 낮은 학생들은 상급 학교에 와서도 학습 결손이 누적되고, 학업에 흥미를 잃은 상태이기 때문에 학습량이 급증하는 고등학교에 진학해서는 이것을 극복하는 데만도 많은 시간이 필요하다. 그럼에도 불구하고 혁신학교에서 '보통학력 이상'이 증가한 것은 혁신학교 학력 향상 성과가 크다는 것을 의미한다. 결과적으로 학력이 낮은 학생들의 학력 향상에 대한 대안과 고등학교의 학력 향상의 방향을 동시에 제시하고 있는 유의미한 통계이다.

4. 혁신학교의 과제

혁신학교가 이룩한 성과에서 공교육 희망을 확인하고 있지만, 한편으로는 우려의 소리도 있다. 모든 혁신학교가 성공한 것은 아니라는 것, 양적인 확대에 대한 불안, 혁신학교의 질적인 성장에 대한 지원 대책 등이 그것이다.

첫째, 혁신학교 추진 동력을 마련하는 문제이다. 혁신학교는 교직원의 자발성을 바탕으로 운영되는 학교이다. 교육의 질이 교사의 질을 넘을 수 없다고 하는데 혁신학교는 교사의 질뿐 아니라 학교를 구성하는 구성원 모두의 역량과 헌신이 필요한 학교이다. 하지만 교직원의 헌신을 일방적으로 요구할 수는 없다. 그렇기 때문에 혁신학교를 추진할 수 있는 동력을 정책적으로 키워내야 혁신학교는 지속적으로 확대될 수 있다.

둘째, 혁신학교를 지원할 수 있는 체제 강화 문제이다. 혁신학교는 구성원의 열정을 유지하며 발전할 수 있는 체제와 시스템을 만들어야 한다. 혁신학교의 디딤돌은 교사들이 교육에 전념할 수 있는 근무 환경 조성이다. 학급당 학생 수 25명 내외 편성, 행정실무사 배치를 통한 교원 업무 경감 지원, 혁신학교 구현을 위한 관리자 연수 등 혁신학교 내실화를 위한 지원 노력이다. 이 밖에도 혁신학교를 지원하기 위한 실제적·제도적 차원의 과제가 산적해 있다.

지금까지 혁신학교의 탄생과 개념, 철학과 운영, 현황과 확산, 성과와 발전 과제 등을 중심으로 살펴보았다. 적어도 학교가 배움의 공간이자, 아이들이 하루 종일 생활하면서 더불어 살아갈 미래를 꿈꾸고 설계하는 삶의 공간으로서 존재해야 한다면 혁신학교가 추구하는 철학과 실천적 과제는 충분한 답을 제시한다. 여기에서 제시된 혁신학교의 성과 외에도 수치화, 계량화할 수 없는 수많은 실천과 경험들로 미루어 보건대 혁신학교는 공교육이 추구해야 할 현재이자 미래라고 할 수 있다.

참고 문헌

● 경기도교육청(2009), 「2009년 경기도교육청 혁신학교 추진 계획」.

● 경기도교육청(2012), 「2012년 경기도교육청 혁신학교 추진 계획」.

● 경기도교육청(2012), 「혁신학교 성과 분석 및 확산 방안 연구」.

● 경기도교육청(2013), 『혁신교육 백서』.

● 성열관 · 이순철(2011) 『혁신학교』, 살림터.

● 송순재 외(2011), 「혁신학교 운영과정 질적 연구」, 서울특별시 교육연구정보원.

학생,
참여와 인권을 만나다

1. 학생인권 보장을 위한 성과

학생인권은 혁신학교, 무상급식과 함께 진보 교육감 진영의 대표적인 정책 과제였다. 특히 경기, 광주, 서울에서 공포된 「학생인권조례」는 체벌 금지, 두발 자유, 강제 보충 학습 금지 등 오래된 현안을 하나로 묶어 학생의 인간으로서의 존엄성과 가치를 명시하였다는 점에서 의미가 크다.

우리나라 어린이와 청소년이 느끼는 주관적 행복지수가 경제협력개발기구(OECD) 국가들 가운데 2010년 이래 4년 연속 최하위 수준인 것으로 나타났다. 입시 경쟁 위주의 교육이 초래한 우리 교육의 슬픈 현실이다. 이런 상황에서 경쟁 교육의 폐해를 극복하고 학생들의 기본적인 인권을 보장하는 것은 시대적 요구이다.

서울교육청은 2010년 7월에 이른바 '오장풍 교사 사건'을 계기로 전격적으로 '체벌 금지' 정책을 발표하였다. 이에 따라 학교마다 체벌 대체 규정을 마련하고 학생 상담 강화를 위해 전문 상담원이 모든 중학교에 배치되었다.

경기도교육청은 전국에서 최초로 2010년 9월에 「학생인권조례」를 제정하였다. 경기도「학생인권조례」는 "대한민국헌법 제31조, 유엔 아동의 권리에 관한 협약, 교육기본법 제12조 및 제13조, 초중등교육법 제18조의 4에 근거하여 학생의 인권이 학교교육과정에서 실현될 수 있도록 함으로써 인간으로서의 존엄과 가치 및 자유와 권리를 보장하는 것을 목적으로 한다."고 명시되어 있다.

이 조례는 피부색과 성별, 종교, 인종, 피부색, 장애, 용모, 임신 또는 출산, 사상, 성적 지향, 병력, 징계, 성적 등의 이유로 차별받지 않을 권리, 교내 체벌 금지 등 폭력 및 위험으로부터의 자유, 학생과 학부모의 야간 보충학습 자율 선택 등 정규 교과 이외의 교육 활동의 자유, 일괄적 소지품 검사 금지 등 사생활의 비밀 보호 등을 규정하고 있다. 또한 학칙 제·개정에 학생 참여 등 학생들의 자치 및 참여권을 보장하는 내용도 담겨 있다. "인권은 교문 앞에서 멈춘다.", "꽃으로도 때리지 마라." 등의 문구에서 상징적으로 제기된 문제의식이 공교육 차원에서 본격적으로 논의되기 시작하였다. 이는 경기 지역을 넘어 우리나라 교육에 여러 가지 획기적인 영향을 주었다.

뒤이어 광주에서는 20011년 11월에, 서울에서는 2012년 1월에, 전북에서는 2013년 7월에 각각「학생인권조례」가 제정됨으로써 학생인권에 대한 의식이 사회적으로 의제화되었다. 이에 따라 해당 지역의 시도 교육청은 인권교육센터 설치, 인권옹호관 임명, 학생회 등 자치활동을 위한 지원, 학생참여위원회 구성 운영 등을 통해「학생인권조례」의 정신을 단위 학교에 정착시키기 위한 노력을 진행하였다. 그리고 전남에서는「교육공동체인권조례」제정을, 강원에서는「학교인권조례」제정을 시도하여, 학교 구성원들의 권리와 의무를 명시하려는 노력을 보였다. 인천시의회에서는「학생의 정규교육과정 외 학습 선택권 보장에 관한 조례」가 제정되어, 이른바 '강제 보충학습, 강제 야간 자율 학습'을 금지하고 이에 대한 학생들의 선택권을 보장하는 조치가 취해지게 되었다.

※ 주요 쟁점별 「학생인권조례」 비교

1. 차별받지 않을 권리

경기	• 학생은 성별, 종교, 나이, 사회적 신분, 출신 지역, 출신 국가, 출신 민족, 언어, 장애, 용모 등 신체 조건, 임신 또는 출산, 가족 형태 또는 가족 상황, 인종, 피부색, 사상 또는 정치적 의견, 성적 지향, 병력, 징계, 성적 등을 이유로 정당한 사유 없이 차별받지 않을 권리를 가진다.
광주	• 학생은 성별, 종교, 민족, 언어, 나이, 성적 지향, 신체 조건, 경제적 여건, 성적 등을 이유로 차별받지 않고 평등한 대우와 배움을 누릴 권리를 가진다.
서울	• 학생은 성별, 종교, 나이, 사회적 신분, 출신 지역, 출신 국가, 출신 민족, 언어, 장애, 용모 등 신체 조건, 임신 또는 출산, 가족 형태 또는 가족 상황, 인종, 경제적 지위, 피부색, 사상 또는 정치적 의견, 성적 지향, 성별 정체성, 병력, 징계, 성적 등을 이유로 차별받지 않을 권리를 가진다.
전북	• 학생은 국가인권위원회법 제2조 제3호의 차별 행위의 정의에 해당하는 이유로 차별을 받지 아니한다.

2. 폭력으로부터의 자유

경기	• 학생은 따돌림, 집단 괴롭힘, 성폭력 등 모든 물리적 및 언어적 폭력으로부터 자유로울 권리를 가진다. • 학교에서 체벌은 금지된다.
광주	• 학교에서 비인도적이거나 굴욕적인 처우 등을 포함한 체벌은 금지된다. • 학생은 폭행, 따돌림, 집단 괴롭힘, 성폭력 등 모든 물리적·언어적 폭력에서 자유로울 권리를 가진다.
서울	• 학생은 체벌, 따돌림, 집단 괴롭힘, 성폭력 등 모든 물리적 및 언어적 폭력으로부터 자유로울 권리를 가진다.
전북	• 학생은 따돌림, 집단 괴롭힘, 성폭력 등 모든 물리적·언어적 폭력으로부터 자유로울 권리를 가진다. • 학교교육과정에서 체벌은 금지된다.

3. 교육 활동의 자유

경기	• 학교는 교육과정을 자의적으로 운영하거나 학생에게 임의적인 교내외 행사 참석을 강요하여서는 아니 된다. • 학생은 야간 자율 학습, 보충수업 등 정규 교과 이외의 교육 활동과 관련하여 자유롭게 선택하여 학습할 권리를 가진다.
광주	• 학생은 정규적인 교육과정 이외의 자발적이고 명시적인 동의 없이 이루어지는 보충수업, 자율 학습 등 강제적인 교육을 거부할 수 있는 권리를 가진다. • 학교는 교육과정을 준수하고 자의적으로 운영하거나 임의적인 교내·외 행사 참석을 학생에게 강요해서는 아니 된다.
서울	• 학생은 자율 학습, 방과후학교 등 정규 교육과정 외의 교육 활동을 자유롭게 선택할 권리를 가진다. • 학교는 교육과정을 자의적으로 운영하거나 학생에게 임의적인 교내·외 행사에 참여하도록 강요해서는 아니 된다.
전북	• 학교의 장은 교육과정을 자의적으로 운영하거나 학생에게 임의적인 교내·외 행사 참석을 강요하여서는 아니 된다. • 학생은 정규 교과 시간 이외 교육 활동을 자유롭게 선택하여 학습할 권리를 가진다.

4. 개성 실현의 자유

경기	• 학생은 복장, 두발 등 용모에 있어서 자신의 개성을 실현할 권리를 가진다. • 학교는 두발의 길이를 규제하여서는 아니 된다.
광주	• 학생은 두발, 복장 등 자신의 용모를 스스로 결정할 권리를 가진다. 다만, 교복은 제15조 제3항의 절차에 따라 학교 규정으로 정할 수 있다.
서울	• 학생은 복장, 두발 등 용모에 있어서 자신의 개성을 실현할 권리를 갖는다. • 학교의 장 및 교직원은 학생의 의사에 반하여 복장, 두발 등 용모에 대해 규제하여서는 아니 된다. 다만, 복장에 대해서는 학교 규칙으로 제한할 수 있다.
전북	• 학생은 복장, 두발의 길이·모양·색상 등 용모에서 자신의 개성을 실현할 권리를 가진다. • 교복을 입는 학교의 여학생은 치마와 바지에 대한 선택권을 가진다. • 학교의 장은 교육 목적상 정당한 사유가 있는 경우에 이 조례 제19조 제2항에 정한 절차를 거쳐 정하는 학교의 규정으로 제1항의 권리를 제한할 수 있다.

5. 자치 및 참여의 권리

경기	• 학교는 학생자치기구의 구성과 소집 및 운영 등 활동에서 자율과 독립을 보장하고 성적 등을 이유로 구성원 자격을 제한하여서는 아니 된다. • 학교는 학칙 등 학교 규정의 제·개정 과정에서 학생들의 의견을 수렴하여야 하며, 학생회 등 학생자치기구의 의견 제출권을 보장해야 한다. • 학교는 학생이 표현의 자유를 행사하는 경우 부당하고 자의적인 간섭이나 제한을 하여서는 아니 된다. • 교육감은 학생과 관련된 정책에 대한 학생의 의견을 수렴하기 위하여 경기도학생참여위원회를 설치하여야 한다.
광주	• 학교는 학칙 등 학교 규정의 제·개정 과정에서 학생들의 의견을 민주적이고 합리적인 절차를 거쳐 수렴하여야 하며, 학생회 등 학생자치기구의 의견 제출권을 보장하여야 한다. • 교육감은 학생과 관련된 정책에 대하여 학생의 의견을 구하고 참여를 유도하기 위하여 광주광역시학생의회(이하 "학생의회"라 한다)를 둔다.
서울	• 학교의 장 및 교직원은 성적, 징계 기록 등을 이유로 학생자치조직의 구성원 자격을 제한하여서는 아니 되며, 학생자치조직의 대표는 보통, 평등, 직접, 비밀 선거에 의해 선출되어야 한다. • 학생은 학칙 등 학교 규정의 제·개정에 참여할 권리를 가진다. • 학생은 집회의 자유를 가진다. 다만, 학교 내의 집회에 대해서는 학습권과 안전을 위해 필요한 최소한의 범위 내에서 학교 규정으로 시간, 장소, 방법을 제한할 수 있다. • 교육감은 학생인권 증진 및 인권 친화적 교육 문화 조성을 위한 정책 수립에서 학생의 의견을 수렴하기 위하여 학생 참여단을 설치하여야 한다.
전북	• 학교는 성적, 징계를 받은 사실 등을 이유로 학생자치조직의 구성원 자격을 제한하여서는 아니 되며, 학생자치조직의 대표는 보통·평등·직접·비밀 선거에 의해 선출된다. • 학교의 장은 학교규정의 제·개정 과정에서 학생들의 의견을 민주적이고 합리적인 절차를 거쳐 수렴하여야 하며, 학생회 등 학생자치기구의 의견 제출권을 보장하여야 한다. • 학생은 집회의 자유를 가진다. 단, 학교의 장은 교내의 집회에 대해서는 학생의 안전과 학습권의 보장을 위하여 필요한 최소한의 범위 내에서 이 조례 제19조 제2항에 정한 절차를 거쳐 정하는 학교의 규정으로 집회의 시간, 장소, 방법에 관하여 제한할 수 있다. • 학생과 관련된 정책에 대한 학생의 의견을 수렴하기 위하여 전라북도학생참여위원회를 둔다.

이러한 노력은 중앙 정부에도 영향을 미쳤다. 정부는 「서울 학생인권조례」에 대해 재의를 요구하는 등 「학생인권조례」의 흐름에 제동을 거는 태도를 취했으나, 국민적 여론이 성숙함에 따라 이에 상응하는 조치를 내렸다. 정부는 「초중등교육법 시행령」을 개정하여 체벌을 실질적으로 금지하고, 학칙 개정 시 학생의 의견을 수렴하는 것을 의무화하였다.

개정 전	개정 후(2011. 3. 18)
없음	제9조(학교규칙의 기재 사항 등) ④ 학교의 장은 학칙을 제정하거나 개정할 때에는 학칙으로 정하는 바에 따라 미리 학생, 학부모, 교원의 의견을 듣고, 그 의견을 반영하도록 노력하여야 한다.
제31조(학생의 징계 등) ⑦ 학교의 장은 법 제18조 제1항 본문의 규정에 의한 지도를 하는 때에는 교육상 불가피한 경우를 제외하고는 학생에게 신체적 고통을 가하지 아니하는 훈육·훈계 등의 방법으로 행하여야 한다.	제31조(학생의 징계 등) ⑧ 학교의 장은 법 제18조 제1항 본문에 따라 지도를 할 때에는 학칙으로 정하는 바에 따라 훈육·훈계 등의 방법으로 하되, 도구·신체 등을 이용하여 학생의 신체에 고통을 가하는 방법을 사용해서는 아니 된다.

2. 학생인권을 둘러싼 논란

그러나 일부 언론 및 보수 진영이 제기한 「학생인권조례」에 대한 비난 여론, 교육부의 「서울 학생인권조례」에 대한 재의 요구와 대법원 제소 등으로 인해 「학생인권조례」를 둘러싼 사회적 논쟁은 가열되었다. 일부 언론에서는 '임신 및 출산, 성적 지향 등을 이유로 차별받지 않을 권리'를 집중적으로 부각하여 여론 지형을 왜곡하였고, '학생인권 대 교권' 프레임은 학교 현장 교사들에게 일정 부분 영향을 미쳐 부정적인 여론이 확산되기도 하였다.

2011년에는 전교조와 교총이 각각 교사들을 대상으로 「학생인권조례」에 대한 설문 조사를 진행하였다. 전교조의 설문 결과에 의하면 "「학생인권조례」는 교육적으로 바람직한 방향이다."라는 응답이 88.7%로 나타났고, "「학생인권조례」 이후 학생들을 지도하기 힘들어졌다."라는 응답은 37.3%로 나타났다. 반면 교총의 설문 조사에 의하면 "「학생인권조례」 이후 수업 및 생활지도 과정에서 학생들에게 욕설을 듣거나 교권 침해에 해당하는 행위를 경험하였다."는 응답이 43.8%로 다소 높게 나타났다.

이는 일차적으로 일부 언론과 보수 진영이 학생인권과 교권을 의도적으로 대립적 관점에서 부각시킨 영향이 큰 것으로 보인다. 특히 점점 학교생활에 적응하기 어려운 학생들이 늘어가고 있어 교사들이 학생 생활지도에 많은 어려움을 겪고 있는 현실도 학생인권 대 교권 프레임이 일정 부분 영향력을 행사하게 된 계기로 작용하였다.

경기도교육청이 2012년에 실시한 설문 조사 결과에 의하면 "학교에 체벌이 있느냐"는 질문에 '그렇다'고 응답한 학생이 2011년 39%에서 2012년 20.8%로 감소하였다. 또한 야간 자율 학습과 보충수업에 대한 강제 시행도 약화되어 일반 고등학교 학생의 62.2%가 선택권이 보장되고 있다고 답변하였다. 여전히 「학생인권조례」에서 규정한 내용이 학교에 완전히 정착된 것은 아니지만, 점차로 학교 문화가 인권 친화적인 방향으로 변화하고 있음을 알 수 있다.

반면에 광주교육청이 2013년에 실시한 학교 만족도 조사 결과를 살펴보면, 「학생인권조례」에 대해 교사와 학생, 학부모 사이에 서로 상반된 인식이 존재함을 알 수 있다. 이 조사에 의하면 「학생인권조례」 시행에 대한 긍정적인 평가가 중학생·고등학생 사이에서 가장 높게 나타났으며, 다음으로 학부모·시민·교원 순으로 긍정적인 평가가 나타났다. 또한 「학생인권조례」 시행으로 체벌이 없어졌다는 응답자는 교원·시민·학부모가 학생에 비해 높게 나타났다. 체벌을 대체하는 방안으로 교원은 징계·봉사·벌점·상담 순으로 응답했으며, 학부모는 봉사·벌점·상담·징계 순으로 응답했다. 이처럼 교사들은 학생에 비해 「학생인권조례」에 대해 부정적인 인식이 높고, 학생의 체벌이 사라졌다는 의견이 높고, 상담보다는 징계를 선호하는 것으로 나타났다.

대체적으로 보아 「학생인권조례」 제정 이후 학생인권에 대한 사회적 의식은 보다 성숙해졌다. 또한 체벌이나 강제 보충·야간 학습 등의 구습도 상당 부분 극복되고 있다고 볼 수 있다. 하지만 여전히 학생인권 시대에 걸맞은 새로운 학생 생활교육 패러다임은 확립되었다고 보기 어렵다. 체벌이 사라진 자리에 상벌점제를 둘러싼 소모적 갈등이 남아 있고, 학생들의 자치활동은 여전히 활성화되지 못한 학교가 많다. 근본적으로 볼 때 학교 구성원들 간의 인권 존중에 의한 신뢰와 소통의 문화 정착, 상담과 자치에 기반을 둔 학생생활교육, 소수자와 약자를 배려하는 정신, 인권교육 관점에서의 교육과정 재구성 등 「학생인권조례」의 정신은 여전히 성숙되어 있다고 보기 어렵다.

이러한 현실은 오히려 교육행정 당국은 교사들의 학생 생활지도를 지원하기 위한 다양한 지원 방안을 마련해야 하고, 각 학교는 과거의 관행에서 벗어나 새로운 학생 생활교육 패러다임을 확립해야 하는 과제를 제기하였다고 볼 수 있다.

3. 학생인권 정착을 위한 노력

각 시도 교육청은 「학생인권조례」의 정신에 따라 단위 학교에 학생인권 정책이 안착되기 위한 다양한 노력을 진행하였다. 이 중 경기도교육청의 '학생인권옹호관' 제도 와 '인권 친화적 생활지도' 프로그램의 핵심 내용을 소개하면 다음과 같다.[4]

---

4) 이 내용은 경기도교육청(2013)의 『혁신교육 백서』의 해당 부분을 요약하였음.

(1) 학생인권옹호관 제도 시행

경기도교육청은 2011년 5월 23일 경기도 「학생인권조례」에 의거하여 학생인권에 관한 상담과 피해 학생에 대한 구제 등을 담당할 3인의 학생인권옹호관을 임명하면서 전국 최초로 학생인권옹호관 제도를 출범시켰다. 학생인권옹호관은 학교에서 발생할 수 있는 학생인권 침해의 상담 및 구제를 위해 활동하고 있는 학교 인권 옴부즈퍼슨(ombudsperson) 제도다.

학생인권옹호관은 학교 내에서 발생할 수 있는 학생인권 침해 사안에 대한 합리적 구제를 위해 인권조례 제41조 제1항에 의해 다음과 같은 직무를 수행한다.

- 학생인권 침해에 대한 상담.
- 학생인권 침해 구제 신청에 대한 조사 및 직권 조사.
- 학생인권 침해에 대한 적절한 시정 및 조치 권고.
- 학생인권 향상을 위한 제도 개선 권고.
- 조사 및 시정 권고 등의 공표.
- 기타 학생인권옹호관 직무 수행을 위해 필요한 업무.

학생인권옹호관은 학생인권 상담 활동을 진행하는 가운데, 2011년 9월부터 2013년 1월까지 1년 5개월 동안 도내 3개 권역에서 학생인권 상담을 한 학생인권옹호관의 상담 사례를 모은 『학생인권 상담 사례집』을 발간하였다. 사례집은 모두 46건의 상담 사례를 담고 있다. 상담 사례는 △학생의 노동 인권 보호, △간접 체벌, △성별에 의한 처벌, △교복 부착형 명찰에 의한 프라이버시 침해 등 모두 11개 부분으로 구성돼 있다. 경기도교육청은 이

사례집을 도내 전체 초·중·고교에 배포하였다.

상담 사례집에 따르면 2013년 1월까지 1년 5개월 동안 총 1,429건의 상담을 진행했으며 중복 상담 내용 1,828건 중에서 체벌 등 폭력 관련 상담이 852건(46.6%)으로 가장 많았다. 부당 징계도 383건으로 21%를 차지했다. 특히 학생인권옹호관들은 이 기간에 학생인권 침해 사례로 판단되는 465건을 조사해 438건을 시정 조치했다. 시정 조치 내용을 보면 △합의 조정 등 현장 해결(31.7%), △재발 방지 대책 마련 권고(31.3%), △인권 침해 및 차별 행위 중지(29.5%), △인권교육 수강 및 징계 권고(6.1%), △기타 원상 회복이나 손해배상 권고(1.4%) 등이었다.

(2) 인권 친화적 생활지도 프로그램

경기도교육청은 2013년 3월 도내 모든 초·중·고등학교에 『인권 친화적 학생 생활지도 프로그램』을 배부했다. 이 자료는 △교권과 학생인권이 상호 존중되는 학교 문화 정착, △규정과 약속을 지키는 자율과 책임의 풍토 조성, △인권이 생동하는 학교 문화 구현 등을 목적으로 한다. 또한 경기도교육청은 5단계 54가지로 이뤄진 '초·중·고교 인권 친화적 학생 생활지도 방안'을 마련해 각 학교에 안내했다.

1단계로 실천 중심의 인성교육을, 2단계로 학부모와 함께하는 인성교육을 한다. 2단계에서는 필요시 학부모 상담을 위한 학교 방문을 요청하고 학교 폭력 관련 학생 지도 및 치유를 담당하는 지역 교육청 Wee센터를 통한 '진단-상담-치유' 원-스톱 서비스를 한다. 3단계에서는 교육적 선도 조치로 인성교육·상담과 함께 가벼운 사안에 대해 학교 실정에 맞는 학생생활 평점제를 시행한다. 교육상 필요하면 교내봉사, 사회봉사, 특별교육, 출석정지 등의 처분을 할 수 있다. 교사의 지도에 불응하고 수업 방해와 다른 학생에 대한 부정적 영향을 계속 미치는 학생에 대해서는 4단계로 '학교장 통고제'를 실시한다. 학교장 통고제는 학교장이 법원 소년부에 사안을 알리면 법원은 수사 기록 등을 남기지 않은 채 적절히 사안에 개입해 가벼운 사안에 대해서는 상담과 교육을, 중대한 사안에는 심리 상담이나 소년보호 처분을 결정해 교육적으로 지도하는 제도이다. 마지막 5단계로는 다양한 노력에도 행동의 변화가 없는 학생에 대해 '전학 및 퇴학'을 강구한다. 다만 퇴학 조치는 고교생만 해당한다.

이러한 실천적 노력이 결실을 맺는다면 교권과 학생인권이 서로 존중되는 학교 문화 정착, 규정과 약속을 지키고 자율과 책임이 있는 학교 풍토 조성이 앞당겨질 것으로 보인다.

4. 학생인권 정착의 성과

2013년에 발표된 연구 보고에 의하면 「학생인권조례」가 적용되고 있는 지역이 그렇지 않은 지역에 비해 체벌, 두발 복장 규제, 강제적 보충수업·야간 자율 학습, 학생의 학교 운영 참여, 학교 만족도에 있어서 의미 있는 차이가 있는 것으로 나타났다.[5]

교사들의 체벌					
	자주 있다	가끔 있다	별로 없다	전혀 없다	합계
「학생인권조례」 시행 지역	2.6%	10.9%	27.7%	58.7%	100.0%
「학생인권조례」 미시행 지역	8.4%	20.8%	31.0%	39.8%	100.0%

---

5) 인권 친화적 학교+너머 운동본부 · 전국교직원노동조합 참교육연구소(2013), 「전국 학생인권 · 생활 실태 조사」에서 인용. 이 실태 조사는 전국 81개교를 지역별로 임의 할당하여 총 2,921명의 학생을 대상으로 이루어졌다.

두발 규제

	자주 있다	가끔 있다	별로 없다	전혀 없다	합계
「학생인권조례」 시행 지역	20.5%	16.9%	19.6%	42.9%	100%
「학생인권조례」 미시행 지역	40.4%	22.7%	16.9%	20.0%	100%

복장 규제

	자주 있다	가끔 있다	별로 없다	전혀 없다	합계
「학생인권조례」 시행 지역	20.4%	18.1%	21.5%	40.0%	100%
「학생인권조례」 미시행 지역	38.2%	23.3%	16.1%	22.5%	100%

강제적 보충수업·야간 자율 학습

	자주 있다	가끔 있다	별로 없다	전혀 없다	합계
「학생인권조례」 시행 지역	6.6%	7.1%	21.6%	64.7%	100%
「학생인권조례」 미시행 지역	27.2%	19.4%	20.8%	32.6%	100%

학교 운영에서 학생 의견 수렴 여부

	매우 그렇다	조금 그렇다	별로 그렇지 않다	전혀 그렇지 않다	합계
「학생인권조례」 시행 지역	15.5%	32.8%	35.1%	16.7%	100%
「학생인권조례」 미시행 지역	9.0%	28.5%	36.8%	25.6%	100%

학생회, 동아리 활동의 자율적 활동 여부

	매우 그렇다	조금 그렇다	별로 그렇지 않다	전혀 그렇지 않다	합계
「학생인권조례」 시행 지역	28.3%	32.0%	24.7%	13.9%	100%
「학생인권조례」 미시행 지역	18.5%	32.5%	28.9%	19.3%	100%

위의 조사 결과에 의하면 「학생인권조례」 시행 지역과 미시행 지역 사이에는 학생의 인권 및 참여권 보장에 있어서 어느 정도 차이를 보이고 있는 것으로 나타났다. 이는 「학생인권조례」가 해당 지역의 단위 학교에서 일정

부분 안착된 성과로 보인다. 그러나 체벌, 두발·복장 규제, 강제적 보충수업·야간 자율 학습 등에서는「학생인권조례」시행 지역과 미시행 지역 사이에 큰 차이를 보이고 있는 반면, 학생의 의견 수렴 여부나 학생 자치활동의 자율성 여부에서는 그 차이가 다소 적다고 할 수 있다. 이는 신체의 자유, 개성 실현의 자유 등 소극적 영역에서의 학생인권 보장은 어느 정도 정착이 되고 있는 반면에, 학생 참여권 등 적극적 영역에서의 학생인권 보장은 아직도 미흡하다는 점을 보여주는 것이다.

「학생인권조례」정착에 따라 학생들의 학교 만족도 역시 전반적으로 차이가 있는 것으로 나타났다. "학교에 있으면 숨이 막힌다", "학교를 그만두고 싶을 때가 있다"는 항목에 대해서「학생인권조례」시행 지역 학생들과 미시행 지역 학생들의 응답률은 큰 차이가 나타났다. 이는 입시 경쟁 등 근본적인 교육문제가 해결되어야 극복될 수 있는 사항임에도 불구하고, 학생인권을 존중하는 문화를 형성하는 것만으로도 학생들의 학교 만족도를 제고하는 데에 큰 효과가 있었음을 알려준다.

		매우 그렇다	조금 그렇다	별로 그렇지 않다	전혀 그렇지 않다
학교에 있으면 숨이 막힌다	「학생인권조례」 시행 지역	5.9%	17.4%	34.1%	42.6%
	미시행 지역	13.4%	27.6%	30.8%	28.2%
학교를 그만두고 싶다는 생각을 할 때가 있다	「학생인권조례」 시행 지역	10.1%	22.2%	28.1%	39.6%
	미시행 지역	15.8%	30.0%	27.1%	27.1%
학교는 학생들을 차별한다	「학생인권조례」 시행 지역	7.5%	19.3%	34.3%	38.9%
	미시행 지역	17.5%	31.8%	28.5%	22.3%

학교는 학생들이 인간적인 대우를 받는 쪽으로 변하고 있다	「학생인권조례」 시행 지역	18.0%	40.0%	28.2%	13.8%
	미시행 지역	9.6%	32.9%	38.5%	18.9%

5. 학교 폭력 없는 평화로운 학교 만들기

2011년 연말 '대구 중학생 자살 사건'을 기점으로 학교 폭력 문제가 교육계의 가장 뜨거운 쟁점으로 떠올랐다. 「학교 폭력 예방 및 대책에 관한 법률」에서는 학교 폭력을 "학교 내외에서 학생 사이에 발생한 상해, 폭행, 감금, 협박, 약취(略取)·유인, 명예 훼손·모욕, 공갈(恐喝), 강요 및 성폭력, 따돌림, 정보통신망을 이용한 음란·폭력 정보 등에 의해 신체·정신 또는 재산의 피해를 수반하는 행위"로 규정하고 있다. 최근의 학교 폭력은 예전에 비해 집단적·반복적으로 이루어지고 있으며, 해당 연령이 점점 낮아진다는 특징이 있다. 또한 인터넷이나 SNS 등을 이용한 사이버 폭력도 증가하고 있다.

학교 폭력의 심각성은 이것을 단순히 개인의 문제로 돌릴 수 없다는 데에 있다. 학교 폭력 문제는 근본적으로 볼 때 승자독식의 사회구조로부터 비롯된 입시 경쟁 문화, 학생들의 자존감이나 인정 욕구를 해결할 통로가 마련되지 않은 억압적 학교 문화, 보살핌과 배려의 기능이 상실된 가정 문화 등 다양한 원인과 맞물려 있다.

교육 당국은 학교 폭력 문제를 해결하기 위해 다양한 노력을 벌여왔다. 그런데 학교 폭력 문제를 접근하는 방식에는 크게 보아 두 가지 상반된 흐름이 존재했다. 하나는 '불관용의 원칙'에 따라 '신고와 처벌 시스템'을 강화하는 흐름이고, 다른 하나는 '인권과 평화'의 원칙에 따라 '협력을 중시하는 공동체 문화'를 형성하는 흐름이다. 일부 언론에서는 「학생인권조례」가 교권을 약화시키고 약화된 교권 탓에 학교 폭력을 통제하지 못한다는 논리를 유포하기도 하였다. 하지만 최근 통계 자료에 의하면 「학생인권조례」나 혁신학교 정책이 적용되는 지역에서 오히려 학교 폭력이 감소했다는 결과가 나타나고 있다.

※ 2012 ~ 2013년 시도별 학생 1만 명당 월평균 학교 폭력 증감률

	증감			증감률		
	심의 건수	가해 학생	피해 학생	심의 건수	가해 학생	피해 학생
서울	△0.04	△0.36	△0.30	△1.6%	△7.2%	△7.7%
부산	△1.28	△0.64	△3.68	△48.5%	△13.1%	△74.3%
대구	0.59	1.06	0.38	15.5%	16.3%	6.2%
인천	△0.18	△0.47	0.17	△9.4%	△12.8%	7.4%
광주	△0.75	△0.81	△1.44	△22.4%	△13.6%	△26.0%
대전	△0.40	△0.01	△0.83	△13.0%	△0.2%	△15.0%
울산	△1.08	△1.62	△1.48	△46.5%	△36.7%	△37.5%
세종	△1.08	0.13	△3.08	△40.0%	4.0%	△48.7%
경기	△0.95	△1.43	△1.16	△38.2%	△32.8%	△31.2%
강원	△1.47	△1.75	△2.27	△40.9%	△26.3%	△37.1%
충북	0.73	1.13	1.15	43.4%	37.6%	32.6%
충남	△0.12	0.67	0.02	△4.2%	13.0%	0.5%
전북	△0.46	△0.39	△0.71	△16.0%	△7.0%	△14.2%
전남	△0.56	△1.06	△0.43	△17.2%	△15.3%	△6.9%
경북	0.45	1.07	1.49	24.3%	30.3%	40.6%
경남	△0.67	△1.41	△1.42	△41.4%	△44.1%	△42.3%
제주	△0.08	0.83	0.30	△4.8%	29.7%	9.1%
계	△0.47	△0.59	△0.76	△18.4%	△12.4%	△17.9%

*출처: 정진후 의원실.

		학교 폭력 현황			전체 학생 수	학생 1만 명당 월평균		
		심의 건수	가해 학생	피해 학생		심의 건수	가해 학생	피해 학생
강원, 경기, 광주, 전북, 전남	2012년	12,287	23,201	19,577	3,838,170	2.67	5.04	4.25
	2013년	2,905	5,852	5,041	2,585,129	1.87	3.77	3.25
기타 지역	2012년	8,395	15,324	14,902	2,944,613	2.38	4.34	4.22
	2013년	5,221	10,390	8,583	3,943,907	2.21	4.39	3.63

*출처: 정진후 의원실.

이 자료를 보면 학교 폭력 문제를 해결하기 위한 전 사회적 노력에도 불구하고 전국적으로 보아 학교 폭력 발생이 크게 줄지 않았음을 알 수 있다. 그럼에도 불구하고 지역적으로는 의미 있는 차이가 나타났는데, 대구, 충북, 경북 등에서는 2012년에 비해 2013년에 학교 폭력이 오히려 증가하였고, 강원, 경기 등에서는 2012년에 비해 2013년에 학교 폭력이 큰 폭으로 줄었다.

학교 폭력 문제는 시도 교육청 차원의 노력만으로는 온전히 해결될 수 없다. 사회 전체가 폭력적 구조를 완화해야 하며, 심각한 가정 해체 문제를 해결해야 한다. 또한 입시 위주의 경쟁 교육을 완화해서 모든 학생들이 자신의 자존감을 회복할 수 있도록 해야 한다. 이는 범사회적인 자기성찰을 통해 우리 사회의 근본적인 지향점을 전환해야 할 문제이다.

시도 교육청 차원에서도 학교 안 폭력적 구조를 해체하고 인권 친화적이고 평화적인 학교 문화를 정착시키기 위해 노력해야 한다. 지나치게 입시 교육 위주로 편성되어 있는 교육과정을 고쳐 학생들의 다양한 소질과 적성을 계발하여 학생들로 하여금 자아 존중감을 키울 수 있도록 해야 한다. 아울러 인권평화 교육을 통해 타인의 인권을 존중할 줄 아는 인권 감수성을 기를 수 있도록 해야 한다. 학교 폭력 문제는 우리 교육에 이러한 근본적인 과제를 제기하고 있다.

기존의 학교 폭력 대책은 학교 폭력 가해 사실을 학교생활기록부에 기재하는 등 '응보적 패러다임'에서 이루어졌다. 과거에는 학교 폭력 사건을 은폐하였으나 최근에는 징계 위주로 일을 처리하게 된다. 학교 폭력 가해 사실의 학교생활기록부 기재는 교육적 예방 효과를 고려한 것이라 할 수 있다. 그러나 이는 '이중 처벌'이거나, 취업이나 진학에 불이익을 줄 수 있다는 점에서 '낙인 효과'를 준다는 비판을 받고 있다. 교육부도 논란이 일어나자 '졸업 후 삭제 제도'를 도입하면서 어느 정도 봉합을 하였고, 최근 대법원도 경기도 김상곤 교육감의 학교 폭력 가해자 학교생활기록부 기재 거부 사안에 대해 승소 판결을 내렸다.

이와 관련하여 최근 주목받고 있는 개념이 '회복적 정의'이다. 이는 가해자를 단순히 처벌하고 피해자를 격리하는 일시적 조치를 넘어, 가해자의 잘못을 교정하고 피해자를 치유하며 가해자와 피해자를 포함한 모든 학교 구성원들의 공동체적 관계를 회복하는 것을 의미한다. 이때 가해자나 피해자 당사자뿐만 아니라 이들이 소속된 학교, 학부모, 지역공동체의 일원들이 함께 피해 상황을 공유하고 해결책을 만들어감으로써 공동체성을 강화하는 기회로 전환하는 것이 중요하다.

단위 학교에서 회복적 학생 생활교육이 적용된 사례는 다음과 같다.[6]

---

6) 이재영(2013), 「생활지도의 새로운 패러다임: 회복적 학생 생활교육」, 전국교직원노동조합, 제12회 참교육실천대회 자료집.

(1) 회복적 대화 모임

- 피해자-가해자 화해/조정 프로그램
- 가족 간 대화 모임
- 학교폭력대책자치위원회를 대체할 학교공동체회복위원회 운영
- 가해자 징계 후 복귀 전 대화 모임 등

(2) 회복적 학급 운영

- 회복적 교실을 위한 규칙 만들기
- 또래 조정 훈련
- 회복적 대화법

6. 인권이 보장되는 평화로운 학교를 위한 과제

제1기 주민 직선 교육자치 시대 동안 학생인권은 매우 뜨거운 쟁점이었다. 그리고 이는 공교육의 영역에서뿐만 아니라 우리 사회 전반의 인권적 감수성을 한 단계 높이는 계기가 되었다. 그러나 한편으로는 이 주제와 관련된 학교 구성원들 간의 인식 차이도 여전히 존재하고 있으며, 법령과 정책 차원을 넘어 학교 문화 차원으로 정착되기에는 여전히 해결해야 할 과제들이 남아 있다.

첫째, '학생인권 대 교권' 프레임을 '인권 대 반인권(차별, 폭력 등)' 프레임으로 전환해야 한다. 「학생인권조례」에 대한 일부 부정적인 여론은 일부 언론에서 형성한 '학생인권 대 교권' 프레임의 영향 때문에 형성된 것으로 볼 수 있다. 교사와 학생은 가르치고 배우는 교육적 관계라는 점에서 교사의 인권과 학생의 인권이 본질적으로 대립적인 개념일 수는 없다. 진정한 배움은

가르치는 자와 배우는 자 사이의 존중과 배려의 관계 속에서 이루어지는 것이기 때문이다. '인권'과 대립되는 개념은 차별이나 폭력 등의 '반인권'이다. 이런 점에서 진보 교육감 진영이 '학교 폭력'의 근본적인 대안으로 '인권 친화적 학교 문화 조성'을 내세운 것은 타당하다. 다만 이러한 담론적 구도를 보다 구체적이고 풍부하게 제시할 필요가 있다.

둘째, 학생인권의 교육적 의미에 대한 담론을 풍부하게 전개하고 학교 구성원들이 각자의 처지에서 이를 성찰할 수 있도록 해야 한다. 그동안 학생인권에 관한 담론은 '학생인권과 교권'이라는 프레임에 적절하게 대응하지 못한 측면이 있다. 그렇기 때문에 교사들이 자신을 학생인권의 옹호자로 인식하지 못하고, 학생들 역시 자신을 참여자로서 인식하기보다는 피해자로서 인식하게 만든 측면이 있다. 「학생인권조례」가 기존의 생활지도 관행이 더 이상 유의미하지 않다는 것에 대한 사회적 합의의 표현이라면, 학생인권의 정신에 입각한 새로운 학생 생활교육 패러다임은 무엇이어야 하며, 그것이 어떤 교육적 의미가 있는가에 대한 충분한 공유가 이루어져야 할 것이다. 그럴 때 교사들 역시 학생인권을 존중해야 한다는 당위적 차원을 넘어 학생 생활교육의 주체로서 학생들과 새로운 교육적 관계를 형성할 수 있을 것이며, 학생들 역시 타인의 인권을 존중하며 평화로운 학교를 만들어가는 주체로 자리매김할 수 있을 것이다.

셋째, 학생인권의 개념을 보다 풍부하게 재개념화할 필요가 있다. 그동안 학생인권은 주로 체벌 금지, 두발 및 용모와 관련한 규정 등을 둘러싼 소모적인 논쟁 등으로 인해 주로 신체적 자유권과 같은 소극적 차원에 머무른 감이 있다. 학생인권 개념은 이러한 신체적 자유권을 포함하여 안전, 건강, 복지, 참여 등의 개념으로 폭넓게 진화해야 한다. 학교에서 폭력이나 차별로부터 안전하게 보호받을 권리를 포함하여 정서적·육체적으로 건강하게 학교에 다닐 권리, 각자의 조건과 처지에 따른 지원을 받으며 학업에 임할 수 있는 권리, 학교 운영의 주인으로서 참여할 수 있는 권리 등이 더욱 강조될 필요가 있다. 그리고 교육 당국은 이러한 권리가 실현될 수 있도록 여러 가지 물적·인적 지원을 해야 한다.

넷째, 특별히 학교 폭력 문제와 관련하여 기존의 '처벌 강화' 대 '인권 존중'의 프레임을 넘어서야 한다. 특히 학교 폭력에 대한 사회적 우려가 높아지고 있는 상황에서 인권 존중 프레임만으로는 설득력이 부족할 수 있기 때문이다. 이와 관련하여 앞서 제기했던 '회복적 정의' 개념에 따른 일련의 정책과 프로그램을 보다 구체화시켜야 한다. 회복적 정의 개념은 무엇보다도 가해자만을 문제 삼는 것을 넘어 학교 구성원 모두의 역할을 재정립하여 공동체적 관계를 회복하는 것이다. 이러한 맥락에서 보면 학생인권 보장, 인성교육, 학생 자치 활성화, 민주적 학교 문화 등이 학교 폭력 대책과 분리된 것이 아니라 하나의 선순환 구조를 이루어야 함을 알 수 있다.

다섯째, 학생인권 존중의 정신에 바탕을 둔 학생 생활교육 혁신 방안을 구체화해야 한다. 이는 체벌 금지 등 소극적인 조치를 넘어 학생을 바라보는 관점을 새롭게 하고 학생의 참여와 자치에 기반을 둔 새로운 학교 생활문화를 조성하는 것을 전제로 한다. 최근 일부 혁신학교에서 시도하고 있는 '생활공동체 협약' 교사가 지켜야 할 약속, 학생이 지켜야 할 약속, 학부모가 지켜야 할 약속 등을 해당 주체가 스스로 정하고 이를 공동체적으로 점검하는 것이 참여와 자치에 기반을 둔 학생 생활교육 혁신의 대표적인 예이다. 또한 학교 구성원들의 인권 감수성을 높이고 학교생활 전반에 있어서 반인권적 요소를 제거하여 학교 구성원들의 관계를 교육적 관계로 재구성해야 한다.

여섯째, 지방자치단체 차원의 조례를 넘어 전국적 차원의 '(가칭)학교인권평화법' 제정이 필요하다. 인권은 모든 인간이 누려야 할 기본적인 권리이다. 따라서 인권에 대한 기준이 지방자치단체마다 다르게 적용되는 것은 타당하지 않다. 각 지역에서 시행된 「학생인권조례」의 경험을 바탕으로 이의 합리적인 핵심을 중심으로 한 전국적 차원의 법률이 제정되어야 한다. 또한 학생뿐만 아니라 교사와 학부모의 권리까지를 종합하여, 학생의 인권 및 교육권, 교사의 인권 및 학생 지도권, 학부모의 인권 및 참여권 등을 포함한 법률을 제정할 필요가 있다. 또한 각 주체의 권리를 보장하기 위해 누가 어떤 의미를 지니는지, 이를 보장하기 위한 교육청과 교육부의 책무는 무엇인지까지 명시적으로 담아야 할 것이다.

참 고 문 헌

● 강명숙(2012), 「학생인권 보장의 방향」, 한국교육연구네트워크 총서, 『새로운 사회를 여는 교육혁명』, 살림터.
● 경기도교육청(2013), 『혁신교육 백서』.
● 이재영(2013), 「생활지도의 새로운 패러다임: 회복적 학생 생활교육」, 전국교직원노동조합, 제12회 참교육실천대회 자료집.
● 인권 친화적 학교+너머 운동본부 · 전국교직원노동조합 참교육연구소(2013), 「전국 학생인권 · 생활 실태 조사」.

교사, 학생, 학부모가
주인 되는 학교

1. 들어가며

　5·31 교육개혁 이래로 학교 단위 책임 운영을 추구하며 학교운영위원회 등을 통해 단위 학교 자율성을 점차 확대해왔지만 학교 자치의 근간이 되는 학교 구성원 즉 교사, 학생, 학부모의 참여와 소통으로 이루어지는 민주적·협력적 학교 운영은 아직도 요원한 형편이다. 특히 아래로부터의 교육 혁신을 지향하는 진보 교육감의 등장 이후 학교 변화에 대한 기대감이 그 어느 때보다 컸으나 정부의 견제와 오랜 관료 행정에 길들여진 학교 현장의 타성에 의해 그 변화는 매우 미약한 수준에 머물러 있다.

　학교 자치는 학교 구성원들이 공동으로 학교의 의사결정 과정에 참여하는 것을 필수적 요건으로 하기 때문에 학교 거버넌스 구축이라는 측면에서 중요한 의미를 가진다.[7] 그래서 진보 교육감 지역의 시도 교육청을 주축으로 학교 자치 제도화를 위한 노력을 꾸준히 해왔다. 그 결과 광주교육청에서는 2013년 1월 주민 발의 형식으로 전국에서 최초로 「학교자치조례」를 제정하기에 이르렀다. 「광주 학교자치조례」에서는 교사, 학생, 학부모, 직원회 등 4개 자치기

구를 학교에 설치하고 교원인사위원회, 교육 운영 전반을 심의·의결할 교무
회의 운영 등의 규정을 두었다. 이는 비록 조례이긴 하나 제도적으로 보장된
'민주적 학교 운영'의 토대를 마련했다는 데 큰 의미가 있었다.

그러나 교육부는 상위 법령에 근거가 없다는 이유로 이 조례를 문제 삼
아 재의를 요구하였고, 광주시 의회가 재의결하자 대법원에 제소하기에 이
르렀다. 최근 대법원 1부는 교육부가 광주시의회를 상대로 제기한「광주시
학교자치에 관한 조례안」집행 정지 청구에 대해 "이유가 있으므로 대법관
의 일치된 의견으로 본안 판결이 있을 때까지 조례안 재의결의 효력을 정지
한다."고 결정했다.

그 밖에 경기도는 학부모회 설치를 의무화하는「학교 학부모회 설치·운
영 조례」를 제정하였고 서울과 경기, 광주, 전북 등에서는 학생회와 학교 규
정의 제·개정에 참여할 권리를 의무화하는「학생인권조례」를 제정하였다.

아래는 각 지역에서 학교 자치 관련 조례를 제정한 사례이다.

가. 학부모회조례 제정(경기교육청, 2013년 2월)

「경기도교육청 학교 학부모회 설치·운영에 관한 조례」가 제정되어 학부모들
이 교육공동체의 일원으로 교육 활동에 참여할 수 있는 법적 근거가 마련되
었다. 이 조례에 근거하여 경기도교육청 학교의 학부모회는 △ 학교 운영에
대한 의견 제시 및 학교교육 모니터링, △ 학부모 자원봉사 등 학교교육 활

---

7) 거버넌스 개념은 사용자에 따라 다의적으로 이해되고 있으나, 참여와 협력이 핵심 개념이며 조직의 공동
문제를 해결함에 있어 기존의 관료적 통제 체계를 벗어나 다양한 참여 주체의 협력적 조정 방식이라 정의
할 수 있다[전북교육정책 연구소(2014), 『민관 및 학교거버넌스 구축 현황과 과제』].

동 참여·지원, △ 자녀 교육 역량 강화를 위한 학부모 교육 등의 기능을 수행하게 되었다. 또한 학부모총회, 대의원회, 학년별 학급별 학부모회 등을 구성·운영할 수 있으며 교육청과 학교로부터 예산을 지원받을 수 있게 되었다. 이 조례는 비록 교사회, 학생회 등 학교 자치기구 전반의 역할과 기능을 담아내지는 못하였지만, 그동안 명확한 법적 위상을 확보하지 못했던 학부모회가 학교 운영에 공식적으로 참여할 수 있는 법적 위상을 확보했다는 점에서 의미가 크다. 아울러 학부모들이 신자유주의적 소비자 주권론이나 개별적인 이해관계에 의한 사적 의식이 아닌 공적 의식을 형성할 수 있는 토대가 되었다는 점에서 그 의의를 찾을 수 있다.

나. 교무회의 의결기구화(전북교육청, 2013년 9월)

전북교육청은 전교조 전북지부와의 단체협약을 통해 교무회의 의결기구화에 준하는 내용을 시행하였다. 교무회의의 민주적 운영을 위해 △ 학교장은 교무회의의 의장으로 교무회의를 진행하고, △ 학교교육과정 운영에 관한 사항, 학교운영위원회에 상정할 교무 안건 사전 심의를 의제에 포함하여, △토론과 의결은 민주적으로 진행하고, △교무회의의 결정 사항에 대하여 학교장은 특별한 사유가 없는 한 이를 수용한다는 내용을 각급 학교의 교무회의 운영 규정에 제정하도록 하였다.

이렇게 교무회의가 단위 학교 교직원을 대표하는 기구로서 학교 운영에 관한 전반적 사항을 심의·의결할 수 있도록 보장함으로써, 학교장의 일방적인 지시나 의사결정 대신에 학교 구성원들의 민주적이고 수평적인 의사결정 문화를 정착할 수 있게 되었다.

새로운 사회를 여는
교육자치 혁명

다. 「학생인권조례」를 통한 학생의 참여권 보장(경기 2010년 10월, 광주 2011년 11월, 서울 2012년 1월, 전북 2013년 7월)

전국적으로 4개 지역에서 공포된 「학생인권조례」는 학교 운영에 학생들이 참여할 수 있는 기본적인 권리를 보장하고 있다. 여기에는 단지 체벌 금지, 두발과 용모 등에 관한 내용만 포함된 것이 아니라 학생회 등 학생 자치활동 보장, 학생들이 참여하는 학칙 제·개정 등의 내용들이 포함됨으로써 학생자치기구의 활동이 실질적으로 보장되었다.

사실 「학생인권조례」 제정 과정은 지나치게 정치화되어 여러 가지 사회적 논란을 야기하였다. 임신 및 출산, 성소수자 등 소수자 인권 보호 등이 대표적이다. 하지만 「학생인권조례」 논란의 과정을 거치면서 학생인권 문제가 사회적 의제로 대두되었고, 그 결과 중앙 정부도 「초중등교육법 시행령」 개정을 통해 학칙 제·개정 과정에 학생들의 의사 반영을 명문화하기에 이르렀다. 특히 학교 공동체 구성원 모두가 서로의 영역을 존중하는 인권 친화적인 학교 문화 조성에 대한 인식이 확산되는 성과를 낳았다.

라. 교권조례를 통한 교사의 참여권 보장(광주 2011년 12월, 서울 2012년 6월, 경기 2012년 10월)

광주와 서울, 경기에서는 「교권 보호와 교육 활동 지원에 관한 조례」를 제정하여 교원의 정당한 교육 활동이 부당하게 침해되는 것을 방지하고 교원이 교육 활동에 전념하도록 지원하는 법적 근거를 마련하였다. 주요 내용은 △ 교사의 교육과정, 수업, 평가의 자율성 보장, △ 학교교육 계획, 예·결산 등 학교 운영에 교사의 의견 수렴, △ 보직 교사 임면, 업무 분장, 담임 배정 등에서의 민주적 교원 인사관리 등이다.

비록 교육부의 재의 요구에 의해 교권조례 시행에 난항을 겪고 있지만, 학생인권과 대립하는 의미에서의 교권이 아니라, 교사의 시민권·참여권·노동권을 보장하는 의미에서의 교권 개념을 확립하는 계기가 되었다고 평가할 수 있다.

마. 학교자치조례 제정(광주교육청, 2013년 3월)

「광주광역시 학교자치에 관한 조례」가 주민 발의되어 광주시의회에서 제정되어 2013년 9월에 시행될 예정이었으나, 대법원이 교육부가 제기한 집행 정지 신청을 받아들임으로써 본안 판결이 있을 때까지 조례의 효력이 정지 중이다. 이 조례는 교사회·학생회·학부모회·직원회 등 4개의 자치기구를 설치하고, 교무회의를 교무안건 심의기구로 인정하는 등 학교 자치에 대한 종합적이고 체계적인 규정을 하였다는 점에서 의미가 있다.

진보 교육감 지역을 중심으로 한 학교 자치 제도화 노력과 더불어 학교 운영 체제의 재구조화를 위한 노력이 혁신학교를 중심으로 활발하게 펼쳐지고 있다. 혁신학교는 알려진 대로 우리나라 교육의 고질적 병폐인 입시 경쟁 교육을 새로운 교육 패러다임 모색을 통해 극복하자는 새로운 학교 운동이 진보 교육감의 정책으로 채택됨으로써 공식적으로 등장하였다.

학교 자치와 관련하여 혁신학교에서는 학교 운영 혁신을 목표로 민주적·협력적 학교 문화를 구축하는 것을 과제로 설정하고 있다. 이는 기존의 교장 중심의 일방적이고 수직적인 의사결정 구조를 타파하고 수평적이고 민주적인 의사 결정을 지향하면서 교사, 학생, 학부모에 의한 협력적 학교 운영을 지향한다는 것이다. 이제까지 기존 학교는 제왕적 교장에 의한 지시 전달식의 관료적 의사결정 구조가 일반적이었고, 학생이나 학부모의 의견이 반영되는 대의 체제가 갖추어져 있지 않았다. 이에 반해 혁신학교는 매우 민주적인 학교 운영 시스템을 마련해가고 있다. 교사회나 교직원회의에 의결권을 부여하여 학교 운영의 중요한 사안을 결정하도록 하고 있으며, 학생회나 학부모회(대의원회) 등을 공식적으로 구성하여 민주적 의사소통과 의사결정을 하도록 하고 있다.

혁신학교인 서울 상원초등학교에서도 이러한 민주적인 학교 운영 시스템의 변화를 위해 꾸준히 노력해왔고 지금까지의 성과를 보면 상당히 주목할 만한 점이 있었다. 특히 학부모대의원회, 아버지회 등 학부모들의 참여 사례는 눈여겨볼 만하다. 여기에서는 상원초등학교의 사례를 통해 교사, 학생, 학부모가 함께하는 바람직한 학교 자치의 모습을 그려보고자 한다.

2. 서울상원초등학교의 학교 자치 사례
ㅡ학교상(像)과 참여 문화

서울상원초등학교는 "함께 가르치며 배우는 행복한 학교"를 모토로 존중과 배려, 책임과 돌봄의 교육을 통해 가르치는 것이 행복하고 배우는 것이 즐거운 학교를 만드는 것을 목표로 하고 있다. 이에 따른 학교상(像)은 자율과 책임이 바탕이 되는 배움의 공동체이다. 이는 학생이 중심이 되는 학교, 사회적 책임을 다하는 소통하는 학교, 자연과 함께하는 친환경 학교로 설명된다. 학교의 구성원인 교사, 학생, 학부모가 각각 지향하는 모습은 다음과 같이 설명된다.

함께 가르치며 배우는 행복한 학교

존중과 배려, 책임과 돌봄의 교육을 통해
가르치는 것이 행복하고 배우는 것이
즐거운 학교를 만든다.

학교상	교사상	학생상	학부모상
자율과 책임이 바탕이 되는 배움의 공동체	전문성을 가지고 창의적인 교육을 하는 친절한 교사	새로운 변화에 능동적으로 대처하는 21세기 문화인	학교를 믿으며 즐겁게 참여하는 학부모
• 학생이 중심이 되는 학교 • 사회적 책임을 다하는 소통하는 학교 • 자연과 함께하는 친환경 학교 (Eco School)	• 전문성을 가지고 수업 혁신을 하는 교사 • 창의적인 교육 활동을 하는 친절한 교사 • 개방적이고 서로 협력하는 교사	• 자율적이고 규범을 준수하는 어린이 • 문화적 감수성을 가진 건강한 어린이 • 배움이 즐겁고 서로 협력하는 어린이	• 자녀를 믿고 기다려주는 학부모 • 학교 참여에 보람과 행복을 느끼는 학부모 • 교사를 신뢰하고 학교와 소통하는 학부모

교사상에서 특히 강조하는 것은 개방적이고 서로 협력하는 교사이다. 실제로 상원초 교사들은 민주적 회의 문화에 매우 익숙해져 있다. 학교 운영은 학년 중심 체제인 small school제[8]로 운영되며, 매주 월·목요일 학년별 협의회가 있고, 2주에 한 번 전체 교직원회의가 정례화되어 있는데, 학년과 학교 운영의 중요한 결정은 모두 여기서 이루어진다고 해도 과언이 아니다.

---

8) 'small school'은 작은 학교 운영 체제를 본뜬 것으로 학년별 학교로 운영하는 것을 말한다. 이는 대도시 대규모 학교의 단점을 보완한 것으로 익명성을 극복하여 공동체성을 회복하는 데 그 목적이 있다. 학년의 대표인 학년장이 있으며 교육과정 운영과 예산 사용에 있어서 일정한 자율권을 갖는다.

새로운 사회를 여는
교육자치 혁명

회의는 둥그렇게 둘러앉아 화기애애한 분위기에서 진행되며 대부분의 의사 결정은 합의로 이루어진다. 간혹 표결을 할 때는 모든 구성원은 공평하게 1/N의 의사결정권을 갖는다.

학생상은 21세기 문화인[9]을 표방하고 있는데 이는 시대적 요구에 부응하는 인간상이라 할 수 있다. 학생의 자율과 책임, 공동체성을 강조하고 있는데 이에 맞게 학생 생활과 관련한 부분에 있어 자율성이 보장되고 있다. 대표적인 것이 학생 생활 규정을 스스로 만드는 것이다. 학급회의, 학년 다모임을 통해 학생들이 참여하여 스스로 생활 규정을 만들고, 이를 지키는 것도 상벌제를 대신하여 회의를 통해 문제를 해결하도록 하고 있다. 학급이나 학년에서 문제가 생기거나 의논과 계획이 필요한 경우에는 수시로 학급회의를 하고 있다. 월 1회 정도씩 학년 전체와 관련된 문제를 공동으로 협의하는 학년 자치회의(다모임)도 진행하고 있는데, 이런 자치활동의 강화는 학생들이 자신들의 문제를 회의를 통해 자율적으로 풀어간다는 점에서 큰 의미가 있다 할 것이다.

〈서울 상원초의 스스로 정하는 규칙과 회의 모습〉

---

9) '21세기 문화인'이란 생태적·문화적 감수성을 가지고 다양한 변화를 읽어내며 한국인의 정체성을 바탕으로 세계적인 보편성과 다양성을 갖춘 소통하는 사람을 일컫는다.

학부모상은 더불어 참여하고 소통하는 학부모를 지향한다. 기존의 학부모의 참여가 봉사 위주의 반강제적 참여가 주를 이루었다는 반성에서 출발하여 상원초등학교는 자발적이고 자율적인 학부모 참여를 조직하는 데 주력하고 있다. 이를 위해 다양한 학부모 모임을 스스로 꾸리고 학부모가 즐겁게 학교에 참여하는 계기를 지속적으로 마련함으로써 학교 참여가 활발하게 이루어지고 있다.

대표적인 것인 학부모대의원회와 상원아버지모임이다. 학부모대의원회는 학부모의 의견을 체계적으로 반영할 수 있는 대의 체제로 공모 교장으로 선임된 학교장 제안에 의해 2011년부터 운영해오고 있다. 학부모대의원회는 매년 학년 초 학부모총회에서 학급당 2명의 대의원을 선출하여 구성하고 있으며 임기는 1년이고 연임할 수 있다. 대의원회의 역할은 대의원회 규칙으로 정하고 있는데 주요 역할은 학부모 의견 수렴, 학부모가 참여하는 학교 행사 주관, 학부모 연수 참여, 그리고 기타 학교 운영과 관련된 사항으로 되어 있다.

새로운 사회를 여는
교육자치 혁명

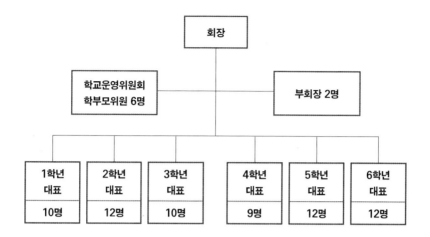

〈상원초 학부모대의원회 조직 구성〉

회장

학교운영위원회
학부모위원 6명

부회장 2명

1학년 대표	2학년 대표	3학년 대표	4학년 대표	5학년 대표	6학년 대표
10명	12명	10명	9명	12명	12명

2013년 상원초의 학부모대의원 활동을 살펴보면 연 4회의 총회와 월 1회의 대의원 대표자 회의, 학년 대의원 회의 등 정기적인 회의 이외에도 다양한 활동을 펼치고 있다는 것을 알 수 있다. 학부모 소식지(상원통)를 발행, 학부모 아카데미, 상원가족체육대회, 학교축제 참여 등 학교 운영의 또 다른 주체로서 활발한 참여 모습을 보여주고 있다(표 참조).

3월	26일	제1차 학부모대의원총회
4월	10일	제1차 대의원 대표자 회의
	26일	〈혁신교육 3년차를 맞으며〉 교사 학부모 간담회 참석-서울시의회
	30일	제2회 대표자 회의
5월	08일	〈혁신학교 안정적 추진을 위한 토론회〉 참석-국회의사당
	11일	상원가족체육대회
	21일	[사교육 불안 없애기] 학부모 아카데미
	31일	제3회 대표자 회의
6월	05일	책놀이 한마당
	12일	[놀며 다투며 자라는 아이들] 학부모 아카데미 1
	18일	대의원 단합대회 〈수락산 계곡〉
	19일	[놀며 다투며 자라는 아이들] 학부모 아카데미 2
	28일	제4회 대표자 회의
7월	09일	[혁신학교, 내 아이 이대로 맡겨도 되나요?] 학부모 아카데미
	16일	제2차 학부모대의원총회
	17일	상원통 4호 발행
8월	30일	제5회 대표자 회의
9월	10일	〈마을이 학교다〉 지원 사업-타일 벽화 작업 시작
	25일	[성교육을 위한 부모의 역할과 아동 성교육의 이해] 학부모 아카데미
	27일	제6차 대표자 회의
10월	08일	걸개그림 TF팀 구성 및 작업 시작
	12일	〈2013 학교 혁신 한마당〉 참여-서강대
	21일	상원통 5호 발행
	24일	상원 행복 축제 및 여울마루 개관식 축하 공연
	30일	제7차 대표자 회의
	31일	[초등 진로의 이해] 학부모 아카데미
1월	09일	상원 독서 문학기행
	27일	제8회 대표자 회의 및 타일 벽화 동판 제막식
	29일	[감정 코칭] 독서 아카데미 1
2월	02일	혁신학교 예산 삭감 철회와 안정적 운영 보장을 위한 학부모 서명 운동
	04일	혁신학교 혁신교육지구 지키기 촛불집회 참여-서울시의회 의원회관 앞
	06일	[감정 코칭] 독서 아카데미 2
	18일	제3차 학부모대의원총회
	20일	상원통 6호 발행
		[책을 통한 인성교육] 독서 아카데미, 학부모 독서 골든 벨

서울 상원초등학교 학부모대의원회 규칙

제1조(정의)

학부모대의원회는 학부모들을 대표하며, 혁신학교 교육 활동과 관련된 학부모들의 의견을 수렴하고, 정해진 절차에 따라 회의를 진행하여 그 결과를 학교에 건의하고, 협의하여 혁신학교 교육 활동 지원 및 발전에 기여하는 자율적 학부모 단체이다.

제2조(구성)

가. 학급별 2명 이내의 학부모가 참여하는 것으로 한다. 단, 학교운영위원회 학부모위원은 별도 정원으로 대의원회에 참가한다.

나. 학급별 학부모대의원의 선출은 학부모총회에서 학급별로 민주적 대의 절차에 따라 선출한다.

다. 학부모대의원총회(4월 1일)에서 회장 1명, 부회장 2명, 대의원회 임원진을 구성한다.

제3조(회기)

학부모대의원회의 회기는 매년 4월 1일부터 익년 3월 31일까지로 한다.

제4조(회의)

가. 대의원회의 회의는 정기총회, 대표회의, 임시 회의로 소집한다.

　가-1. 정기총회는 연 4회 학기 초, 학기 말로 소집한다.

　가-2. 대표회의는 매월 말 소집한다.

　가-3. 임시회의는 안건이 있을 때 수시로 소집한다.

가-4. 관심이 있는 학부모는 반 대의원을 통해 건의하고, 참여한다.

나. 대의원회의 소집된 안건은 대의원 과반수의 출석으로 개의하고, 출석 대의원 과반수의 찬성으로 결정한다.

다. 대의원회 회의는 공개함을 원칙으로 하며, 가정통신문, 학교 게시판 등을 통하여 회의 개최 일자, 안건 등을 사전에 알리도록 한다.

라. 대의원회에 안건이나 건의를 하고자 하는 경우 학급 대의원이 안건이나 건의를 한다.

마. 대의원회 회장은 회의 결과를 학교에 건의할 수 있다.

바. 대의원회는 회의록을 작성하여 회의의 진행 내용 및 결과를 정리한다.

사. 대의원회 운영에 소요되는 경비는 학교 예산으로 지원할 수 있다.

제5조(역할)

가. 학부모대의원은 학급을 대표하여 학부모대의원회에 참석한다.

나. 학부모대의원은 학교교육 활동 전반에 대한 소속 학급 학부모의 의견을 수렴한다.

다. 학부모대의원회에 상정할 안건이나 건의 사항이 발생할 경우, 학부모대의원회에 안건을 통보한다.

라. 학부모대의원회에 참석하여 소속 학급 학부모의 수렴된 의견을 제시하고 정해진 절차에 따라 의견을 정리한다.

마. 기타 대의원회에서 필요한 역할을 수행할 수 있다.

부칙

이 규칙은 통과된 날로부터 효력을 발생한다.

상원아버지모임은 아버지들의 교육적 이해를 돕고, 자녀들의 바람직한 교육을 위하여 2012년 자발적으로 구성되었는데, 2013년부터 월 1회 모임을 정례화하여 운영하고 있다. 아버지모임으로 통해 학부모의 학교 참여율이 높아지고 학교에 대한 신뢰감이 형성되어감은 물론 학교를 중심으로 지역 주민과 함께하는 교육 프로그램을 통해 마을공동체 의식을 함양하는 데 기여하고 있다. 아버지모임이 진행하는 주요 프로그램은 아빠와 함께하는 교실 야영인데 그 외에도 환경과 혁신교육에 대한 이해 교육, 학교 폭력 해소와 왕따 문제 해결 등 또 다른 교육 주체로서 새로운 학교 문화를 만드는 데 많은 역할을 하고 있다.

월	활동 내용		참여 대상
4월	교실 야영	마을 어르신과 장 담그기	마을 어르신, 아버지모임과 자녀, 상원초 대의원회
5월	상원가족체육대회	장 내리기와 체육대회	상원초 대의원회, 아버지모임과 자녀, 학부모
6월	교실 야영	천연 모기 퇴치제 만들기 노원에코센터 방문	아버지모임과 자녀
7월	교실 야영	야외 캠프(물놀이, 풍등 날리기, 촛불 대화 등)	아버지모임과 자녀
8월	교실 야영	물놀이, 함께 놀기	아버지모임과 자녀
9월	교실 야영	송편 만들기, 장 나누기	아버지모임과 자녀, 주민센터
10월	교실 야영	상원축제, 마을잔치	아버지모임과 이웃 주민, 상원초 구성원
11월	교실 야영	김장 담그기, 후원의 밤	아버지모임과 상원초 구성원 전체
12월	자료 정리, 포트폴리오 제작, 보고서 작성, 송년회		아버지모임 회원

3. 맺으며

학교 자치가 온전히 실현되기 위해서는 먼저 교육부 장관에서 교육감, 교육감에서 학교장, 학교장에서 교사, 교사에서 학생으로 권한 위임이 필요하다. 그런데 '아래로부터의 민주주의' 없는 '위에서부터의 권한 위임'은 오히려 학교 자율화라는 미명하에 비교육적 경쟁만 부추길 가능성이 크다. 따라서 학교 자치의 핵심은 교사, 학생, 학부모의 민주적 역량 성숙을 토대로 한 학교 운영에의 참여와 소통이다. 교육행정 기관과 학교장은 학교 구성원의 역량이 성장할 수 있도록 지원하는 역할을 해야 한다.

지난 4년간 각 지역에서는 교육자치의 정신을 구현하기 위해 다양한 노력을 해왔다. 하지만 여전히 존재하는 법적 한계로 인해 그 노력이 제대로 구현되기 어려웠다. 특히 앞에서 살펴본 바와 같이 각 지역별로 학교자치기구의 법적 근거를 마련하기 위해 관련 조례 제정을 시도하였다. 그러나 일부 조례의 경우에는 중앙 정부의 권한 행사로 인해 그 시행이 유보되어 있는 상황이다. 하지만 이러한 법적 한계에도 불구하고 교사와 학부모, 학생 등 학교 구성원들의 학교 운영에 대한 참여 의식은 점점 확대되고 있다. 향후에는 교장제도 혁신, 학교자치기구 법제화를 위한 관련 법령을 제·개정하고자 하는 시도가 지속되어야 한다.

이와 더불어 일정한 법령상의 한계에도 불구하고 각 시도 교육청은 단위학교에 더욱 많은 자율권을 보장하고, 단위 학교가 학교 구성원들의 참여와 소통에 의해 민주적으로 운영될 수 있도록 지원해야 한다. 또한 학교장, 교사, 학생, 학부모 등 학교 구성원들도 학교 자치의 정신이 구현될 수 있도록 민주적 역량을 더욱 성장시켜야 한다. 특히 교사의 자발적 전문성과 학생의 참여를 보장하는 것이 중요하다. 교육은 일차적으로 교실에서 교사와 학생의 상호작용을 통해 일어난다. 따라서 교사의 자발적 전문성과 학생의 참여가 만날 때 학교 자치의 정신은 교실에서부터 시작될 수 있다.

지금까지 학교장에게 독점적으로 부여되었던 권력은 민주적 운영 원리에 근거해 교육 주체들에게 실질적 권한으로 배분되어야 한다. 그렇다고 학교장의 역할이 부정되어서는 안 될 것이다. 학교 운영에 있어서 학교장의 역할은 구성원의 학교 운영에 대한 참여를 보장하고 구성원들과 지속적으로 소통하는 민주적·자율적인 지도력을 발휘하는 데 있다. 따라서 학교장에게 요구되는 능력은 민주적이고 수평적인 리더십이라고 할 수 있다.

교사와 학생, 학부모의 능동적 참여 없이 학교 자치는 불가능하다. 그런데 현행 학교자율책임경영제[10]는 학교 구성원에 의한 학교 운영의 자율성을 보장하는 것이 아니라 관리자인 교장의 자율성과 권한을 강화하고 있을 뿐이다. 따라서 강화된 학교장의 권한을 분산시켜 다양한 학교 주체들의 의사를 학교 운영에 반영하고, 민주적 소통이 가능하려면 교장의 자질에 의존하기보다는 법 개정을 통해서 학교자치기구의 법적 권한과 책임을 부여하는 것이 필요하다. 더불어 민주성과 전문성을 갖춘 교장이 임명될 수 있도록 현재의 수직적·권위적인 교장 승진 체제를 개선할 필요가 있다.[11]

현재 학교자치기구인 학교운영위원회는 학교 체제를 개방화하고 구성원의 민주의식을 고양하는 데 긍정적 기여를 해왔지만, 심의·자문 기구라는 권한의 한계와 위원의 실질적 대표성 결여와 전문성 미흡이라는 부정적 측면으로 말미암아 학교 자치를 어렵게 하는 요인으로 작용하고 있다. 교무회의 또한 결정사항에 대한 어떠한 법적 근거 규정도 없고, 학교에 따라서 민주적으로 운영되지 않는 경우가 많아서 교사들이 학교 운영과 교육과정 등에 대한 실질적인 의사결정을 하고 있지 못한 실정이다. 학부모회와 학생회는 실질적인 학교 참여가 제한되어 있다. 학부모회는 의무만 있고 법적 권한이 없는 임의 단체로서의 성격을 탈피하지 못하고 있으며, 학생회는 법령에 학생 자치활동이 보장되어 있으나 학교 운영에 참여할 수 있는 풍토가 충분히 조성되어 있지 않고 지원도 매우 부족한 실정이다.

학교 거버넌스라는 새로운 질서가 제자리를 잡을 때까지 학교 자치는 당분간 시행착오와 갈등의 과정을 겪게 될 것이다. 하지만 혁신학교에서 시작된 학교 자치의 모범 사례는 점차 확대될 것이다. 앞서 살펴보았던 서울 상원초등학교의 사례는 수평적 리더십을 가진 교장과 주체적인 참여 의지를 가진 학교 구성원들에 의해 교사, 학생, 학부모가 함께 만들어가는 민주적이

---

10) 단위 학교자율책임경영제는 학교장이 자율권을 가지고 학교 내부의 민주적이고 합리적인 의사결정 과정을 통해 학교를 운영하며 그 결과에 대하여 책임을 지는 학교 경영 체제를 말한다.
11) 대안으로 제시되는 제도로 내부형 교장공모제 확대와 교장선출보직제가 있다

새로운 사회를 여는
교육자치 혁명

고 협력적인 학교 운영이 충분히 가능하다는 사실을 보여준다.

참 고 문 헌

● 전북교육정책연구소(2014), 「민관 및 학교 거버넌스 구축 현황과 과제」.
● 한국교육연구네트워크 엮음(2013), 『학교혁신의 지름길, 교장제도 혁명』, 살림터.

평준화 확대로
학교가 살아나다

1. 평준화의 현주소

학교는 공적인 자산이며, 우리는 이를 통해서 사회적 불평등이 세대 간 전수되는 것을 막기 위한 사회적 노력을 기울여야 한다. 그럼에도 불구하고 우리나라 교육정책은 이러한 공교육(public education)의 이상(idea)을 훼손하는 방향으로 자본의 논리에 따라 움직이고 있다. 이러한 정책적 오류는 교육제도의 문제를 넘어서서 한 사회의 건전한 발전, 사회적 공동체성, 민주주의, 능력주의 등 수많은 가치를 훼손하고 있으며, 향후 사회적 불안의 근원으로 작동할 가능성이 매우 높다.

지난 MB 정부 5년 동안 시행한 교육정책 가운데 가장 심각한 문제를 불러일으키고 있는 것은 바로 '고교 다양화 300프로젝트'이다. 이는 기존의 평준화 중심의 고등학교 교육의 운영 방식을 근본적으로 재편하였다. 그 결과 고등학교 평준화의 기조가 뿌리째 흔들리고 선발에 의해 진학하는 학교들이 우후죽순으로 늘어남으로써 학교의 서열화를 가속화했다. 이로 인해 한국 교육의 허리에 해당되는 중등교육이 근간부터 흔들리게 되면 공교육의 기본 체제가 해체될 위험성까지 있다.

그 과정 중에도 부분적으로 진보 교육감이 있는 경기, 강원에서는 2013 학년도부터 6개 시(안산, 광명, 의정부, 강릉, 원주, 춘천)에서 평준화가 도입되었으며, 경기도 용인시 역시 2015년부터 평준화 도입이 결정되었다. 이러한 변화는 전국 단위에서 일어나는 학교 서열화 경쟁의 광풍을 근본적으로 잠재울 수 있는 수준은 되지 않을지라도 매우 유의미한 제도적 변화로 평가받을 수 있다.

2014년은 고등학교 평준화 정책을 도입한 지 40주년이 되는 해이다. 1974년 서울과 부산에서부터 시작된 평준화 정책은 이후 고등학교 체제의 중심축으로 자리 잡아왔다. 한편으로는 고등학교 교육 기회의 확대라는 효과를 거두었으며, 또 다른 한편에서는 이를 둘러싼 다양한 논쟁의 장을 제공하기도 하였다. 이제 평준화 정책을 통해서 위기에 놓여 있는 한국 중등교육의 문제점을 개선할 수 있는 새로운 전기를 마련할 필요가 있다. 평준화 정책을 적극 추진하여 목하 문제시되고 있는 교육 기회의 불평등, 입시 위주 교육의 해소, 학벌 사회 완화 등을 추구하기 위한 노력을 기울여나갈 필요가 있다.

본 장에서는 지난 4년 진보 교육감이 추진한 평준화 추진 사례를 중심으로 구체적인 지역별 정책 추진 과정과 그 문제점 및 의의를 정리해보고자 한다.

2. 평준화 추진 과정

(1) 경기도 안산, 광명, 의정부시 사례

경기도교육청 산하 안산, 광명, 의정부 지역에서는 오래전부터 고교 평준화 도입에 대한 여론이 비등해왔다. 이들 세 도시의 인근에 위치한 도시들은 대부분 평준화 정책을 적용하고 있는 반면에 이들 세 지역은 고등학교 진학에 경쟁 선발을 원칙으로 하고 있음으로 인해 다양한 문제점이 제기되었던 것이다. 이를테면, 고교 서열화로 인한 위화감, 우수 고등학교 진학을 위한 중학교 내신 성적 관리와 이로 인한 과도한 사교육, 대학 입시제도의 개편으로 인한 비평준화 고등학교의 불이익, 지역 주민들의 정주의식의 부재 등등 수많은 문제가 입시제도로 인해 발생하고 있었다. 교육적 문제를 넘어서 사회적·정치적 이슈로 이 문제가 넘어가면서 새로운 논쟁의 대상이 되기에 이르렀다.

경기도교육청에서는 이 세 지역의 고교 입시제도에 대한 주민들의 요구를 수용하여 2010학년도에 1차적으로 입시제도 개편에 관한 타당성 조사를 실시한 바 있다. 그러나 교육과학기술부에서 전제조건 미비라는 이유로 이 세 지역의 고교 입시제도 개편을 유보하고, 관련 법규를 개정하는 절차를 밟았다. 그 결과 지난 2011년 3월에 「초중등교육법 시행령」을 개정하여 지방의회의 조례로 해당 지역의 입시제도를 개편할 수 있도록 하였다. 이후 경기도교육청에서는 2011년 8월 제정·시행된 「경기도교육감이 고등학교의 입학전형을 실시하는 지역에 관한 조례」(경기도조례 제4235호)에 따라 서울대학교 산학 협력단에 고교 입시제도 개선 타당성 조사를 의뢰하였다.

타당성 조사 연구팀은 타당성 조사 연구를 통해 각 지역별로 다음과 같은 학군 및 구역의 설정 방안과 학생 배정 방법을 제안하였다.

· 광명: 단일 학군 단일 구역, 선복수지원 후추첨 배정
· 안산: 단일 학군 2개 구역, 선복수지원 후추첨 배정을 기초로 한 학군 내
  배정 50%(1단계)+구역 내 배정 50%(2단계)
· 의정부: 단일 학군 단일 구역, 선복수지원 후추첨 배정

타당성 조사 연구팀은 광명에서는 특수지 고등학교를 지정하지 않았으

새로운 사회를 여는
교육자치 혁명

며, 안산은 도서 지역에 위치한 종합고를 특수지 고등학교로 지정, 의정부에서는 지역 내 선호도가 각별히 낮고 학교 운영 수체(사립학교법인)의 중장기 학교 개선 계획이 미진한 학교를 특수지 고등학교로 지정 후 평준화 제도 도입을 제안하였다.

경기도 광명, 안산, 의정부 지역은 2013학년도부터 평준화 제도를 적용하였다. 광명은 전체 학교를 대상으로 하였고, 안산 및 의정부는 각각 1개교를 특수지 고등학교로 제외시켰다.

(2) 경기도 용인시 사례

경기도 용인시 역시 유사한 과정을 밟았다. 2011년도 하반기에 용인시청에서는 평준화 도입 방안에 대한 타당성 조사를 연구기관에 의뢰함으로써 평준화 도입을 위한 절차를 밟기 시작하였다. 용인시는 2000년 이후 약 10년간 도시 개발로 인해 급속히 인구가 증가한 지역 중 하나로서 최근 5년간 연평균 인구 증가율은 5.7%에 이른다. 통계청의 인구 통계 자료에 따르면, 용인시 인구는 2000년 초반 40만에 이르지 않았던 데 비해 2011년 현재 용인시 인구는 90만이 넘어서 두 배 이상의 인구 규모 급증을 보이고 있다. 이와 함께 학령인구도 현저히 증가하여 2010년 기준으로 2000년에 비해 초등학교는 36개에서 92개로, 중학교는 16개에서 44개로 증가하였으며, 일반계 고등학교가 5개에서 22개로, 전문계 고등학교가 3개 신설되는 등 학교 수가 급증하였다.

이런 인구수 및 학령 아동 인구수의 급격한 증가는 새로운 문제를 야기하였다. 그 중 가장 첨예한 문제의 하나는 고등학교 입시를 둘러싼 선발 문제이다. 현재의 비평준화 입시제도는 개별 고교가 선발하는 방식을 이른다. 이와 같은 고교별 선발 방식은 학생 수와 학교 수가 안정적인 지역에서는 그리 큰 문제가 되지 않지만, 인구수가 급증하는 지역의 경우 학생 선발에서의 지나친 경쟁으로 말미암아 사회적 문제를 야기하게 된다. 다시 말해 용인 지역 주민들은 인구의 급격한 증가와 함께 용인시의 교육 체제에 대해 문제를 제기하였다.

용인 지역 고등학교 입학과 관련된 문제 상황을 구체적으로 기술하면 다음과 같다. 용인 지역은 인구 급증으로 인해 많은 학교들이 신설되어 개교하고 있다. 그런데 교육 시설이 현대적이며 교사의 질 역시 경기도 지역 순환보직 원칙에 의해 다른 지역과 다르지 않음에도 불구하고 지역의 특정 명문고로 인해 여타의 학교들은 학교 설립 순으로 기피 학교로 인식되는 불명예를 벗기 어려웠다. 학교의 평판이 낮음에 따라 일부 상위권 학생을 제외한 대부분의 학생들은 주변의 성남이나 수원 등 평준화 지역에 위장 전입 등의 방법을 통해 장거리 통학을 하는 등 현재 체제 내에서 다수 학생들이 큰 불편을 겪게 되었다. 뿐만 아니라 신설 학교에 대한 편견을 벗어나지 못하고 외부 지역으로 이주하는 인구가 고등학교급에서 늘어남에 따라 용인 지역의 인구 구조는 노년층과 유·초등 학부모로 양분되는 현상을 낳았다. 이른바 정주의식이 부족하고 지역사회의 연대의식 역시 이러한 고교 입시제도로 인해 약화되는 등 지방자치제도의 정착에도 심각한 문제를 낳게 되었다.

이상과 같이 고등학교 입학 문제가 사회적 문제로 대두되었는데, 고등학교 입학 문제를 해결하지 않으면, 교육으로 인한 지역 주민의 불만이 증가할 뿐만 아니라 장기적으로는 용인시 전체의 발전에 장애가 있을 것이라는 의식이 보편화되기 시작했다. 이로 인해 2005년 7월 (사)참교육을위한전국학부모회 경기지부 용인지회가 창립대회를 하고, 2008년 10월 용인시 교육환경개선 토론회가 개최되어 용인시의 고교 입시제도가 갖는 문제점에 대한 논의가 본격적으로 시작되었다. 그 결과 2009년 6월에 '용인시 고교 평준화 학부모 모임'이 발족되었으며 2009년 7월에 '용인시 고교 평준화 추진을 위한 토론회'가 개최되는 등 지역 주민들의 제도 개편에 대한 움직임이 체계적으로 추진되었다. 이러한 지역 주민의 요구로 인해 급기야는 2010년 제5회 전국 동시 지방선거에서 고교 평준화 실시를 공약하는 입후보자가 시장으로 당선되는 계기가 마련되었으며, 수지 지역 출신 정치인과 지방의원들도 이 지역의 고등학교 입시제도 개편을 적극 지원함으로써 고교 입시제도 개편에 대한 공감대가 형성되었다.

이에 따라 용인시는 평준화 제도를 도입하기 위한 전제조건은 무엇인지, 평준화 제도를 시행하기 위해 어떤 노력이 필요한지 등에 대한 내용뿐만 아니라 용인 지역 주민들의 평준화에 대한 열망이 어느 정도인지를 확인할 필요를 느끼게 되었다. 타당성 연구가 2회 실시되었으며, 최종적으로 2015학년도부터 평준화 정책을 도입하기로 결정하였다.

용인시는 2000년 이후 10여 년간 인구가 급속히 증가한 지역으로서 학생 수 급증으로 인해 학생 선발에서의 지나친 경쟁뿐만 아니라 학교 신설에도 불구하고 다수 학생들의 인근 평준화 지역으로의 위장 전입, 장거리 통학 등의 문제가 야기된 지역이다.

2011년 용인시는 평준화 제도 도입을 검토하기 위한 타당성 조사 및 용인시 교육 발전 방향 연구(이하 용인시 연구)를 발주하였다. 용인시 연구팀은 교육 주체를 대상으로 하여 당시의 고교 입시제도(비평준화)에 대한 만족도, 통학 여건, 고교의 학생 수용률 등을 검토하고 학교군 설정 및 학생 배정 방법 개선안을 연구하였다.

한편 이와는 별도로 2012년 경기도교육청은 「경기도교육감이 고등학교의 입학 전형을 실시하는 지역에 관한 조례」(경기도조례 제4235호)에 따라 전문 연구팀(연구 책임자: 박도순)에 고교 평준화 타당성 조사를 의뢰하였다.

연구팀은 타당성 조사 연구에서 용인시를 단일 구역으로 설정하는 방안과 기흥/수지/처인구의 복수 구역으로 설정하는 방안, 평준화 정책 도입 초기 용인 전 지역을 단일 구역으로 설정하고, 평준화 정책이 정착 단계에 이르렀을 때 복수 구역으로 나누는 방안 등을 제시하였다. 학생 배정 방법에 있어서는 근거리 배정과 임의 배정 방식을 혼합한 절충적 입학 전형 제도를 제시하였다. 아울러 비선호 학교 해소 방안으로는 예산 지원, 초빙 교사제 강화, 교육과정 특성화고 지정, 학교 내 진로 집중 과정 설치 등을 제시하였다.

2013년 6월 경기도교육청이 용인지역 중학교 1, 2학년 학생과 학부모 3,199명을 대상으로 벌인 고교 평준화 찬반 설문 조사 결과 과반인 71%가 평준화 제도 도입에 찬성하였다. 그 결과 의회 의결을 거쳐 2015학년도부터 평준화를 도입하기로 결정하였다.

(3) 강원도 강릉, 원주, 춘천시 사례

강원도 강릉, 원주, 춘천시의 경우 오래전부터 학부모와 시민단체들의 지속적인 평준화 요구가 있어왔다. 평준화를 요구해온 학부모 및 시민단체들이 내세운 평준화 제도 도입의 필요 이유는 고교 간 서열화, 고교 입시 과열, 입시 준비 사교육 성행, 학생과 학부모의 입시제도에 대한 낮은 만족도 등으로 집약할 수 있다.

강릉, 춘천, 원주시는 1980년 초에 고교 입시제도를 평준화 방식으로 개편하였다가 1990년대 초 다시 비평준화 제도 방식으로 전환한 바 있다. 그러면서 다양한 비교육적 문제점들이 제기되면서 10여 년 전부터 고교 입시제도 개편에 대한 요구가 계속적으로 있어왔다.

2010년 평준화 도입을 내걸고 당선된 민병희 교육감은 2010년 춘천, 원주, 강릉 지역 고교 입시제도 개선에 관한 기본 계획을 수립하고, 전문 연구 기관(가톨릭대학교 산학 협력단)에 의뢰하여 이에 대한 연구를 실시하도록 하였다. 이 연구에 따르면 이 세 지역에서 학생과 학부모의 70% 이상, 교원의 63% 이상이 고교 입시제도 개선에 찬성하는 것으로 나타났다(성기선 외,

새로운 사회를 여는
교육자치 혁명

2010). 각 지역 공청회와 추가 여론조사 결과에 따라 강원교육발전기획위원회 심의와 강원도 의회 보고 이후, 강원도 교육감은 고교 입시제도를 개선하기로 결정하였다.

그러나 교육과학기술부에서는 2011년 3월 18일 「교육감이 고등학교의 입학 전형을 실시하는 지역에 관한 규칙」을 개정하여 고교 입시제도 개편에 관해서는 해당 시도 조례로 규정하여 따르도록 하였다. 이에 따라 강원도 의회는 강원도 지역 내의 고등학교 입학 전형 변경에 관한 조례인 「강원도교육감이 고등학교의 입학 전형을 실시하는 지역에 관한 조례」(강원도조례 제3506호, 2011. 09. 23)를 제정·공포하였다. 이는 전체 3조로 구성되어 있고 1조는 조례의 목적을 명시하고 있는데, "이 조례는 「초중등교육법 시행령」제77조에 따라 강원도교육감이 고등학교의 입학 전형을 실시하는 지역의 지정과 해제 등에 관한 사항을 규정함을 목적으로 한다."라고 기술되어 있다. 2조는 강원도교육감이 고등학교의 입학 전형을 실시하는 지역 지정에 관한 내용이다. 이에 따르면, 1) 「초중등교육법 시행령」제77조 제2항 제1호· 제2호· 제3호를 충족하고, 2) 제77조 제2항 제4호에 따른 여론조사 결과 응답자의 100분의 60 이상의 찬성을 얻어야 함을 규정하고 있다.

강원도교육청은 도 조례에 근거하여 2011년 9월과 10월에 걸쳐 강원도 교육감이 고등학교의 입학 전형을 실시하는 지역, 즉 평준화를 적용하는 지역을 지정·해제하기 위한 타당성 조사를 재실시하였다. 2011년 11월 주민 대상 여론조사에서 응답자의 70.3%(춘천 70.8%, 원주 69.1%, 강릉 71.5%)가 평준화 적용에 찬성하였다. 강원도 원주, 춘천, 강릉 지역은 2013학년도 고교 신입생부터 평준화 제도를 적용하였다.

강원도 원주, 춘천, 강릉 지역은 시 외곽에 위치하여 통학에 어려움이 많거나 종교상의 이유로 평준화 대상에 포함시키기 어려운 학교들은 특수지 고교로 지정하는 동시에, 기숙사 및 체육관 신축, 교사 신축 등 교육 시설 여건 개선, 학생 선발권 학교장 위임 및 교육과정 개선 등 지원 계획을 수립하였다.

(4) 충청남도 천안시 사례

충청남도 교육청 소속의 천안시도 평준화에 대한 요구가 강한 지역이었다. 1980~1995년까지 평준화 체제를 경험했던 이 지역은 최근 인구수의 급증과 학교의 증가 등 환경의 변화에 따라 고입 정책 변경에 대한 요구가 강하게 제기되어왔다. 그러나 교육감은 이러한 주민들의 요구를 수용하지 않고 회피하는 방식의 소극적 대처만을 해왔었다. 그러다 인사 비리에 연루되어 교육감이 궐석이 되고, 충청남도 의회에서 평준화 도입에 대한 타당성 조사를 실시하도록 의결하면서 평준화 논의는 급물살을 타게 되었다.

천안 지역 고교 입시제도 변경에 대해서는 이미 2006년도에 한국교육개발원에 의뢰하여 진행한 「천안지역 고교 평준화 정책 적용 타당성 검토」(연구 책임자: 김홍주)가 있었다. 이 보고서에 따르면 천안의 학부모와 교원은 과반수 이상 고교 평준화 정책을 찬성하고 있었다(48개 학교 학부모 1,527명, 교원 873명에 대한 조사에서 학부모 54.9%, 교원 56.9%가 찬성). 또한 극심한 고교 간 서열화, 명문 고교에 대한 뚜렷한 선호 및 과열 진학 경쟁 현상, 성적 위주의 고입 진학 풍토, 고입 준비 과정에서의 과도한 사교육 참여율과 사교육비 지출 경쟁, 고입 준비 사설 학원 과다 등의 현상이 문제로 지적된 바 있었다. 그럼에도 불구하고 이를 적용하기 위한 충분한 준비와 제도를 정비할 시간이 필요하다는 결론으로 평준화 도입을 유보하도록 하였다.

2013년에 실시한 타당성 조사에 따르면 주민들의 상당수가 평준화 도입을 찬성한 바 있었다. 다른 지역과 달리 충남도 의회에서는 지역 주민들의 65%가 도입안을 찬성할 경우 입시제도를 변경할 수 있도록 규정한 바 있다. 2013년 하반기에 실시된 여론조사 결과 2016학년도부터 고교 입시제도를 평준화 방식으로 전환하는 안에 참여자의 73.8%가 압도적으로 찬성하여 결론을 내리게 되었다.

3. 평준화 추진 이후의 변화

고교 평준화 1기 학생들의 수다
"우리 학교, 처음에는 진짜 싫었는데 지금은 어딜 가도 자랑해요"

정○○: 난 처음에 학교 배정받을 때 집에서 가까운 곳만 됐으면 좋겠다고 생각했어. 어차피 평준화니까 학교 이름은 상관없고.

이○○: 나랑 친구들은 ××고만 아니면 된다고 생각했는데 학교 발표 나고 엄청 싫어했어. 어떤 애들은 집에 가서 막 울기도 하고, 그래서 학교에 들어가고 나서도 한동안 진짜 힘들었어. 지금은 선생님도 열정적으로 가르쳐주시고 학생들도 열심히 하니까 어디 가서 얘기할 때 우리 학교 정말 좋다고 말하지만.

정○○: 나도 학교 발표 났을 때 많이 실망했어. 그런데 막상 다녀보니까 진로 프로그램도 많고 괜찮았어. 누가 학교 어디냐고 물어보면, 평준화된 거 다 알아서 그런지 반응이 나쁘지 않아.

신○○: 나는 가고 싶은 학교를 가게 돼 좋았는데, 학교 처음 들어갔을 때는 선배들이 1학년을 무시하는 경향이 좀 많았어. 3~4월에는 수업에 집중 안 하는 아이들 때문에 선생님들도 힘들어하셨는데, 전체적으로 분위기가 좋아졌어.

이ㅇㅇ: 나도 처음엔 우리 학교 진짜 싫어했는데, 생각해보면 어디서든지 자기 하기 나름이야.

신ㅇㅇ: 솔직히 공부 잘하는 애들이 분산되니까 내신 따기가 더 수월해지지 않았어? 학교마다 모든 여건이 똑같을 수는 없지만, 최대한 비슷해지도록 지원을 많이 해야 할 것 같아.

* 출처: 강원도교육청 블로그(http://blog.naver.com/happygwedu/10188212809).

위에 인용한 글은 강원도교육청에서 2013년 평준화를 도입한 이후에 나타난 학생들의 변화, 학교의 변화를 기술한 내용들이다. 물론 아직 시행한 지 1년밖에 되지 않았다고 하더라도, 적어도 몇 가지 점에서는 긍정적인 변화가 일어나고 있다는 평가를 내리고 있다.

먼저 학생들의 인식 변화이다. 춘천은 1990년까지 유지되던 평준화가 해제되면서 1991년부터는 비평준화로 유지되었다. 20년 이상 시간이 경과하면서 학교 간 명망도의 차이는 고착화되어 학교 서열화가 분명해졌다. 가장 선호하는 학교는 학교 효과가 뛰어난 곳이라기보다는 입학생들의 성적이 가장 우수한 학교였다. 그리고 가장 비선호하는 학교는 학생들의 성적이 꼴찌인 학교이며, 이 학교에 들어가는 학생들은 자신의 성장 가능성을 매우 부정적으로 평가하게 되었다. 만 15세 나이에 자신은 실패자이며 앞으로도 그러한 실패한 삶을 살아야 한다는 생각을 제도가 만들게 된다면 그 어떤 교

새로운 사회를 여는
교육자치 혁명

육적 노력도 무의미하게 된다는 점에 심각성이 있다. 그런 점에서 입학 당시부터 학생들의 성적이 획일적으로 구분되는 방식이 아니라 혼재하는 방식으로 구성하도록 하는 평준화 정책의 도입은 특정 학교를 다니는 학생들의 집단적 자기부정을 줄일 수 있고 또 다른 학교의 집단적 우월감을 줄일 수 있는 계기가 된다. 물론 처음에는 자신이 원하지 않는 학교에 배정받았을 때 느끼는 불만이 있을 수밖에 없다. 그렇지만 교육적으로 이러한 문제점을 슬기롭게 극복해나가도록 한다면 그것 자체가 교육적이지 않을까 여겨진다. 학생들의 수다를 통해서 보면 이러한 문제에 대한 하나의 희망을 찾을 수 있을 듯하다.

둘째, 학생들의 다양성이 확보되면서 자신과 다른 친구들의 생각과 행동을 이해하고 존중할 수 있게 되었다. 비평준화 제도에서는 동질적인 학생들의 집단화로 인해 자신과 큰 차이를 보이는 친구를 찾기 어려웠다. 특히 성적 중심의 집단화는 자신이 잘하는 집단에 속하더라도 잘하지 못한다고 느끼게 될 정도로 위축감이 들도록 만든다. 못하는 집단에 속한 학생들 역시 궁금하고 의문 나는 점이 있더라도 친구에게 물어볼 수도 없다. "내가 모르면 옆에 있는 친구도 모를 것이다"라는 암묵적인 문화가 널리 퍼져 있게 마련이다. 그렇게 된다면 나와 생각이 다른 친구, 나와 환경이 다른 친구, 나와 실력이 다른 친구들과는 만날 기회가 거의 없으며, 우리 사회의 다양성을 이해하지 못하고 그러한 차이를 차별로 만들 수밖에 없는 위험성을 교육제도 내에 방치하게 된다. 민주시민교육을 위해서는 다양성 속에서 공동체의식을 배우고, 차이점 속에서 개성을 배울 수 있는, 그리고 타인을 존중하는 문화를 만들 필요가 있다. 평준화 제도는 그러한 21세기가 요구하는 새로운 학력관 형성에 부합되는 제도라 할 수 있다.

셋째, 학부모의 변화이다. 처음에는 오랫동안 고착되어왔던 학교 서열화에 대한 편견 때문에 대부분의 학부모가 힘든 과정을 거칠 수밖에 없다. 그러나 이러한 충격을 어떻게 슬기롭게 극복할 것인지를 고민하면서 오히려 자녀 교육에 더 많은 관심을 가지게 된다. 단지 성적 중심으로 학교를 평가하지 않고 학교 특성화를 위한 노력, 학생 문화, 학교 프로그램 등에 관심을 가지며 학교교육을 지원하는 방식으로의 변화가 이전과는 비교하기 어려울 정도로 긍정적이라고 볼 수 있다.

넷째, 교사와 학교의 변화가 일어나고 있다. 이는 강원도뿐만 아니라 지금까지 평준화를 도입하였던 수많은 지역에서 공통적으로 나타나는 현상이다. 이를테면 성남 분당구에 2002년부터 평준화가 도입되었다. 그 당시 가장 기피되었던 해당 지역 내의 사립학교가 있었는데, 지금은 어떠한가? 단연 최우선 선호 학교로 탈바꿈하였다. 무엇이 그러한 변화를 낳게 만들었는가? 물론 좀 더 구체적으로 살펴보면 문제가 없는 것은 아니지만, 적어도 대학 입시 준비라는 측면에서 이 학교는 무척 열심히 노력을 기울였으며, 이제는 인근 지역에 있는 다른 어떤 학교보다 학생과 학부모의 선호도가 높은 학교가 되었다는 점은 부인할 수 없다. 2002년 3월, 부천에 있는 모 고등학교의 정문에 다음과 같은 플래카드가 붙어 있었다.

"이제 우리 학교도 할 수 있습니다!"

무엇을 의미하는가? 입학 당시부터 학생들의 성적이 학교별로 고착화되고 서열화되어 있는 구조에서는 하위권 고등학교에서 아무리 노력해도 진학 결과는 시원치 않을 수밖에 없다. 그만큼 교사의 노력, 학교 자체의 노력보다는 입학생의 성적 수준이 학교의 질적 수준을 결정하기 때문이다. 그러나 입학 단계부터 비슷한 수준의 학생을 받게 된다면 이제는 꼴찌의 대반란을 기대할 만하다고 생각하고, 그것이 학교 교육력을 높이는 계기로 작동한다고 볼 수 있다.

마지막으로 지역사회 주민들의 인식 변화이다. 학교 서열화가 되어 있을 때는 학생들이 입은 교복으로도 그 학생의 수준을 평가할 수 있었다. 가장 상위의 고등학교에 다니는 학생들은 교복을 자랑스럽게 입고 다니고, 하위에 속한 고등학교 학생들은 교복 입기를 부끄러워하고 기피하였다. 어떤 학부모는 자녀의 교복을 인근에 있는 세탁소에 맡기지도 못한다고 하였다. 자녀가 공부 못한다는 점이 창피하여 지역사회에서도 제대로 활동을 하지 못할 뿐만 아니라 그 지역에 거주하기도 힘들다고 하였다. 그러나 평준화로 전환되면서 학교 간 서열화, 차별화는 사라지고 모든 학생들을 동일한 시선으로 보게 됨으로써 이러한 문제는 많이 완화되었다. 이를테면 지역 주민들의 자기 거주 공간과 지역에 대한 정주의식이 더 강해져서 지역사회의 공동체성을 높일 수 있는 계기가 되었다.

이러한 변화는 고교 12년 무상교육을 선언하고 있는 현재의 상황에서 볼 때 아주 자연스럽고 타당한 변화라고 평가 내릴 수 있다. 국민 누구나 12년 무상교육을 통해서 민주시민의 자질과 역량을 갖추도록 한다는 취지는 다름 아닌 고교 평준화의 기본 철학을 적극 실천하고 제도화시키겠다는 의지로부터 비롯된다. 고교 평준화는 학교뿐만 아니라 지역사회의 여러 측면에서 긍정적 변화를 유도하고 있다.

4. 평준화 정책의 과제

평준화 정책은 지난 이명박 정부 들어와서 새로운 국면을 맞게 된다. '고교 다양화 300프로젝트'의 본격적 적용으로 인해, 선발형 고등학교가 급속도로 늘어났다. 이 가운데 핵심적인 사항은 특목고와 자율형 사립고등학교이다. 이러한 다양한 학교 유형에는 기숙형 공립학교(이후 사립학교까지 확대), 자율형 사립학교, 개방형 자율학교, 마이스터고 등까지도 포함된다. 이러한 다양화 정책의 추진은 다른 말로 하면 평준화의 전반적 해체 과정을 낳게 되었다. 달리 표현하면 고등학교 진학을 위한 경쟁 선발이 부활하는 것이며 그 여파는 중학교 및 초등학교까지 급속도로 전해졌다. 기숙형 공립고·자율형 사립고 250곳에다 기존의 외국어고·과학고·국제고 등 특목고 55곳, 자립형 사립고 6곳을 합치면, 우수 학생 선발을 통해 소위 '입시 명문'으로 자리 잡을 수 있는 고교가 311곳에 이른다. 전체 일반계고 1,493개교의 20%가 넘는 수치다. 여기에 기존의 비평준화 지역의 고등학교까지 포함한다면 고등학교 입학을 위한 경쟁 입시가 전면적으로 부활하는 것으로밖에 볼 수 없다.

최근 한국교육개발원의 연구 보고서, 「미래 한국 교육의 발전 방향과 전략」(최상덕 외, 2012)에 따르면, "현재 고교 체제의 문제는 일반 학교(평준화) 체계에서 자율 학교들이 추가되고 후자가 지배적 지위를 갖게 됨으로써 생긴 것"(p. 204)으로 볼 수 있다.[12] 특목고와 자율형 사립고가 학생 선발권(성적이 우수한 학생을 선발할 수 있는 권한)을 가짐으로써 고교 서열 체제가 공고화되었기 때문이다.[13] 이 보고서 역시, 선발권이 없는 일반계 고교의 학력 저하로 인해 현 고교 체제의 위기로 이어진 것으로 문제를 인식하고 있다. 그러므로 학교 서열화를 최소화하기 위해서는 '선발'의 자유보다는 교육과정 운영의 자율성을 확대하는 방식으로 개혁을 추진할 것을 권고하고 있다. 특히 학생 선발을 해야 할 경우에도, 학교 유형별 차별을 없애고 대등하게 희망자들 중에서 선지원 후추첨을 통해 선발할 수 있도록 해야 한다고 제안하고 있다. 그 내용을 정리해보면 다음과 같다.

---

12) 성열관(2013), "위기의 일반계 고교 어떻게 살릴 것인가" 토론회 자료집 참고.
13) 같은 보고서(최상덕 외, 2012, p. 202)에 따르면, 2012년도 '서울 지역 자사고·일반고 신입생 중학교 내신 성적'을 분석한 결과 자사고 신입생 가운데 중학교 내신 성적이 상위 20%인 학생은 전체의 49.7%인 반면 하위 50%인 학생은 5.1%에 불과한 것으로 나타났고, 일반고의 경우 중학교 내신 성적이 상위 20%인 학생은 18.1%로 자사고의 절반에도 못 미쳤지만 하위 50%인 학생은 50.7%에 달해 중하위권 학생의 일반고 쏠림 현상이 심한 것으로 나타났다.

6. 고등학교 체제 개편과 고등학교 교육 무상화

1) 선발 자유가 아닌 교육과정 운영의 자율성을 통한 다양화 추진

(1) 학교 다양화로 인한 서열화를 최소화하기 위해서는 '선발'의 자유보다는 교육과정 운영의 자율성을 확대하는 방식으로 추진 필요. 학생 선발은 학교 유형별 차별을 없애고 대등하게 희망자들 중에서 선지원 후추첨을 통해 선발 방안 검토.

(2) 입학 성적에 따른 '수직적 서열화'가 아닌 진로와 연계된 '수평적 특성화 및 다양화' 추구를 위해 체계적인 진로 탐색 기회 제공.

2) 특목고 정책 재검토 및 전문 진로의 설립 취지 강화

(1) 특목고 본래의 설립 취지를 살릴 수 있는 전문 진로교육 방안 마련.

(2) '고교체제개편 소위원회'(가칭)를 설치('국가미래교육위원회'(가칭) 산하)해 고교 체제 개편의 큰 틀 속에서 특목고의 설립 취지를 살리기 위한 사회적 합의 도출.

(3) 학교 운영의 자율성을 통한 자사고의 특성화 추구

　　– 학교 운영의 혁신을 통한 다양화 및 특성화.

(4) 교육 기본권 확대 차원의 고교교육 무상화 추진

　　– 고교교육의 보편성과 공공성의 관점에서 볼 때, 고교교육 무상화 정책은 시혜적 접근이 아니라 국민의 교육 기본권 확대 차원에서 추진 필요.

* 출처: 최상덕 외(2012), 「미래 한국 교육의 발전 방향과 전략」, p. vi.

이러한 문제 지적에 대한 대응으로 2013년 8월 15일 교육부에서는 일반고 교육 역량 강화를 위한 시안을 발표하기에 이르렀다. 이 방안에 따르면,

자율형 사립고등학교의 우선 선발권을 폐지하고, 자율형 공립고등학교 수준으로 일반 고등학교의 자율권을 보편적으로 확대하는 내용이 담겨 있다. 그러나 최종안에서는 이러한 긍정적 방향으로의 변화가 모두 철회되고 오히려 자율형 사립고 입시에 면접을 도입하도록 함으로써 계층 불평등을 더욱 악화시킬 위험까지 만들고 밀었다.

고등학교 평준화 정책은 여러 비판에도 불구하고 강점이 더 많은 제도임에 틀림없다. 지금까지 시행하는 과정에서 나타난 문제점을 개선할 필요는 있지만 적어도 상당 부분 우리 사회에서 평준화는 이미 정착된 제도라고 평가할 수 있다. 최근 고교 다양화 정책이 확대되면서, 또한 서울시의 학교선택제가 확대되면서 평준화의 존폐 위기감이 나타난다고 하지만 근본적인 고등학교 입시의 근간은 아직도 평준화 체제를 유지하고 있다. 학교 다양화, 자율화의 필요성을 보완하는 다양한 제도적 변화도 필요하지만, 공교육의 근간은 평준화 방식으로 유지해야 한다. 향후 고등학교까지 무상교육을 확대해나가며, 국민 누구나 12년 공통 교육을 받아야 한다는 시대사적 흐름에 비추어 볼 때 이 제도는 더욱 확대되어야 할 필요가 있다.

지방의회에서 제정하는 조례에 해당 지방의 고등학교 입시제도 개편에 관한 구체적 도입 및 해제 조건을 명시하도록 정책이 수정되었다. 교육의 지방자치 정신이 좀 더 분명히 발휘될 수 있도록 명료화되었다는 점에서 의미를 갖는다. 아울러 고교 입시제도 개편을 위하여 점검해야 하는 항목, 즉 전제조건을 분명히 제시함으로써 지방 교육행정 당국에서도 철저한 준비를 해야만 하도록 규정하고 있다. 이는 시설 격차, 학교 여건의 격차, 대중교통의 문제점들에 대한 검토 없이 우선적으로 제도를 바꾸기만 했던 이전의 정책적 실패 사례가 더 이상 확대되지 않을 수 있도록 하는 근거를 제공하고 있다. 또한 고교 입시제도 개편을 계기로 지역 내 고등학교의 전반적 수준의 상향 평준화를 위한 노력과 투자 등이 적극적으로 이루어지도록 할 수 있게 되었다. 이러한 변화된 규정의 취지를 충분히 살려, 민주적 절차에 따라 지역 주민의 여론을 수렴하고, 체계적인 준비과정을 거쳐 대안적 정책 방안을 마련해나갈 필요가 있다.

또한 새로이 평준화를 도입하는 경우 다음과 같은 구체적인 과제를 어떻게 해결할 것인지에 대해서도 고민을 함께해야 한다. 경기도, 강원도, 천안 지역의 경험을 토대로 평준화 도입 이후 해결해야 할 과제를 간략히 정리해보면 다음과 같다.

첫째, 각 지역에서는 평준화 도입에 대해 찬성 의견이 많았지만, 도입에 반대하는 의견도 소수이지만 강하게 있었다. 평준화 제도 도입을 위한 노력이 오래전부터 있었음에도 불구하고 지역 교육 발전을 위한 의견 교환이나 협의는 그렇게 많지 않아 상호 간에 이해가 부족한 편이라고 할 수 있다. 고교 평준화의 도입도 궁극적으로는 지역 교육 발전에 기여해야 한다는 데에는 이견이 없을 것이다. 지역의 교육 발전을 위해서는 어떤 특정 정책의 채택보다는 지역 주민의 의견 공유와 지역에서 가용한 자원을 최대한 활용하는 것이 바람직하다. 이런 점에서 고교 평준화를 포함한 지역의 전반적인 교육에 대해서 세부적인 사항을 협의하고 최대한 합의를 만들어나가는 과정이 무엇보다도 중요하다. 이를 위해서 고교 평준화 제도의 안착과 교육 발전을 위한 지역 교육 발전 협의체를 구성하여 의견을 교환하고 합의를 도출해가는 시도가 필요하다.

둘째, 지역 내 고등학교들이 보이는 학교 격차, 특히 공립학교와 사립학교 간 시설과 여건의 차이는 성공적인 입시제도 개선에 큰 걸림돌로 작용할 가능성이 높다. 학부모와 교사를 대상으로 하는 설문 조사에서도 학교 간 교육 여건의 격차가 심각하다는 의견이 높게 나타나고 있다. 고교 평준화 제도를 도입할 경우 지원하고 싶지 않은 학교에 강제적으로 배정되는 학생들이 불가피하게 발생할 수 있는 만큼, 학교 시설, 교육 여건, 교사 등의 수준이 최소한 '평준화'될 필요가 있다. 무엇보다도 공립학교에 비해서 하위 서열을 차지하고 있고 교육 인프라가 부족한 사립학교들을 어떻게 평균 수준으로 끌어올릴 수 있는가 하는 점이 중요하다. 이를 위해서는 교육 여건과 선호도가 심각히 떨어지는 학교는 특수지로 구분하여 자체적인 발전 계획을 수립하고 투자를 증가시킴으로써 교육 여건 해소를 위해 특별히 노력을 기울이도록 강제할 필요도 있을 것이다. 물론 학교의 자구책 마련과 노력에 맞추어 교육청의 적극적인 행·재정 지원도 뒤따라야 할 것이다.

셋째, 고교 평준화 제도 도입 시 기피 비율이 높은 학교에 대한 대책이 반드시 마련되어야 한다. 설문 조사에서 나타났듯이, 특정 학교의 경우 선호도가 매우 낮으며 특수지 고등학교 지정의 필요성이 있다는 의견도 있었다. 이들 비선호 학교들을 평준화 체제에 포함하여 학생들을 배정하기 위해서는 자율학교 및 연구학교 지정, 학교 이미지 전환을 위한 프로그램 운영 등 다양한 행·재정적 지원과 정책적 배려가 필요하다. 학생과 학부모들의 기피 정도가 심각한 학교는 일정 기간 평준화 적용을 제한하고 자체적인 발전 계획을 수립하고 투자를 증가시킴으로써 학교 이미지 개선을 위한 자체적인 노력을 기울이도록 강제할 필요도 있다.

넷째, 현재 평준화 제도에 반대하고 있는 20~30% 정도의 학부모들은 평준화로 인한 수월성 교육의 부족을 우려할 가능성이 높다. 실제 약 30% 정도의 학부모들은 평준화 도입 시 자녀의 타 지역이나 특목고 진학을 고려하겠다는 의견을 보였다(대체로 이들은 평준화에 반대하는 의견을 보인 집단임). 실제 이와 같은 현상이 발생할 경우, 해당 지역에서 질 좋은 고등학교 교육을 받게 하겠다는 당초 취지는 무색해질 가능성이 있다. 이를 대비하기 위해서는 개별 학교들이 모든 수준의 학생들을 충실하게 지도할 수 있도록 학교교육을 개선할 필요가 있다. 고교 평준화 제도의 도입은 학교나 교사 입장에서 보면 학생들을 가르치는 데 있어서 훨씬 더 어려운 환경이 된다는 것을 의미한다. 이를 보완하기 위해서는 학교별 교사 수가 더 확충되어야 하며, 수준별 수업이 실질적으로 운영될 수 있도록 교실 수도 확충되어야 한다. 이런 조건의 개선을 포함해서 고등학교 교육의 질을 어떻게 높일 수 있는가에 대한 대책이 함께 마련되어야 할 것이다.

다섯째, 각 지역의 고등학교 진학 과정에서 나타나는 가장 심각한 문제점은 해당 지역의 중학교 졸업생들이 자기 지역에서 고등학교 교육을 받지 못하는 경우가 상당수 발생한다는 점이다. 이는 서열화된 고등학교 체제에 기반을 둔 경쟁 선발에서 기인한다. 희망하던 고등학교에 진학하지 못했을 경우 학생들은 인근 다른 지역의 고등학교로 진학하게 된다. 또한 평준화가 적용되지 않는 인근 도시 지역에서 우수 학생이 유입되고 있는 현실은 학생 유출을 더욱 악화시키고 있다. 거주지에서 고등학교 교육을 이수할 수 있도록 고교 입시제도의 개선과 고등학교의 확대가 필요하다.

5. 맺음말

분명 우리의 공교육 체제는 많은 문제점을 안고 있다. 다만 이를 어떻게 인식하고 어떤 방향으로 해결할 것인가에 대해서는 다양한 방식이 존재한다. 이를테면 학교를 벗어나 대안학교를 창출하는 방식, 학교는 껍데기만 남기고 사교육이 활성화되도록 하는 방식, 학교를 차별화하여 교육 기회의 불평등을 심화시키는 방식, 입시 교육을 더욱 강화하여 경쟁을 부채질하는 방식 등이 있다. 그러나 이러한 방식들은 근본적으로 공교육의 문제점을 해결해줄 수 없다는 점을 우리는 경험적으로 이미 학습한 바 있다. 학교, 특히 공교육으로서의 학교교육은 누구에게나 보편적인 기회를 제공해야 하며, 공공재로서의 공동선을 추구해야 하며, 비용에 대한 부담을 공공이 책임지도록 해야 하며, 교육의 본질을 추구할 수 있는 방식으로 운영되어야 한다. 이러한 시각에서 볼 때 혁신학교는 매우 유의미한 대안이다. 기존의 학교를 리모델링하고 질적 수준을 제고하도록 하여 학생, 학부모가 행복한 학교, 교육의 본질을 추구하는 학교를 만들고자 하는 노력은 새로운 희망을 우리에게 제공해주고 있다. 지난 4년의 경험이 한국 공교육이 나아가야 할 새로운 좌표를 제공했다는 점에서 그 의미를 찾을 수 있다. 이러한 노력이 한시적으로 종지부를 찍어서는 안 된다. 정치적 변동과 관계없이 혁신의 불꽃이 확산될 수 있도록 모두가 노력해야 할 것이다.

아울러 평준화 정책 역시 우리 공교육의 기본 체제가 되도록 하는 노력을 함께해야 한다. 차별, 분리, 경쟁에 의한 교육이 아니라 통합, 평등, 협력을 지향하는 교육을 위해서는 평준화 체제를 유지해야만 한다. 평준화는 다른 말로 하면 무시험 진학을 의미한다. 물론 평준화는 단순한 고등학교 입학시험의 철폐만을 의미하지는 않는다. 그것은 학생을 바라보는 관점, 학교 교육의 본질, 교육의 정상화, 교육의 공공성, 청소년들의 건강, 학교 서열화, 학벌 사회의 문제, 계층 간 교육 격차 등 다양한 주제들이 함께 논의될 수 있는 영역이다. 고교 12년 무상교육, 보통교육, 보편교육은 이제 시대적 요구이다. 그런 의미에서 평준화 체제는 보편적 공교육의 가장 근간이 되는 토대라고 볼 수 있다.

참 고 문 헌

● 김기석 외(2011), 「춘천, 원주, 강릉 지역 고교 입시제도 개선 타당성 조사 연구」, 서울대학교 산학 협력단, 강원도교육청 정책연구보고서.
● 김기석 외(2011), 「고교 평준화 확대 타당성 조사 연구」, 서울대학교 산학 협력단, 경기도교육청 정책연구보고서.
● 성기선 외(2013), 「천안시 고교 입시제도 변경 방안 타당성 연구」, 한국교육연구네트워크, 충청남도 교육청 정책연구보고서.
● 최상덕 외(2012), 「미래 한국 교육의 발전 방향과 전략」, 한국교육개발원 정책연구보고서.

국민에게 박수받는
사립학교 만들기

1. 사립학교의 실태

우리나라의 초중등교육과 고등교육에서 사립학교가 차지하는 비중은 세계적으로도 유례가 없을 정도로 높다. 학교 수를 보면 중학교의 20%, 고등학교의 40%, 전문대학의 94%, 4년제 대학의 78%가 사립학교이다. OECD 국가들의 경우 중학교는 평균 14%, 고등학교는 평균 20%가 사립학교인 것에 비해 우리나라의 사립학교 비중은 매우 높다고 할 수 있다. 이처럼 공교육의 많은 부분이 사립학교에 맡겨져 있기 때문에, 사립학교 운영이 정상화되어야 한국 공교육 전체가 정상화될 수 있다.

<표 1> 설립자별 각급 학교 현황

구분	계	국립	공립	사립
계	11,798	94	9,703	2,001
초등학교	5,913	17	5,820	76

중학교	3,173	9	2,520	644
고등학교	2,322	19	1,355	948
전문대학	163	2	7	154
4년제 대학	227	47	1	179

*출처: 한국교육개발원(2013), 『교육통계연보』.

그러나 사립학교를 바라보는 국민들의 시선은 곱지만은 않다. 잊을 만하면 각종 사립학교 비리가 터져서 사립학교는 마치 부정부패의 대명사처럼 인식되고 있다. 물론 나름의 건학 이념을 바탕으로 건강하고 투명하게 운영되고 있는 사립학교도 적지 않지만, 일부 사립학교의 비리는 교육계 전반에 대한 불신을 불러일으키고 있는 실정이다. 그리고 더욱 심각한 것은 이러한 사립학교의 부정부패가 단순히 개별 학교의 문제가 아니라 사립학교 전체의 구조적인 문제라는 점이다. 노년환(2012)은 사립학교 비리의 유형을 다음과 같이 정리하였다.

<표 2> 사립학교 비리의 유형

유형별	사례
회계 관련 비리	• 교비로 비자금 조성 횡령. • 국가 지원금 미사용 횡령. • 차명 계좌, 부외 계좌, 변태 경리. • 허위 지출 서류 작성 횡령. • 교비회계 세입을 법인회계로 처리. • 임원 개인의 세금이나 소송 비용을 교비에서 처리.
법인 및 학교 재산 관련 비리	• 학교 재산을 사적으로 불법 전용. • 수익용 기본 재산 매각하여 횡령. • 무상 증여를 가장한 학교 매매. • 임원 본인이나 특수인 토지를 고가로 매입. • 법인 설립자의 특수 관계인에게 법인 재산을 저가·무상 임대. • 허위로 재산 출연 위장.

새로운 사회를 여는
교육자치 혁명

물품 구매, 공사 관련 비리	• 공사, 물품 구매 시 리베이트 수수. • 급식 시설 등 각종 계약 시 금품 수수. • 불법 수의계약, 분할계약, 무자격 업체 계약. • 허위 공사 계약. • 임원의 특수 관계인과 공사 계약. • 공사비 과다 계상 횡령.
인사 · 채용 비리	• 교직원 채용 과정에서 금품 수수. • 기간제 교원 정교사 불법 채용 대가 요구. • 임명 제한 교장 관할청 미승인 임명 후 인건비 지원 수령.
기타	• 수익자 부담 경비(방과후학교비, 체험학습비 등) 횡령. • 불법적 학교발전기금 모금 횡령. • 입시 및 편입학 부정을 통한 금품 수수. • 유령 동창회비 징수. • 관할청 공무원이 위법 행위 묵인 대가로 금품 수수.

우리나라의 사립학교는 대부분 세습적 지위를 부여받은 이사장과 그의 일가 또는 사적 친분으로 맺어진 이사회, 이사장으로부터 임명받은 학교장 등이 막강한 권한을 행사하는 반면에 교육 주체인 교사, 학생, 학부모의 권한은 거의 인정되지 않고 있다. 그렇기 때문에 소수 임원과 학교장의 전횡에 의해 비리 문제가 구조적으로 발생하고 있다. 다음은 최근 서울특별시교육청(2011년, 2012년)과 경기도교육청(2012년)이 각각 사립학교 비리에 대해 특별감사를 벌인 결과에 따라 임원 취임 승인 취소, 교비회계 횡령 · 유용액에 대한 회수 · 보전 요구, 학교장 및 교직원에 대한 징계 요구 등의 행 · 재정적 제재 조치를 내린 현황이다.

<표 3> 서울교육청 감사 결과 처분 현황

건수	신분상 처분(명)				재정상 처분 (천 원)	고발
	임원 취임 승인 취소	중징계	경징계	경고·주의		
221	52	33	25	50	3,908,942	24

<표 4> 경기도교육청 감사 결과 처분 현황

구분	신분상 조치			재정상 조치				
	징계	경고	주의	회수	보전 조치	환급	추가 징수	계
건수	9	65	70	43	9	1	2	55
인원	19	207	185	130	9	28	2	169
금액(천 원)				205,813	228,820	2,862	711	438,206

*출처: 노년환(2012).

문제는 위와 같이 겉으로 드러난 비리뿐만이 아니다. 이사장과 이사, 학교장의 막강한 권한하에 교사, 학생, 학부모의 권한은 매우 위축되어 있기 때문에 학사 운영이나 교육과정에서도 공립학교에 비해 여러 가지 파행 사례가 일상적으로 일어나고 있다. 최근 교학사 역사 교과서 사태가 대표적인 예이다.

친일 독재 미화 논란을 빚었던 교학사 역사 교과서 파동이 벌어진 당시 전국의 19개 고등학교에서 교학사 역사 교과서를 채택하려고 하다가 여론의 거센 반발로 한 학교를 제외한 모든 학교가 이를 철회하였다. 그런데 이 19개의 고등학교 중 공립학교는 단 3곳이었고, 나머지 16개 고등학교는 모두 사립학교였다.

이런 일이 사립학교에서 집중적으로 일어난 이유는 사립학교의 비민주성에 있다. 원래 교과서 채택은 해당 교과 교사들의 교과협의회에서 3종의 교과서를 우선순위를 정해 학교운영위원회에 상정하면, 학교운영위원회의 심의를 거쳐 학교장이 최종적으로 결정하도록 되어 있다. 사실상 그 교과서를 사용하게 되는 해당 과목 교사들의 의견이 특별한 사유가 없는 한 반영되는 구조이다. 그러나 교학사 역사 교과서를 채택하려고 했던 사립학교에서는 해당 교과 교사들의 의견과 상관없이 학교장 혹은 이사장의 압력이 일방적으로 작용했던 것으로 드러났다. 따라서 이번 역사 교과서 파동은 역설적으로 이사장 혹은 학교장의 독단적 운영이라는 사립학교의 실태를 보여주는 사례라 할 수 있다.

2. 사립학교 비리 발생 원인 및 사립학교법 개정 현황

그렇다면 사립학교에서 온갖 유형의 비리나 이사장 및 학교장 중심의 비민주적 운영 사례가 끊임없이 일어나는 근본적인 이유를 생각해보아야 한다. 노년환(2012)은 그 이유로 크게 '학교의 사유재산화', '친·인척 중심의 족벌 운영 체제', '비리에 대한 내부 감시·견제 장치의 부재', '관할청의 사학에 대한 지도·감독권의 한계' 등 네 가지를 들었다.

학교법인은 비영리법인으로서 한 개인의 소유물이 아님에도 불구하고, 일부 사립학교 법인의 설립자나 그로부터 세습을 물려받은 이사장이 학교법인을 사학 경영자 일가의 사유물로 인식하고 있다. 또한 상당수의 사학들은 이사장과 교장의 친인척들이 학교의 주요 직책을 맡아 족벌 운영 체제를 구축하여 인사와 재정에 대해 전권을 행사하고 있다. 하지만 이러한 사립학교에 대한 내부 감사 체제나 학교운영위원회, 인사위원회가 형식적으로만 운영되는 경우가 많아 내부 감시·견제 장치가 부재하며, 관할청인 시도 교육청의 지도·감독이 부실하거나 그 권한에 한계가 있는 실정이다.

2005년에는 이러한 사립학교의 부정부패를 막고 학교 운영을 민주화하기 위해 우여곡절 끝에 사립학교법이 개정되기도 하였다. 그 핵심적인 내용은 △학교법인의 이사 정수의 4분의 1 이상을 초중등학교의 경우 학교운영위원회가, 대학의 경우 대학평의원회가 추천하는 인사로 선임하는 '개방이사제' 도입, △이사회 구성에서 친족관계에 있는 자의 숫자 제한, △이사장은 타 학교법인의 이사장 및 학교의 장 겸직 금지, △비리 능 임원 취임의 승인 취소 사유를 확대하고, 임원 취임의 승인이 취소된 자가 다시 임원으로 선임될 수 있는 요건을 엄격히 제한, △이사회 회의록 작성 및 공개 의무화, △학교 예결산 학교운영위원회 자문 의무화 및 예결산 공개 의무화, △학교장 임기 조항(4년, 1회 연임 가능) 신설, △교원 신규 채용 시 공개 전형 의무화 등 사학 운영의 민주화를 도모하는 것이었다. 하지만 사학 측의 반발로 인해 2007년에 사립학교법이 다시 개정됨으로써 사학 운영의 내부 감시·견제 장치가 대폭 약화되는 결과에 이르게 되었다.

<표 5> 사립학교법 주요 개정 내용

	2005년 개정 사립학교법	2007년 개정 사립학교법(현행)
개방이사 선임 (제14조)	③ 학교법인은…… 이사 정수의 4분의 1 이상은 학교운영위원회 또는 대학평의원회가 2배수 추천하는 인사 중에서 선임하여야 한다.	③ 학교법인은 이사 정수의 4분의 1에 해당하는 이사를 제4항에 따른 개방이사추천위원회에서 2배수 추천한 인사 중에서 선임하여야 한다. ④ 개방이사추천위원회는…… 위원 정수는 5인 이상 홀수로 하고 대학평의원회 또는 학교운영위원회에서 추천위원회 위원의 2분의 1을 추천하도록 한다.

감사 선임 (제21조)	⑤ 학교법인에 두는 감사 중 1인은 초·중등학교는 학교운영위원회가, 대학은 대학평의원회가 추천하는 자로 한다.	⑤ 학교법인에 두는 감사 중 1인은 추천위원회에서 추천하는 자를 선임한다.
임원 선임의 제한 규정 (제21조)	② 이사회의 구성에 있어서 각 이사 상호 간에 민법 제777조에 규정된 친족관계에 있는 자가 그 정수의 4분의 1을 초과하여서는 아니 된다.	좌동
임원의 결격 사유 (제22조)	제22조. 다음 각호의 1에 해당하는 자는 학교법인의 임원이 될 수 없다. 2. 임원 취임의 승인이 취소된 자로서 5년이 경과하지 아니한 자.	좌동
임원의 겸직 금지 (제23조)	① 이사장은 당해 학교법인 및 다른 학교법인이 설치·경영하는 사립학교의 장이나 다른 학교법인의 이사장을 겸할 수 없다.	① 이사장은 당해 학교법인이 설치·경영하는 사립학교의 장을 겸할 수 없다.
임원 취임의 승인 취소 (제20조의 2)	1. 이 법과 「초중등교육법」, 「고등교육법」의 규정을 위반하거나 이에 의한 명령을 이행하지 아니한 때. 2. 임원 간의 분쟁·회계 부정 및 현저한 부당 등으로 인하여 당해 학교 운영에 중대한 장애를 야기한 때. 3. 학사 행정에 관하여 당해 학교의 장의 권한을 침해하였을 때. 4. 제1호 내지 제3호의 규정에 의한 행위를 방조한 때. 5. 학교의 장의 위법을 방조한 때. 6. 관할청의 학교의 장에 대한 징계 요구에 불응한 때. 7. 취임 승인이 취소된 자가 학교의 운영에 간여하는 것을 방조한 때.	1. 이 법, 「초·중등교육법」 또는 「고등교육법」의 규정을 위반하거나 이에 의한 명령을 이행하지 아니한 때. 2. 임원 간의 분쟁·회계 부정 및 현저한 부당 등으로 인하여 당해 학교 운영에 중대한 장애를 야기한 때. 3. 학사 행정에 관하여 당해 학교의 장의 권한을 침해하였을 때. 4. 삭제. 5. 삭제. 6. 관할청의 학교의 장에 대한 징계 요구에 불응한 때. 7. 삭제.

	② 제1항의 규정에 의한 취임 승인의 취소는 관할청이 당해 학교법인에게 그 사유를 들어 시정을 요구한 날로부터 15일이 경과하여도 이에 응하지 아니한 경우에 한한다. 다만, 시정을 요구하여도 시정할 수 없는 것이 명백하거나 회계 부정, 횡령, 뇌물 수수 등 비리의 정도가 중대한 경우에는 시정요구 없이 임원 취임의 승인을 취소할 수 있으며, 그 세부적 기준은 대통령령으로 정한다.	좌동
학교 예결산 학교운영위원회 자문 의무화 (제29조)	④ 학교에 속하는 회계의 예산은 당해 학교의 장이 편성하되 학교운영위원회 또는 대학평의원회의 자문을 거친 후 이사회의 심의·의결로 확정하고 학교의 장이 집행한다.	좌동
학교장의 임기(제53조)	③ 각급 학교의 장의 임기는…… 4년을 초과할 수 없고, 1회에 한하여 중임할 수 있다.	좌동
교사의 신규 채용 (제53조의 2)	⑨ 고등학교 이하 각급 학교 교원의 신규 채용은 공개 전형에 의하도록 하며, 공개 전형에 있어서 담당할 직무 수행에 필요한 자격 요건과 공개 전형의 실시에 관하여 필요한 사항은 대통령령으로 정한다.	좌동
교원인사위원회의 기능 강화 (제53조의 3)	① 각급 학교의 교원(학교의 장을 제외한다)의 임면 등 인사에 관한 중요 사항을 심의하기 위하여 당해 학교에 교원인사위원회를 둔다.	좌동

위와 같은 사립학교법 개정 사항은 사립학교의 투명성과 민주적 운영을 위한 최소한의 장치로서 오히려 향후에는 사학의 공공성을 더욱 강화하는 방향으로 개정되어야 할 내용이다. 그럼에도 불구하고 2005년 당시 한나라당 박근혜 대표는 사립학교법 개정을 "전교조의 학교 장악 음모"로 규정하며 장외 집회를 이어가는 등 극심한 반발을 보인 바 있다. 그리고 2007년에는 오히려 사립학교법의 주요 내용을 과거로 후퇴시키는 법 개정이 이루어졌다.

향후에는 현행 사립학교법을 적어도 2005년 당시 개정 수준으로 환원시키며, 나아가 사학의 공공성과 민주성을 강화하는 방향으로 법 개정이 이루어져야 한다. 그 방향은 크게 보아 첫째, 사립학교 비리를 예방하기 위해 △사립학교의 족벌 운영 체제 타파를 위해 친인척 인사의 임원 취임 제한, △사학법인의 학사 행정 개입 금지, △학교운영위원회, 교원인사위원회 등 내부 견제 장치의 위상과 역할 강화 등이 이루어져야 한다. 둘째, 사학 비리를 척결하기 위해 △임원 취임 승인이 취소된 자의 복귀 금지, △임원 취임 승인 취소 요건 강화, △관할청의 지도 감독권 보장을 위한 법적 기능 강화 등이 이루어져야 한다. 셋째, 사립학교의 공공성 강화를 위해 △법인 경영과 학사 운영의 완전 분리, △신규 교원 공동 선발, △법인 전입금 기준 준수 의무화, △개방이사의 비율 확대, △'(가칭)공영형 사립학교' 등 사립학교의 공영화 모색 등이 이루어져야 한다.

3. 사립학교의 공공성과 민주성 확보를 위한 성과

위에서 언급했듯이 사립학교의 비리는 개인의 책무성 문제가 아니라 족벌 체제 운영 등에서 오는 구조적 문제이다. 이를 해결하기 위해 2005년에 여러 진통 끝에 사립학교법 개정이 이루어졌으나, 여전히 법적 한계 등으로 인해 사립학교의 비민주적 운영과 각종 비리가 끊이지 않고 있다. 2010년에 본격적으로 시작된 주민 직선 교육자치 1기 동안 각 시도별로 사립학교 개혁을 위한 노력이 있었다. 그러나 현행 사립학교법 등 법적·제도적 한계로 인해 그 성과는 매우 제한적이었다. 그럼에도 불구하고 각 시도별로 다음과 같은 의미 있는 성과를 보이기도 했다.

(1) 사립학교 운영 평가 도입

사립학교에서 각종 비리와 파행이 끊임없이 발생했던 주된 이유는 사립학교에 대한 일상적인 관리 감독이 제대로 이루어지지 않았기 때문이다. 비리 등 중요한 사안이 발생하면 이에 대해 관할청이 감사를 실시하여 시정을 요구하거나, 사법기관에 고발을 한 후 법원에서 최종적인 판결이 나와야 비리에 연루된 임원에 대한 취임 승인이 취소되고 관선 이사가 파견되는 방식으로 사후적 처리가 이루어진 것이다. 따라서 보다 중요한 것은 이러한 비리가 발생하지 않도록 사전에 예방하고, 일상적인 관리 감독이 철저히 이루어지는 것이다. 그러나 그동안은 사립학교에 대한 일상적인 관리 감독 체제가 없었다고 해도 과언이 아니다.

이와 관련해 경기도교육청은 '사학 기관 경영 평가'라는 제도를 도입하여 학교법인 및 사립학교 운영의 전반적인 실태를 일상적으로 평가하고 그 결과에 따라 우수 사학에는 인센티브를, 미흡 사학에는 재정 지원 시 패널티를 적용하였다. 물론 모든 학교에 매년 시행하는 '학교 평가'가 별도로 존재하고 있으나, 이 학교 평가에는 사립학교의 고유한 영역에 대한 평가 지표가 적용되지 않는다. 경기도교육청의 '사학 기관 경영 평가'에는 학교법인의 재정, 인사, 운영에 대한 평가가 포함되어 있고, 학교 운영 평가에 있어서도 사립학교의 특성이 반영되어 있는 것이 특징이다.

<표 6> 경기도교육청 사학 기관 경영 평가 평가 지표(2010년)

평가 구분			배점
구분	평가 영역	평가 항목	
학교법인 평가	수익 제고 자구 노력	법정 부담금 부담 실적 등	50
		학교법인 경영 여건 개선 노력	50
		학교법인 수익 구조 개선 노력	50
	교육 여건 개선 노력	학교교육 환경 개선 노력	20
		학교 중장기 발전 계획의 적정성	20
	법령 준수	교원 인사관리의 적정성	10
		이사회 운영 및 임원 관리 적정성	10
		의무 공개 사항 이행 실태	20
		관할청으로부터의 행정 처분 실태	20
학교 평가	학교 재정 확충 자구 노력	외부 교육 재원 유치 노력	30
		자체 수입 증대 노력	20
		각종 납입금 징수율 제고	20
	재정 운용의 적정성 및 효율성	예산 편성의 민주성	20
		교육 활동에 대한 예산 지원 적극성	40
		예산 집행의 투명성 제고	40
	학교행정 개선노력	사무직원 연수 참가 실적	10
		학교운영위원회 운영의 활성화	20
		학교 회계 시스템 운영 활성화	10
		학교 정보 공시 제도 운영 활성화	20
		교직원 사무 여건 개선 노력	20
합계			500

경기도교육청은 이러한 평가 지표에 의한 평가 결과에 따라서 △우수 법인 및 학교에 대하여는 현안 사업비등 재정 지원 시 우선순위 인센티브 부여, △평가 결과 부진 법인은 행정 지도 감독을 강화하여 경영 혁신을 유도하고 재정 지원 시 페널티를 적용, △평가 결과를 홈페이지에 공개하여 법인의 공공성 및 책무성 제고 등의 활용 계획을 수립하고 이를 시행하였다.

(2) 신규 교사 공동 채용 추진

사립학교 비리 유형 중 대표적인 것이 신규 교사 채용 관련 비리이다. 신규 교사 채용 시 이사장 및 학교장과 개인적 친분 관계가 있는 자를 불법적으로 채용하거나, 신규 교사 채용을 빌미로 금품을 요구하는 행위가 대표적인 사례이다. 현행 사립학교법에서는 사립학교 신규 교사 채용 시 공개 전형을 의무화하고 있고, 교원인사위원회가 이 과정에 대한 절차를 심의하도록 되어 있으나 현실적으로 신규 교사 채용 시 투명성이 확보되지 않는 경우가 적지 않다.

이러한 문제점을 해결하기 위해 각 시도 교육청이 시도했던 정책이 사립학교 신규 교사 공동 채용이다. 현행 사립학교법 시행령에는 사립학교 교사 임면권자(법인 이사장)는 당해 학교가 소재하는 교육감에게 그 전형을 위탁하여 실시할 수 있다. 이러한 법적 근거에 의거 몇몇 시도 교육청에서는 사립학교임용위원회를 설치하여 사립학교 신규 교사 채용의 1차 선발 과정을 공동으로 진행하여 더욱 투명한 공개 채용이 이루어지도록 하였다. 개별 사립학교에서는 시도 교육청 차원에서 선발된 2~3배수의 인원을 대상으로 면접 등을 통해 최종적으로 신규 임용 대상자를 선발하였다.

<표 7> 사립학교 교원 공동 채용 현황

구분	2011학년도		2012학년도		2013학년도	
	학교 수	선발 인원	학교 수	선발 인원	학교 수	선발 인원
광주교육청	3개교	6명	2개교	12명	2개교	7명
강원교육청	–	–	–	–	6개교	15명
전남교육청	1개교	2명	3개교	3명	5개교	5명

※ 경기, 전북교육청 2014년부터 실시 예정(경기-5개교, 24명/전북-3개교, 13명).

<표 8> 사립학교 교원 임용 비리 개선을 위한 노력

구분	사립 교원 임용 비리 개선을 위한 노력
광주교육청	• 사립학교 교원 선발 시 교육청 위탁 선발을 추진, 확대 예정.
경기교육청	• 경기도 사학 기관 운영 지도·지원 조례 제정 추진. • 사립 초중등학교 계약제 교원 운영 지침 마련(추진 중).
강원교육청	• 강원도교육청·학교법인 사립 중등 교사 임용 시험 업무협약(MOU) 체결. • 사립학교 교원 교육청 위탁 선발 실시.
전북교육청	• '사립학교 법인협의회' 주관 채용 법인 간 공동 전형 추진. • 협의회 주관으로 법인 간 공동 추진, 사립 교원 공립 시험 위탁.
전남교육청	• 사립학교법인과 업무 협약. • 사립교원 임용 교육청 위탁 선발 실시 및 위탁 선발 인원 점차 확대 중.

　　사립학교 신규 교사 공동 채용은 현재 사립학교법 시행령 상 "임면권자(법인 이사장)는 당해 학교가 소재하는 교육감에게 그 전형을 위탁하여 실시할 수 있다."로 규정되어 있을 뿐, 강제 조항은 아니다. 따라서 각 시도 교육청은 사립학교법인과의 업무협약(MOU)을 통해 이를 확대해가고 있는 추세이다. 사립학교법인의 인식 전환과 시도 교육청의 적극적인 노력에 따라 이러한 공동 선발 제도가 앞으로 더욱 확대될 것으로 기대된다.

(3) 교원인사위원회 권한 확대 및 민주적 운영

현재 사립학교법에는 사립학교 인사의 공정성과 투명성을 확보하기 위해 "각급 학교의 교원(학교의 장을 제외한다)의 임면 등 인사에 관한 중요 사항을 심의하기 위하여 당해 학교에 교원인사위원회를 둔다."고 규정하고 있다. 여기서 말하는 '임면 등 인사에 관한 중요 사항'이란 '임용, 면직, 승진, 전보, 휴직, 업무 분장, 담임 배정' 등 사립학교의 인사 전반을 포괄하는 개념이다. 또한 이 조항에서 말하는 '교원(학교의 장을 제외한다)'은 일반 교사, 부장교사뿐만 아니라 교감까지 포괄하는 개념이다.

이러한 조항에 따라 사립학교의 교원인사위원회가 민주적으로 운영된다면 사립학교의 인사 전반이 매우 투명하게 이루어질 수 있다. 그러나 현실적으로 상당수의 사립학교에서 교원인사위원회가 형식적으로 운영되고 있는 실정이다. 그 이유는 첫째, 교원인사위원회 구성에 있어서 학교장이 인사위원을 임의적으로 임명하는 경우가 많으며, 둘째, 교원인사위원회가 심의하는 사항을 임의적으로 제한하는 경우가 많기 때문이다.

실제로 서울시교육청의 2012년 조사에 의하면 관내 사립학교 중 교원인사위원회가 민주적 절차에 의해 구성된 학교(교직원회의에서 인사위원 선출)는 전체 309개 학교 중 125개로 40%에 불과했다. 또한 실제 인사위원회가 심의하는 사항도 매우 제한적인 것으로 드러났다.

이에 따라 2012년 서울시교육청은 다음과 같이 '사립학교 교원인사위원회 내실화 방안'을 수립하여 각 학교 교원인사위원회의 민주적 운영 및 실질적 권한을 명시하였다.

사립학교 교원인사위원회 운영 내실화 방안(서울교육청, 2012년)

■ 교원인사위원회의 민주적 구성

• 학교법인 및 학교장의 일방적인 위원 구성 금지.

• 위원 정수의 과반수 이상을 교직원 전체 회의 또는 교과협의회에서 민주적으로 선출.

• 위원은 위원장을 포함하여 최소 5명 이상으로 구성.

■ 교원인사위원회의 기능

① 교원의 임면

　-교원의 임면이란?

　※ 사립학교법 제53조의 3 제1항의 "임면"은 "신규 채용·승진·승급·전직·전보·겸임·파견·강임·휴직·직위해제·정직·복직·면직·해임 및 파면"을 의미.

　- 위에서 해석한 임면 사항은 사립학교법에 의해 의무적으로 교원인사위원회의 심의를 거쳐야 함.

　☞ 미 심의 시 임면 보고 반려 대상.

② 교감 연수 대상자 추천 및 교감 임명

　- 사립학교법 제53조의 3(교원인사위원회)은 교장만 심의 대상에서 제외하고 있기 때문에, 교감의 임면은 심의 대상에 해당.

　- 교감 임용은 승진 또는 신규 채용(외부 임명의 경우)에 해당하므로 학교장 임명 제청 전 반드시 교원인사위원회의 심의를 거쳐야 함.

　- 특히, 교감 승진 임용 절차는 교감 연수 대상자 선정부터 해당되므로, 교감 자격 연수 대상자 선정부터 교원인사위원회 심의를 거쳐야 함.

위와 같은 지침은 현행 사립학교법 및 사립학교 시행령을 적극적으로 해석하여 단위 학교 교원인사위원회의 권한을 명시하고 민주적으로 운영하도록 한 것이다. 특히 학교 관리자에 해당하는 교감, 간부에 해당하는 부장교사 등의 임명에 대한 사항을 교원인사위원회에서 심의하도록 명시하는 것은 매우 의미 있는 지침이라 할 수 있다.

(4) 사립학교의 투명성과 민주성 확보를 위한 관련 조례 제정 추진

위에서 살펴보았듯이 현행 사립학교법은 사립학교의 투명성과 민주성을 확보하기 위한 최소한의 절차를 확보하기 위해 2005년에 개정되었다. 그러나 2007년에는 이러한 최소한의 내부적 견제 감시 장치가 약화되는 방향으로 재개정되었다. 사실 2005년 당시 사립학교법만으로도 사립학교의 일상적인 지도 관리를 위한 법적 근거가 미약한 상태에서 2007년 재개정이 이루어짐에 따라 법적 취약성이 명백히 드러났다.

각 시도 교육청 및 시도 의회에서는 이러한 사립학교법의 한계를 보완하기 위해 관련 조례 제정을 추진해왔다. 경기도교육청 및 경기도의회는 2013년에 '경기도 사학 기관 운영 지원·지도 조례' 제정을 추진하였다. 주요 내용은 다음과 같다.

새로운 사회를 여는
교육자치 혁명

경기도 사학 기관 운영 지원·지도 조례(안)

- 교육감은 사학지원협의회를 구성하여 사립학교에서 교육정책이 효율적으로 추진될 수 있도록 지원함.
- 교육감은 사학 기관에 대하여 정기적인 행정 지도를 실시하고 사학 기관이 횡령이나 회계 부정에 따른 처분 결과를 구성원에게 보고하도록 함.
- 학교법인이 이사회를 실질적으로 운영하도록 하고 정당한 사유가 없는 한 이사회 소집 사실을 홈페이지에 공개하도록 함.
- 개방이사추천위원회가 개방이사를 법에서 정한 기한 내에 추천하지 못할 경우 그 사실을 사학 담당 부서에 통보하도록 하고, 개방이사 추천을 지원하기 위해 개방이사 인력풀을 운영할 수 있도록 함.
- 교원 신규 채용 전형을 교육감에게 위탁한 사학 기관에 대하여 위탁의 범위와 방법을 협의할 수 있도록 하고, 행·재정적 우선 지원을 할 수 있도록 규정함.
- 공익 제보자 보호에 대해 신분상 불이익이나 근무 조건의 차별을 하는 경우 교육감이 이에 대해 시정을 요구할 수 있도록 함.
- 사학 기관 재정 지원에 관한 사항과 사학 기관의 법령 등의 준수 여부나 법정 부담금 납부 실적을 재정 지원에 반영할 수 있음을 규정함.
- 사학 기관에 대한 정기적인 평가를 실시하여 지원하도록 함.
- 사학 기관은 사무직원의 임면, 보수, 복무, 신분 보장에 관한 사항을 정관 등으로 정하여 운영하되 공정하고 합리적으로 운영하도록 함.

위의 내용은 사립학교가 투명하고 민주적으로 운영되도록 하는 최소한의 조건이라 할 수 있다. 그러나 교육부는 이러한 조례가 상위법을 위반할 소지가 있다며 재의를 요구하여 결국 이 조례가 제정되지 못하도록 하였다.

서울에서도 이와 비슷한 사례가 발생하였다. 2013년 서울시의회에서는 경기도의회의 「사학 기관 운영 지원·지도 조례(안)」과 유사한 내용을 담고 있는 「사립학교 재정 지원에 관한 조례안」과 「사립학교 투명한 운영에 관한 조례안」을 의결하였다. 그러나 새로 선출된 문용린 교육감은 이 조례안이 교육감의 고유 권한을 침해하고 상위 법령 및 법의 일반원칙에 위반한다는 이유로 서울시의회에 재의를 요구하였다.

이렇게 시도 의회에서 제정된 조례를 중앙 정부나 교육청이 재의를 요구하는 사태는 「학생인권조례」, 「학교자치조례」에 이어 「사립학교 관련 조례」까지 여러 번 반복되었다. 이는 지방 교육자치의 고유한 권한을 중앙 정부가 스스로 부정하는 사례라 할 수 있다.

4. 사립학교의 공공성과 민주성 확보를 위한 향후 과제

앞에서도 언급했듯이 우리나라의 초중등교육에서 사립학교가 차지하는 비율은 세계적으로도 유례가 없을 정도로 높다. 따라서 사립학교의 공공성과 민주성을 확보하는 것은 공교육 전체를 발전시키는 데에 매우 중요한 과제이다. 그럼에도 불구하고 족벌 운영에 따른 비민주적 체제로 인해 사립학교의 공공성과 민주성은 현격히 부족한 실정이다. 이를 해결하기 위해 사립학교법이 개정된 바 있으나 그조차도 매우 제한적인 범위 안에서 이루어졌으며, 관할청인 시도 교육청의 권한도 매우 제한적이고 그나마 일상적인 관리 감독 시스템은 제대로 갖추어지지 않은 실정이다. 주민 직선 교육자치 시대를 맞이하여 일부 지역에서 사립학교의 공공성과 민주성 확보를 위한 노력이 이루어졌으나, 다른 영역에서의 개혁적 조치에 비해 그 성과 역시 제한적이다.

사립학교의 공공성과 민주성 확보를 위한 각 시도 교육자치에서의 성과를 더욱 확대하기 위해서는 다음과 같은 과제가 해결되어야 한다.

첫째, 사립학교의 일상적인 운영에 대한 관리 감독 체제를 보다 강화해야 한다. 경기도교육청이 시도한 '사학 기관 경영 평가'는 이의 좋은 사례가될 수 있다. 특히 사립학교는 공립학교와 달리 사학법인 운영의 투명성과 준법성이 매우 중요한 과제이다. 따라서 이러한 사립학교의 특성에 맞는 평가지표를 더욱 정교하게 제시하고, 이에 따라 사학법인 및 사립학교의 운영을일상적으로 관리 감독하며, 평가의 실효성을 확보하기 위한 결과 활용 방안을 마련해야 한다. 또한 이러한 평가에 대한 법적 근거를 확보하기 위해 관련 조례를 제정할 필요가 있다.

둘째, 사립학교 비리에 대한 사전적 예방 차원의 조치가 마련되어야 한다. 몇몇 시도 교육청에서 시도하고 있는 신규 교사 공동 채용제가 대표적인예이다. 다만 현행법상 이를 강제적으로 시행할 수 없기 때문에 현재 각 시도 교육청은 법인 연합회와 업무협약을 맺어 이를 적극적으로 설득하는 과정에 있다. 신규 교사 1차 채용 시험을 시도 교육청 차원에서 시행함으로써신규 교사 임용 과정에서 불거지는 비리를 선제적으로 예방할 수 있을 뿐만아니라, 단위 학교의 신규 교사 채용의 편의성을 도모하는 이중적인 효과가있다. 이러한 사전적 예방 차원의 조치가 사립학교 경영 평가와 연계가 되어우수 사학에 대한 인센티브로 연결될 수 있도록 한다면 보다 많은 사립학교의 동참을 유도할 수 있을 것이다.

셋째, 사립학교 내부의 민주적 운영을 활성화하기 위한 법적·제도적 지원 방안을 마련해야 한다. 현재 사립학교 내부의 관리·견제 장치로는 초중등교육법 및 사립학교법에서 규정하고 있는 학교운영위원회, 개방이사제,교원인사위원회가 있다. 그러나 이러한 제도들이 법에서 규정된 만큼이라도 제대로 운영되고 있는지에 대해서는 의문의 여지가 있다. 이러한 제도라도 법에서 규정된 기능과 역할을 발휘한다면 사립학교의 민주적 운영은 어느 정도 보장될 수 있다. 이런 점에서 서울교육청이 마련한 '사립학교 교원

인사위원회 운영 내실화 방안'은 의미가 있다. 현행법에서 보장된 교원인사위원회의 권한과 역할, 구성과 운영 등에 대한 세부 사항을 보다 적극적으로 제시함으로써 교감의 임용에 관한 사항, 부장교사 등 보직에 관한 사항, 신규 교사 채용에 관한 사항에 학교 구성원들이 더욱 민주적으로 참여할 수 있는 통로를 제시했기 때문이다.

넷째, 궁극적으로는 중앙 정부와 국회 차원에서 근본적인 대책이 마련되어야 한다. 현재 중앙 정부는 각 시도 의회에서 민주적으로 제정된 사립학교 관련 조례에 대해 재의를 요구하는 등 오히려 사립학교 민주화의 흐름에 역행하는 모습을 보이고 있다. 이러한 흐름에 대해 주민의 민의를 대변하는 각 시도 교육청 및 의회 차원의 적극적인 대처가 요구된다. 나아가 국회에서는 사학의 공공성과 투명성, 민주성을 보다 확대하는 방향으로 사립학교법을 개정해야 한다. 그리고 이러한 흐름을 새롭게 만들어내려는 교육주체의 노력이 요구된다.

참 고 문 헌

● 노년환(2012), 「초중고 사립학교 비리의 유형과 현황」, 윤지관 외, 『사학 문제의 해법을 모색한다』, 실천문학사.
● 전남교육정책연구소(2013), 『인사제도 개선과 교육 비리 해소』.

2부

수업이
바뀌다

교육과정 혁신의
성과와 과제

1. 교육과정 혁신의 배경

한국 사회는 이미 과거의 성장 일변도에서 저성장, 다문화, 노령화 사회로 진입하였다. 이에 학생들이 배워야 할 바를 의미하는 '교육과정'에 매우 핵심적인 변화가 요구된다. 한국은 물론 세계는 "글로벌화, 기후변화, 불안정한 고용과 같은 도전"에 직면하고 있다. 첨단 기술의 발전은 오히려 일자리를 줄이고 있을 뿐 아니라 사회가 당면한 문제와 그 문제의 해결 방식을 더욱 복잡하게 만들고 있다. 또한 글로벌화로 인해 국가 경제의 대외 의존성 및 사회문화적 세계화가 심화되고 있고, 지식 기반 경제의 확산과 정보사회의 영향력이 높아지고 있으며, 이와 관련된 사회적 문제도 증가하고 있다. 삶은 더욱 불안정해지고 있으며, 승자독식 사회의 욕망과 평등과 같은 다양한 사회적 가치들이 충돌하고 있다. 그럼에도 불구하고 새로운 변화에 대한 교육과정 상의 대처는 미흡한 상황에 있다.

제1기 주민 직선 교육자치가 시작되면서, 이상에서 언급한 새로운 변화가 요구하는 인간상은 민주적 태도를 가진 적극적 시민, 핵심 역량을 지닌 창의적 인간, 참여하는 시민, 배려하는 인성을 가진 시민으로 수렴되는 경향이 있다. 광주교육청, 전남교육청, 서울시교육청, 경기도교육청, 강원도교육청 등의 교육과정 문서를 분석해보았을 때 이러한 경향이 뚜렷이 나타나고 있다. 여기에 책임 교육과 진로교육 등이 더해져서 각 시도 교육청의 교육과정 영역의 대강을 이루고 있다. 제1기 주민 직선 교육자치 시대, 약 4년간의 경험은 이러한 과제를 앞당기는 데 중요한 역할을 하였다. 그러나 여전히 이러한 과제를 완수하기에는 많은 장애와 문제가 산적해 있다. 이에 다음 절에서는 교육과정 영역의 현황, 성과와 한계, 향후 과제에 대해 더 논의해보기로 하겠다.

2. 교육과정 혁신의 현황

(1) 교육과정 영역의 공통 특징

광주교육청, 전남교육청, 서울시교육청, 경기도교육청, 강원도교육청, 전북교육청 등에서 혁신교육을 선도하고자 노력하는 사례를 분석해본 결과, 대부분의 교육청은 '교육과정 영역'에서 많은 공통적인 특징이 발견되었다.

이러한 특징은 첫째, 경쟁적 지식의 전수 중심에서 공통 역량을 갖추는 교육과정으로의 변화라고 볼 수 있다. 이러한 경향을 분석하면, 한국 사회가 길러내야 할 인간은 ① 배움의 과정을 스스로 점검하고 통제할 수 있는 반성적 능력을 가진 사람, ② 자기 학습에 대한 책임감을 지니고 자기 주도적으로 학습하는 사람, ③ 학습이나 삶에서 직면한 문제를 발견하고 합리적으로 해결할 수 있는 능력을 지닌 사람, ④ 고등 수준의 지식 구성에 역동적으로 참여하며 사회적 상호작용을 통해 협력적 발전을 이루는 사람으로 제시되고 있다.

둘째, 학습 부진의 책임을 개인과 가정에 돌리지 않고 책임 교육을 목표로 하면서 학교 또는 교육(지원)청의 지원 시스템을 통해 학생들은 언제든 학습에 관한 도움을 받을 수 있는 체제를 수립하고자 하는 노력이 있다.

셋째, 진로교육에 대한 요구와 필요성에 부응하고자 노력하고 있다. 오늘날 사회 전반이 빠르게 변화하고 있으나 진로교육은 과거 산업사회의 낡은 패러다임에 머물러 있다. 정부의 진로 진학 교육 방안은 진학률, 취업률 중심의 패러다임에 머물러 있어, 개인의 적성과 희망을 중시하면서도 대안적 삶을 모색하는 진로교육 철학과는 다소 거리가 있으며, 제1기 주민 직선 교육자치 시대의 교육청은 낡은 패러다임을 대체할 수 있는 새로운 진로교육 모델을 만들고자 다양한 시도를 하고 있는 중이다.

넷째, 민주시민교육의 강화이다. 민선 1기 자치 시대를 시민과 함께 열어가고자 했던 교육청들은 시민으로서 사고하고 행동하도록 하는 교육과정과 인정 교과서를 마련하고자 하였다. 교육청들은 매일의 삶 속에서 직면하는 이슈에 대해 스스로 해결할 수 있는 역량을 기르고자 정규 교육과정과 방과후 활동을 통해 민주시민 역량을 높이는 프로그램을 다수 도입하였다. 또한 학교의 권위적 위계구조를 수평적 소통구조로 바꾸기 위해 혁신학교를 도입하는 등 통제 중심의 훈육 문화와 구조를 자율적 조직으로 전환하기 위한 다양한 시도를 했다.

다음에서는 광주시교육청의 사례를 통해 민선 1기 자치 시대에 혁신적 교육과정이 어떤 식으로 개발되고, 또 교육청 사업으로서 실현되고 있는지 살펴보고자 한다.

(2) 사례: 미래 핵심 역량을 기르는 광주 교육

교육에서 강조되어야 할 핵심 역량은 다양하다. 외국의 교육과정 편성 사례, 다양한 연구의 결과물, OECD 등의 보고서에서 언급된 다양한 핵심 역량 중 다음과 같이 9가지의 필수 핵심 역량을 광주광역시교육청은 학교교육력 제고를 위한 미래 핵심 역량으로 삼고 있다.

가. 창의성

새로운 생각이나 개념을 찾아내거나 기존에 있던 생각이나 개념들을 새롭게 조합해내는 것과 연관된 정신적이고 사회적인 과정이다. 창조성이라고도 하며 이에 관한 능력을 창의력, 창조력이라고 한다.

나. 비판적 사고 능력

어떤 신념과 행동을 선택할 것인가를 결정하는 과정에서 반성적으로 사고하는 것을 의미한다. 보다 구체적으로 제기된 문제나 이슈에 대해 자신의 평소 신념을 바탕으로 성급히 어떤 행동을 취하지 않고 보다 근본적인 부분을 다루는 능력이다.

다. 문제 해결력

문제를 정확히 인식하고 논리적으로 판단 분석하여 체계적으로 해결하는 능력을 의미한다.

라. 정보 활용 능력

건전한 정보 윤리 의식을 가지고 정보 통신 기술을 활용할 수 있으며, 자신이 당면한 문제 해결을 위해 필요한 정보가 무엇인가를 인식하고 이를 효과적으로 취득, 가공하여 활용할 수 있는 능력을 의미한다.

마. 생태 · 인문학적 감수성

식물, 동물, 미생물로 이루어진 유지 가능한 공동체인 생태계와 관련된 생태학과 인간의 조건에 관해 탐구하는 학문인 인문학의 접근 의지 및 능력을 의미한다.

바. 자기 주도적 학습력

타인의 도움 없이 자기 스스로 주도적으로 학습 목표를 설정하고, 효율적인 학습 전략을 사용하며, 학습 결과를 스스로 평가할 수 있는 능력을 의미한다.

사. 소통 능력

어떤 사실이나 생각 그리고 정보의 전수 또는 교환을 위해 필요한 능력, 존중과 배려에 근거한 대화·토론을 통해 상호 이해를 증진하고 타인을 배려하는 능력을 의미한다.

아. 시민의식

시민사회를 구성하고 있는 사람들의 생활 태도 또는 마음의 자세를 의미한다. 민주시민으로서 갖추어야 하는 참여의 자세, 차이를 인정하고 차별을 배척하는 가치관이다.

자. 기초 학습 능력

학습을 지속해가기 위해 필요한 학습 능력을 의미한다.

광주 교육의 미래 핵심 역량에 따른 구성 요소

핵심 역량	요소(내용)
창의성	• 사고 기능: 유창성, 융통성, 독창성, 정교성, 유추성 • 사고 성향: 민감성, 개방성, 독립성, 과제 집착력, 자발성

비판적 사고력	• 어떤 아이디어의 적절성을 정밀하고 객관적으로 분석, 대안 모색과 그 실천성
문제 해결력	• 문제 해결 • 원인 분석력 • 창조적 사고 • 설득 • 종합적 사고력
정보 활용 능력	• 정보 수집, 분석, 평가 • 정보 전달 및 공유 • 정보 활용 • 정보 윤리
생태·인문학적 감수성	• 생태학적 감수성 • 인문학적 감수성
자기 주도적 학습력	• 자기 절제 및 조절 • 주도성 • 목표 지향적 계획 수립·조직, 실행 능력
소통 능력	• 경청(듣기) 및 공감 • 이해 및 반응 • 다양한 상호작용 기술 • 협력 문화
시민의식	• 공동체 의식 • 신뢰감 및 책무성 • 차이 존중 • 민주적 생활 방식 • 준법정신 • 참여의식 • 환경 의식
기초 학습 능력	• 읽기 • 쓰기 • 셈하기

3. 교육과정 혁신의 성과와 한계

이와 같은 사례는 혁신적 교육감의 지도력이 발휘되고 있는 다른 교육청과 상당히 공통점이 많다. 이에 다음에서 밝히는 성과와 한계는 광주교육청에 국한되는 것이 아니라 다른 교육청에도 공통적으로 적용될 수 있다.

(1) 성과

모든 교육과정은 추구하는 교육 목표가 있다. 역량 중심 교육과정은 주어진 도구 및 수단을 타인과의 상호작용을 통해 이용하며, 문화적으로 다양한(이질적) 집단 내에서 상호 소통하며, 자율적으로 행동하는 인간을 구현하고자 한다. 이를 통해, 반성적 능력을 가진 자기 주도적 학습자, 삶의 문제를 해결할 수 있는 역량, 고등 사고 능력을 가진 시민, 공감과 감정이입을 통해 타인에 대한 관용심이 많은 인간을 기르고자 한다. 이러한 교육과정에 가깝다고 볼 수 있는 교육과정 기준으로는 강원도교육청의 창의·공감 교육과정과 경기도교육청의 창의·지성 교육과정을 사례로 들 수 있다.

교육과정 영역에서 성과로 볼 수 있는 것은 무엇보다도 전인교육을 위한 교육과정 실현의 실천 의지가 잘 나타나 있다는 점이다. 한국에서 핵심 역량 교육의 중요성은 항상 언급되고 있으나 실제로는 한국 사회의 "학벌 중시 문화와 입시 위주 교육, 학력 중시 풍토"에 밀려 제대로 이루어지지 않고 있다. 민선 1기 자치 시대의 교육청이 교육의 본령을 회복하기 위한 교육과정을 만들고, 교실에서 실현하고자 노력하는 것이 교육과정 영역의 최대 성과라고 볼 수 있다.

(2) 한계

핵심 역량 교육과정은 지식의 전수를 넘어 공통 역량 습득이라는 측면에서 교육적 가치가 있다. 그러나 이를 잘못 운영하면, 글로벌 경제 환경의 변화에 대처한다는 차원에서 교육과정을 보는 방식이 될 수 있고, 심할 경우 이는 매우 편협하고 국수주의적 방식으로 변질될 수 있다. 국가의 경쟁력과 생존은 당연히 중요한 교육적 요구이지만 어디까지나 교육과정 상의 여러 가지 고려 사항 중 하나일 뿐이어야 한다. 이에 앞서 인간의 존엄성과 지구 사회 문제에 대한 책임, 예술과 심미성, 인간다운 삶을 영위할 수 있는 기본 권리, 지식을 생산하고 향유하는 능력 등이 교육과정의 주요 문제가 되어야 하는 것이다.

또한 '인성'이란 그 의미가 다양하지만, '인성' 개념에는 다분히 수동적인 아동관 및 청소년관이 내재되어 있다. 이에 인성을 시민성의 개념으로 발전시켜 이해할 필요가 있다. 끝으로 핵심 역량 교육 역시 OECD의 권고를 있는 그대로 답습하는 경향이 강하다. 핵심 역량은 교육 문제의 고유성으로 인해, 다른 국가에서 이해되는 방식과 한국에서 그것이 활용되는 방식에 차이가 있을 수 있다. 한국적인 상황에서 이 용어를 대체하고, 그 개념을 발전시킬 수 있는 논의와 개발이 필요하다.

그리고 교육과정 문서의 발전이 있을 뿐, 이것이 수업과 평가로 이어지지 않는다면 그 교육과정은 무용한 것이 되어버린다. 민선 1기 교육자치 시대 이후에 이를 극복하기 위한 많은 노력이 있었으나 여전히 대부분의 수업 시간에 상당히 많은 아이들은 참여를 기피하고 있는 실정이다. 교육청에만 그 책임을 돌릴 수는 없을 것이다. 그러나 여전히 교육과정이 수업으로 실현되지 못하는 현실을 외면할 수는 없다. 많은 교실에서 기존의 수업 관행을 극복하지 못하여 학생들에게 미래 시민 역량을 길러주지 못하고, 여전히 암기식·주입식·일제식 교육(특히 중등에서)에 노출시키고 있다. 많은 노력에도 불구하고, 그 성과를 교실에서 확인하고자 하는 교육청의 기획과 사업계획이 구체적으로 나와 있는지 점검해야 할 시점이다.

4. 교육과정의 미래 방향

이제 '지·덕·체'의 조화로운 성장을 이루기 위해 기존의 암기식 지식 전달 중심 교육에서 아이들을 '살아갈 수 있는 힘을 가진 인간'으로 키우려는 노력이 필요하다. 지난 정부부터 교육 목표가 창의·인성 교육이었고, 그 목표를 달성하기 위한 다양한 시도는 있었으나 거의 실현되었다고 보기는 어렵다. 여러 가지 이유가 있겠지만, 무엇보다도 창의·인성 핵심 역량 교육이 가능할 수 있는 제도적 여건을 갖추지 못한 것을 문제로 지적할 수 있다.

특히 지난 정부에서 현 정부에 이르기까지 창의·인성 교육에 대한 강조에도 불구하고 그 선행 조건이 될 수 있는 여유로운 교육, 인간적인 학교, 입학 경쟁 완화와 같은 제도적 여건 마련에 실패하고 오히려 입시 경쟁 교육(특히 고입)을 강화하였다. 이에 변화하는 사회에 대한 인식과 더불어 교육의 패러다임에 대한 대전환이 필요하다. 이제 세계는 기존의 3R(Reading, wRiting, aRithmetic) 중심 교육에서 창의성(Creativity), 협동심(Collaboration), 의사소통 능력(Communication) 등의 미래 역량 개발을 위한 교육 패러다임으로 전환을 요구받고 있다.

또한 진로교육과 함께 노동교육이 병행되어야 한다. 진로교육은 노동시장의 변화, 자본주의 체제의 재편, 글로벌 경제 환경의 변화 등 교육 외적 환경과 밀접한 관련이 있다. 또한 누구나 원하는 진로와 기피하는 진로가 있는데, 이러한 노동시장에서의 불평등은 그대로 둔 채, 진로교육이 잘 되면 누구나 원하는 직업을 가질 수 있다는 환상을 심어주는 것은 바람직한 교육이라 볼 수 없다. 이에 '누구나 존엄한 사회, 품위 있는 삶을 영위할 수 있는 시민'이 주축이 되는 사회에서 어떤 진로를 선택-많은 경우 강요된 선택이 되지만-을 하더라도 존엄한 개인, 품위 있는 삶을 누릴 수 있는 노동·인권에 대한 교육을 강화해야 할 것이다.

참고 문헌

- 광주교육정책연구소(2014), 「미래혁심역량을 기르는 학교교육력 제고 사업」.
- 서용선(2012), 「혁신교육 존 듀이에게 묻다」, 살림터.
- Sullivan, J., 서용선 외 역(2013), 「세 학급이 들려주는 창조적 집단지성학습」, 씨아이알.
- Hipkins, R.(2006), The nature of key competencies: A background paper, Wellington, NZ: New Zealand Council for Educational Research.
- Jacobs, H. H. (Ed.)(2010), Curriculum 21: Essential education for a changing world, Alexandria, VA: Association for Supervision and Curriculum Development.

'학습 복지'에 관한 발전적 시론:
정책 방향과 과제[14]

1. 왜, 학습 복지인가?

당대 학생 삶의 지배적 정념 중 하나는 '불안'이다. 경쟁에서의 실패를 염려하는 '낙오 불안'이 짙다. 따라서 그들의 행복지수는 그다지 높은 편이 아니다.[15] 이런 현실에서 학생들의 '행복한 삶'을 강조하는 교육 비전은 적확하다. 그렇다면 '행복 교육'이란 어떤 교육을 의미하는가? 학생들이 어떻게 성장하기를 기대하는가? 이를 위해 어떤 실천 과제를 강조해야 하는가?

학교교육의 본령(本領)은 무엇인가? 기본적으로 지적 발달과 인격적 성장에 필요한 학습을 전문적으로 도와주는 것이다. 지적 발달에 필요한 것은 지식만이 아니다. 특히 입학시험용 지식만을 의미하는 것은 더더욱 아니다. 사

---

14) 이 글은 이수광(2014)의 〈제1회 행복 교육 현장 토론회〉 발표 원고를 수정하고 보완한 것이다.
15) 연세대와 한국방정환재단이 함께 수행한 국제비교 연구 결과를 보면, 우리나라 어린이와 청소년의 행복지수는 경제협력개발기구(OECD) 국가 가운데 가장 낮게 나타났다. 교육성취도를 측정하는 '교육' 지수와 생활 방식을 측정하는 '행동과 생활양식' 지수에서는 OECD 국가 중 1위를 차지하는 반면에 '주관적 행복' 지수는 OECD 23개국 가운데 가장 낮았다. '주관적 건강'과 '학교생활 만족도', '삶의 만족도', '소속감', '주변 상황 적응', '외로움' 등의 응답률에서 다른 나라와 큰 차이가 났다(「노동과 세계」 2013. 5. 9).

회 사상(事象)에 대해 질문하고, 생각하고, 생각한 것을 비판적·논리적·분석적으로 점검하는 일과 같은 다양한 지적 활동을 즐기는 경험도 포함된다. 이런 경험의 축적 과정에서 창의성이 길러진다. 그리고 인격적 성장을 위해서는 사회 참여 활동, 예술 활동, 자연 체험 등도 중요하다. 이러한 학습 활동을 포괄할 때 전인성이 신장되기 때문이다. 이런 맥락에서 보자면, 행복 교육의 목표는 바로 전인(全人) 육성이다.

또 다른 관점에서 보자. 학교교육의 본무(本務)중 하나는 개별 학습자가 '자기 발견'을 할 수 있도록 조력하는 일이다. 따라서 자기 자신에 대한 이해, 재능 발견, 진로 탐색, 역량 배양, 삶의 자부심 추구와 같은 교육적 가치를 강조한다. 또한 학생 개개인의 취향 역시 가볍게 보지 않는다. 그 하나하나가 쌓여서 결국 해당 학생의 존재 방식을 결정하기 때문이다. 이런 점에서 학교교육 자체가 바로 진로교육이 되는 셈이다.

물론 학교교육의 결과로서의 두 가지 목표, 즉 전인성(全人性)과 진로 정체성 확립은 사실 새로운 것이 아니다. 이전부터 강조되던 목표들이다. 그런데 '행복 교육'이란 비전으로 이 목표가 재삼 강조되는 것은 그만큼 간단치 않은 과제임을 반증한다. 나는 이런 맥락에서 '학습 복지'라는 레이블링(labeling)을 시도한다. 이는 학생들의 삶의 질 문제를 더욱 구체적이고 일반적인 수준인 학습의 영역에서 살피고자 하는 것이고, 문제를 복지 관점에서 조망하자는 의도다. 특히 학생 삶의 질을 결정하는 핵심 요소가 '학습'임을 감안하여, '보편적 필요'의 충족과 관련된 복지 담론(예컨대, '무상급식'으로 표상되는 보편적 교육 복지 담론)이 이제부터는 구체적인 학습 영역까지 확장되기를 기대하는 것이다.

정리해보자. 학생은 학습을 주된 과업으로 삼는 제도화된 집단이다. 학생 삶 중 가장 큰 부분을 차지하는 것은 학교이고, 학교에서는 학습 활동이 중심이다. 따라서 가장 이상적인 학교는 모든 학생들이 배움으로부터 소외되지 않는 학교다. 즉 학습(배움)의 전 영역에서 자신의 잠재력을 극대화할 수 있는 학교다. 이런 '이상적인 학교'를 현실화하기 위한 노력은 여전히 유효하다. 그런 차원에서 학습 영역을 새로운 관점에서 살피자는 의미를 담아 '학습 복지'라는 복합어를 제출하는 것이다.

2. '학습 질(質)'의 재성찰

질이란 형식이나 규모, 빈도 같은 것을 뜻한다기보다는 실체의 품격(수준)을 뜻한다. 따라서 학습의 질은 바로 학습 영역 전반에 대한 교육적 영양의 수준을 일컫는 말이 된다. 그렇다면 이를 어떻게 가늠해볼 수 있는가? 편의상 '학습 조건의 질'과 '학습 결과의 질'로 구분하여 따져볼 수 있을 듯싶다. 전자는 학습 조건, 즉 공평한 지원 체제를 갖추고 있는가와 관련된다. 그리고 후자는 모든 학생들이 높은 배움의 단계에 이르도록 안내받고 있는가와 관련된다.

(1) 학습 조건(환경)의 질 문제

'학습 조건의 질'과 관련하여 살펴보자. 개별 학생들의 존재 조건과 상황 특성에는 차이가 있게 마련이다. 그들은 인종과 상이 다르고 사회적 조건도 다르다. 또한 계층적 차이로 인한 교육 활동 준비 상황에 있어서도 차이가 난다. 따라서 평등한 교육 조건을 갖추기 위해서는 개별 학생들에게 '누구에게나 예외 없이 필요한 것', 즉 '보편적 필요'가 제공되어야 한다. 이런 맥락에서 '보편적 교육 복지'는 중요하다. 특히 보편적 교육 복지 담론은 '교육받는 조건이 개인의 능력에 따라 결정되는 것이 아니라 국가의 의무 이행 차원에서 그 책임 주체가 규명되어야 함'을 함의한다는 점에서 의미가 있다.

물론 보편적 교육 복지 담론 이전에도 교육 복지 정책은 추진되었다. 선택적(잔여적) 복지라는 차원에서 가장 취약 계층을 선택하여 집중적으로 복지 예산을 지원하는 정책이 있어왔다. 취약 지역의 취약 계층 아동에 대한 국가적 개입 정책으로 추진되었던 '교육복지투자우선지역' 사업이 대표적인 예다. 이 사업은 저소득층 영·유아와 초·중등 학생의 학습 결손 예방·치유를 통한 학력 증진, 취약 아동의 건강한 신체 및 정서 발달과 다양한 문화적 욕구 충족, 그리고 가정-학교-지역사회 차원의 지원망 구축 등을 골자로 추진되었다. 이외에도 저소득층 자녀 지원 사업, 학업 중단 학생 지원 사업, 특수교육 지원 사업 및 연중 돌봄학교 운영 사업 등도 이에 해당한다. 문제는 이러한 선택적 복지가 복지 대상을 교육 취약 계층으로만 한정하는 선별주의 원리에 의한다는 점, 그리고 접근 방식 또한 서비스나 교육비 보조 등의 미시적 접근이었다는 점이다. 이에 비해 '보편적 교육 복지' 담론에서는 모든 학생을 복지 대상으로 확장하는 보편주의를 채택한다. 그리고 복지 수혜 범위도 취학 전 및 초중등 교육까지로 확장하고 접근 방식 또한 서비스 지원에 한정하지 않고 정책 및 제도 중심적 접근법을 채택한다는 점에서 전향적이다.

실제로 '보편적 교육 복지' 담론의 촉발지였던 경기도교육청은 2014년 유·초·중학교 전면 무상급식(대상 인원 139만 2,466명) 시행을 위해 약 4,210억 원의 예산을 편성하였다.[16] 저소득층 고등학생 자녀의 급식비 지원으로

---

16) 〈경기도교육청 2014년 유·초·중 무상급식 추진〉(2014년 업무 추진 계획)

구 분	대 상	학생 수	소 요 액		
			교육청	지자체	계
유치원	만 3~5세	188,120	55,191,148	34,827,000	90,018,148
초등학교	1~6학년	743,112	218,880,768	151,623,507	370,504,275
중학교	1~3학년	457,407	144,980,686	138,634,702	283,615,388
특수학교	전체	3,827	2,326,816		2,326,816
합 계		1,392,466	421,379,418	325,085,209	746,464,627

서도 약 600억 원을 편성하였다. 이외에도 초등학교 학습 준비물 지원 사업, 기초생활 수급자·사회적 배려 대상자에 대한 체험학습비 지원 사업, 맞벌이 가정·저소득층 및 한 부모 가정 자녀 돌봄 사업 등이 추진되고 있다.[17] 정도의 차이는 있지만, 여타 시도 교육청에서도 '학습 조건의 질'을 확보하기 위한 보편적 교육 복지 사업이 계획되거나 추진 중에 있다. 그 대개의 내용을 보면, 무상급식, 무상교복, 체험학습비 지급, 초등 돌봄교실[18] 등과 같은 사업들이다. 이런 정책들에 내재하는 논리 구조는 바로 '성, 연령, 인종, 계층적 차별 없이 모든 학생들이 존엄하게 학교생활을 할 수 있도록 필요(물적 조건)를 국가가 보장해야 한다.'는 것이다.

이렇듯 '보편적 필요'를 제공하기 위한 복지 사업은 중요한 의미가 있다. 교육 주체나 국가에 대한 전통적인 인식을 새롭게 정렬하는 계기가 되기 때문이다. 즉 '교육받는 조건이 개인의 능력에 따라 결정되는 것이 아니라 국가의 의무 이행 차원에서 그 책임 주체가 규명되어야 함'을 함의하는 것이다. 그리고 교육과 관련한 사회권적 상상력이 더욱 확장할 수 있는 기회가 된다. 이런 점에서 '보편적 필요'를 강조하는 무상급식 의제는 단지 '밥' 문제 이전에 국가 사명에 대한 재해석 문제라 할 수 있다.

문제는 보편적 교육 복지 사업이 의미 있게 추진되고는 있지만, '학습 조건(환경)의 질'이 획기적 전기를 마련했다고 보기는 어렵다. 여전히 전체 학생들을 대상으로, 다양한 차원의 '보편적 필요'를 충족시키기에는 재원이 부족한 상황이다. 그리고 보편적 교육 복지 사업에도 불구하고 학생들의 존재

---

17) 경기도교육청에서는 2013년에 보편적 교육 복지 사업(18개 과제)과 교육 양극화 및 격차해소 사업(18개 과제)에 모두 약 1조 7,000억을 지원하였다. 이러한 교육 복지 사업의 법적 근거를 마련하기 위해 경기도교육청에서는 2014년 1월 13일 전국 최초로 「경기도교육청 교육 복지 운영·지원에 관한 조례」를 공포했다.
18) 교육부 통계에 의하면, 2013년 현재 초등 돌봄교실 운영 학교 수는 5,784개교(97.3%), 참여 학생은 159,737명으로 나타났다. 참여 학생의 학년별 비율은 초등 1학년 46.2%, 2학년 34.5%, 3학년 10.3%, 4~6학년 9.0% 순으로 나타났다(한국교육개발원, 「초등 돌봄교실에 관한 통계」, 2013. 9. 10).

조건에서 비롯되는 조건적 차이가 쉽게 해소되지 않기 때문이다. 그리고 교수·학습 환경도 개선의 여지가 많다. 교사 1인당 학생 수, 그리고 학급당 학생 수를 OECD와 비교해보면 여전히 평균을 웃돈다.[19] 도시 지역의 과밀 학급 비율도 여전히 높다.[20] 이런 점에서 학습 조건(환경)의 질 개선을 위해서는 보편적 교육 복지 사업과는 별개로 중앙 정부 차원에서 추진하는 교육 여건 개선 사업이 체계적으로 추진될 필요가 있다.

(2) 학습 결과의 질 문제

학습 결과의 질 문제는 공평한 지원 체제하에서 모든 학생들이 목표하는 성취 수준에 도달하고 있는가의 문제이다. 학습 결과의 질을 판단하는 준거는 다양하다. 행복 교육에서 목표하는 '전인성'과 '진로 정체성'이 준거가 될 수도 있고, 학업 성취도, 학습 흥미도, 자기 주도성, 학교 만족도 등도 준거가 될 수 있다. 거칠지만, 몇 가지 준거에 비추어 학습 결과의 질을 살펴보자.

전인성은 학습 질 판단의 핵심 준거다. 일반적으로 인간의 사회적 행위는 세 가지 요소의 결합에 의해 표출된다. 즉 옳고 그름을 판단하는 '가치', 사회 사상을 해석할 수 있는 '지식'(개념과 논리), 그리고 실제 현상과 타자의 상황을 느낄 수 있는 '마음(인성)', 이 세 가지 요소가 결합되어 특정 행위가 현상적으로 나타난다. 결국 이들 세 요소는 바로 인간 삶을 구성하는 핵심 요소라 할 수 있다. 실제로 '가치'는 높은 수준이지만 '지식'이 부족하다면

---

19) 2011년 기준으로 보면, 초등학교의 교사 1인당 학생 수 OECD 평균은 한국보다 4.2명 적은 15.4명이었고, 중학교는 OECD 평균 13.3명으로 한국보다 5.5명 적었다. 고등학교에서는 OECD 평균이 13.9명으로 한국보다 1.9명이 적은 것으로 나타났다. 학급당 학생 수 역시 2011년 초등학교는 OECD 평균은(21.2명)보다 5.1명이 많은 26.3명으로 보고되었다. 중학교 학급당 학생 수는 34.0명으로 OECD 평균(23.3명)보다 10.7명이 많은 것으로 나타났다[한국교육개발원(2014), 「OECD 교육 지표로 본 교사 1인당 및 학급당 학생 수, 공교육비 비율」.
20) 2010년 통계를 보면, 대도시 지역 중학교 과밀 학급(36명 이상) 비율은 48.9%, 중·소도시의 경우에는 6.0%로 보고되었다[이영탁(2011), 「학생 저마다에게 배움과 돌봄의 기회를 주자」, 「우리교육」 제244호].

새로운 사회를 여는
교육자치 혁명

'허풍 같은 삶'이 되기 십상이고, 역으로 '지식'은 높은 수준이지만 '가치'
나 '마음'의 발달이 미약하다면 '창백한 삶'에 가까울 것이다. 이렇듯 삶을
구성하는 요소들이 불균형적으로 결합하는 경우, 삶이 분열적으로 구성될
개연성이 있음에 주목할 필요가 있다. 이런 점에서 지, 정, 의, 체의 조화로
운 발달은 매우 중요하다.

그렇다면 당대 학생들의 지적 활동은 어떤 수준인가? 그다지 양호하다고
판단할 만한 근거가 그리 흔치 않다. 많은 연구자들이나 교육 관련자들은 입
시용 지식 교육이 낳는 폐해를 여러 차원에서 지적한다.

이러한 문제는 국제 비교에서도 일부 확인된다. 2013년 발표된 「OECD
학업 성취도 국제 비교 연구(PISA)」를 보면, 수학·읽기·과학의 평균 성취 수
준은 국제 수준과 비교할 때 우수한 편이나 '학습 동기', '학습에 대한 자아
개념', '학습 효능감', '학습 흥미도' 등은 OECD 평균보다 낮게 나타났다.[21]
이러한 비대칭적인 통계는 몇 년간 반복되는 경향을 보인다. 학생들이 학교
생활 과정에서 유의미한 경험을 나누고, 이를 통해 자기 주도성이 신장되고,
종국에는 배움의 기쁨을 경험해야 하지만 현실은 그렇지가 않음을 보여주
는 것이다. 이런 점에서 국제 비교치는 바로 한국 교육의 질적 특성, 즉 지적
발달의 빈약성을 보여주는 근거라 할 수 있다.

학생들의 인성(마음새)도 건강한 것만은 아니다. 학생들은 특정한 삶의 형
식을 선호한다. 주류 사회의 성공 법칙(입시 성공-명문 대학-일류 기업)을 선호
하는 경향이 짙어간다. 실제로 경제적 풍요를 성공적인 삶이라고 생각하고,
이를 위해서는 부정도 마다하지 않겠다는 비율도 점차 늘어가는 추세다.[22]
이는 아마도 일차적으로는 기성세대가 추구하는 '경제적 성공'이라는 시대

---

21) 한국교육과정평가원, 보도자료, 2013. 12. 3.

규범에 조건화된 탓일 게다. 그리고 교육적 이유를 찾자면, 아마도 가치 교육의 형해화(形骸化)와 무관치 않을 것이다. 실제로 삶에 관한 고민을 자극하는 학교는 드문 실정이다. 그렇다 보니 '어떤 삶이 좋은 삶인지', '삶의 참된 가치는 무엇인지', '존재의 풍요로움을 누리는 삶은 어떤 삶인지' 등과 같은 존재론적 고민의 기회가 부족하다. 이로 인해 인격적 성숙이 지체되는 경우도 나타나곤 한다. 이외에도 타인과 약자에 대한 배려와 사회적 정의에 대한 의식도 점차 낮아지는 추세다.

그리고 자신감, 열정, 협업 능력, 공동체 능력, 관계 능력, 민주적 태도 등과 같은 비인지적 사회적 능력도 질적으로 높은 수준이라고 판단하기 어렵다. 한국청소년정책연구원의 보고에 의하면 사회적 관계 형성과 관련된 핵심 역량 중에서 타인에 대해 신뢰하고 정당하게 대우해주는 긍정적인 태도는 학년이 올라갈수록 오히려 낮아지는 것으로 나타났다.[23] 이는 신뢰나 인적 네트워크와 같은 사회적 자본이 상급학교로 갈수록 오히려 약화되고 있음을 보여주는 결과다. 또한 사회적 관계 형성에 도움을 주는 공동체 참여 활동을 살펴보면, 중·고등학생 중에서 1년에 한 번이라도 지역 모임이나 지역 공동체 활동에 참여한 경우는 3.8%에 불과한 것으로 나타났다.

그렇다면 학생들의 진로 의식 및 진로 정체감 수준은 어떠한가? 최근 진로교육의 중요성이 강조되고 있지만, 여전히 편향된 진로 의식 틀을 크게 벗어나지 못하고 있는 실정이다. 기존의 직업 체계를 상정하고 이에 학생 개개인의 '진로 희망'을 조응시키는 형식의 진로교육이 지배적이다. 그렇다 보니

---

22) 흥사단 투명사회운동본부 윤리연구센터 조사 결과에 따르면, 10억 원이 생긴다면 잘못을 하고 1년 정도 감옥에 들어가도 괜찮다'는 항목에 대해 2013년에는 초등학생 16%, 중학생 33%, 고등학생 47%가 괜찮다고 응답하였다. 동일 항목에 대해 2012년엔 초등학생 12%, 중학생 28%, 고등학생 44%가 괜찮다는 응답을 보인바 있다(『이데일리』, 2013. 10. 11).는 6.0%로 보고되었다[이영탁(2011), 「학생 저마다에게 배움과 돌봄의 기회를 주자」, 『우리교육』 제244호].
23) 김기헌(2011), 「2010 한국청소년 핵심 역량 진단 조사」, 한국청소년정책연구원.

'자신이 어떤 진로를 선택하는 것이 최선인지', '자신이 선택할 진로와 전공은 자신의 흥미나 적성에 부합하는지', '자신의 진로 선택을 위한 노력은 적합한지', '자신이 갖고 있는 진로 정보는 신뢰할 만한지', '자신이 선택한 진로와 살고자 하는 인생의 방향 간에는 일관성이 있는지' 등에 대한 질문과 고민 기회가 부족하다. 그렇다 보니 중고생들 사이에서는 고용 안정성을 기준으로 교사, 의사, 공무원 등 안정적인 직업을 선호하는 경향이 나타난다. 그리고 이런 경향은 학년이 올라갈수록 더해지는 것으로 보고되고 있다.[24]

거친 분석이긴 하지만, 당대 학생들의 '학습의 질'은 만족할 만한 수준이라 보기 어렵다. 학습 소외로 인해 지적 무방비 상태에 놓여 있는 학생들도 적지 않고, 지적 활동을 조정하는 분위기도 빈약하다. 다양한 학습 활동을 포괄할 때 전인성이 신장되는 법인데, 학교에서 진행되는 학습 활동들 간에 질적 편차도 심하게 나타난다. 뿐만 아니라 자기 삶에 대한 실존적 고민도 충분하지 않다. 본디 학교에서의 학습 활동은 궁극적으로 학생이 추구해야 할 '좋은 삶'에 대한 성찰과 질문을 토대로 이루어져야 한다. 하지만 학교 현장에서는 이런 질문들이 오히려 낯설게 읽히는 분위기다.

3. '학습 복지' 관점의 중요성

'보편적 교육 복지'는 모든 학생이 교육 목적에 부합할 수 있도록 '선결해야 할 조건'을 구비하는 성격이 강하다. 즉 교육의 출발과 과정의 두 지점에서 빈부의 차이, 사는 지역의 차이, 남녀의 차이와 같이 본인의 능력과는 상

---

24) 한국직업능력개발원에 실시한 중고생들의 선호 직업을 묻는 설문 조사 결과에 따르면, 희망직업 순위는 초등학교 교사, 의사, 공무원, 중등학교 교사 순으로 나타났다. 이 보고서에서는 이러한 반응이 학년이 올라갈수록 더해지고 희망 직업도 현실화·구체화되는 경향으로 나타난다고 보고한다(연합뉴스, 2012. 10. 15).

관이 없는 요인들에 의해 차별받지 않고 균등한 교육 기회에 접근할 수 있도록 조건을 조성하는 성격의 매개 정책이다. 이런 점에서, 보편적 교육 복지 정책은 제1수준의 복지 프레임이라 할 수 있다.

그런데 보편적 교육 복지만으로는 '수준 높은 학습 결과'를 성취하기가 어렵다. 따라서 교육 활동에 참여하는 모든 학생들이 높은 배움의 수준에 이르기 위해서는 보편적 복지 정책에 더해 또 다른 복지적 접근이 고민될 필요가 있다. 제2수준의 프레임으로 '학습 복지'를 제안하는 이유다. 그렇다면 학습 복지란 구체적으로 어떻게 정의할 수 있는가? 거칠게 정리하자면 '모든 학생들이 학습(배움)의 전 영역에서 자신의 잠재력을 극대화할 수 있는 다차원의 맞춤형 돌봄 체제'라 할 수 있다. 즉 학생 개개인의 학업 성취 수준과 선호하는 학습 양식에 맞는 학습 기회를 보장하여 잠재 능력을 개발하고, 균형 잡힌 인격적 성숙이 가능하도록 학습 전 영역에서 촘촘한 돌봄 체제를 갖추고자 하는 것이다. 이러한 접근 과정에서 학생들의 학습권이 최적으로 보장되고, 학습의 질도 담보될 것으로 기대하는 것이다.

교육 복지

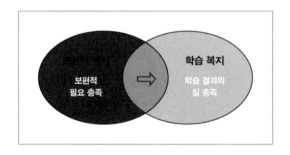

'학습 복지'라는 관점을 채택하는 것이 왜 중요한가? 구체적으로 몇 가지를 살펴보자. 첫째는 학교교육의 정상화를 고민하는 차원에서 '학습 복지'

새로운 사회를 여는
교육자치 혁명

프레임이 중요하다. 당대 학교교육의 속화(俗化) 현상은 점차 공고해지는 경향을 보인다. 대개 학생들은 학교를 특정 목적론적 도식상의 한 기관으로만 이해한다. 따라서 학교를 입시 성공을 위한 준비 기관으로 규정한다. 그리고 학교교육을 경제적 풍요를 획득하기 위한 수단으로 편향되게 인식하는 경향도 강하다. 그렇다 보니 지적 훈련을 위한 활동보다는 입시용 지식 학습에 골몰하는 모습도 도드라진다. 이런 맥락에서 학생들의 '지적 무기력성'에 대한 비판이 제기되는 것이리라. 다음과 같은 조한혜정 교수의 칼럼은 학습의 질 문제, 특히 지적 성숙도 수준이 심각하다는 점을 시사한다.

이들(요즘 대학생들)은 꽤 풍요로운 사회에서 나름의 배려와 존중을 받고 자란 편이다. 그리고 이들은 정말 존중받기를 원하고 배려하는 사람이 되고 싶어 한다. 그런데 이들이 원하는 존중은 모욕을 받지 않는 것, 상처를 주고 받지 않는 것이지 주체적인 삶을 살아가는 차원의 존중과는 거리가 멀다. 사회와 공공에 대한 감각으로 연결되지 못하는 존중과 배려는 의도와는 달리 사람을 움츠러들게 만들고 고립시킨다.

학기 말 조별 발표 또한 놀라운 일의 연속이었다. 첫 팀의 주제는 "왜 우리 조 모임이 망하게 되었는가?"였다. 처음에 국산 제품만 먹기를 해보려고 했는데 국산 제품을 찾기 어려울 것 같아서 포기했고, 다음엔 교내 수위 아저씨나 청소 아주머니들께 인사하는 프로젝트를 해보려 했는데 중간 발표 때 반대가 있어서 포기했고, 지난 학기 선배들이 했던 독립영화 보기를 해볼까 하다가 너무 쉬운 것 같아서 포기하다 보니 한 학기가 다 가버렸다고 했다. 자신들이 시간을 충분히 들이지 못한 것도 사실이지만 남을 설득할 엄두가 나지 않았고, 리더가 없는 조 모임이면 좋겠다고 생각했다는 등의 변이 이어졌다. 아마도 이들은 조 모임이 실패한 백 가지 이유를 금방 생각해 낼 수 있을 것이다.[25]

또한 학생들의 비인지적 사회적 능력도 양질이라고 단언하기는 어렵다. 도덕적 미성숙, 정서적 미성숙을 지적하는 비판적 연구도 많거니와 '인간적 결핍' 혹은 '인간적 결여'로 인해 발생하는 문제적 현상들을 확인하는 것도 어렵지 않다. 이처럼 일정한 교육을 받았지만 그에 부응하는 전인적 성장의 면모를 확인하기 어렵다면, 이는 교육적 문제 상황이다. 교육적 실패로 규정해도 될 일이다. 왜 그런가? 다음의 주장이 이를 잘 설명해준다.

> 부모치고 자기 아이가 지적으로 뛰어나지만 인정머리 없고 몸은 허약한 아이를 바라는 부모는 없다. 지적·정서적·도덕적으로도 어느 정도 고루 갖춘 아이를 바랄 것이다. ……우리는 남을 평가할 때에 자연스럽게 전인적 인간상의 잣대를 적용한다. 머리는 좋은데 성미는 고약하고 도덕적으로 비열한 사람을 훌륭한 인간이라고 여기지는 않는다. 입사 지망자를 사정하는 사장이 지망자가 그런 '덜된' 사람인 줄 알면서 그를 채용할 리가 없다. ……또한 우리는 어느 한 길에 특출하기도 바라지만, 어느 정도는 남과 과히 뒤떨어지지 않게 넉넉한 인간적 바탕을 스스로 지니고 있기를 원한다. 아니면 어딘지 덜된 '인간적인 결손'을 느끼게 마련이다.[26]

학습 복지라는 관점을 채택하는 경우, 우리는 학교교육의 본질부터 새롭게 고민을 해야 한다. 학교는 어떤 교육철학을 수립해야 하는지, 전인교육을 실현하기 위해 학교교육과정을 어떻게 구성할지, 올바른 가치관을 정립하기 위해서는 어떤 접근이 필요한지, 인격적 미성숙의 문제에 대해서는 어떻게 접근해야 할지, 학교 구성원들이 전인교육의 필요성을 어떻게 공유해야 할

25) 「한겨레」, 2012 .6. 13.
26) 정범모(2011), 「내일의 한국인」, 학지사, 34쪽.

새로운 사회를 여는
교육자치 혁명

지, 자기 성찰과 상호 성장의 학교 문화를 어떻게 조성해야 할지 등에 대해 고민을 자극하기 때문이다. 특히 학습 복지 관점은 학교교육의 전제(前提)와 가정(假定), 즉 학부모는 자기 자녀가 어떻게 성장할 것을 기대하면서 학교에 보내고 있는가를 되짚어보게 한다는 점에서도 의미가 있다.

둘째는, 학습 복지 관점이 학습자 개인별 특성과 필요에 맞추어 학습할 수 있는 '개인 맞춤형 수업 체제'에 대한 마인드를 제고할 수 있다는 점에서 중요하다. 뒤처지는 학습자가 없도록 하기 위해서는 실제 수업 상황에 대한 입체적인 지원이 필요하다. 이런 점에서 '보편적 학습 설계(universal design for learning)'[27]라는 개념은 '학습 복지'를 이해하는 데 유용하다. 이 개념은 문화나 언어의 차이, 학생들의 배경지식과 개별적 능력의 차이까지를 아우를 수 있는 보편적인 학습 설계의 필요성을 강조한다. 이는 통상 교육과정 운영에서 학생들의 다양한 능력과 학습 방식, 배경지식과 학습 준비도 같은 것들이 배제된 채 평균 기준의 욕구만이 충족되도록 설계되는 것에 대한 문제의식을 반영한 것이다. 즉 통상의 학습 설계가 모든 학생에게 학습에 대한 공정하고 평등한 기회를 제공하기 어렵게 설계되고 있음을 지적하는 것이다. 따라서 '보편적 학습 설계(universal design for learning)' 개념은 수업을 디자인함에 있어서 학습 내용 및 자료(the "what" of learning), 학습 방법(the "how" of learning), 학습 동기(the "why" of learning) 측면에서 개별 학습자들 특성에 맞게 최적화되어야 한다는 것이다. 그 원리와 가이드라인을 보면, 이 개념이 지향하는 바를 가늠해볼 수 있다.

---

27) 현주 외(2010), 「모든 학생들을 위한 보편적 학습 설계」, 『세계교육정책 인포메이션』 제10호, 한국교육개발원.

보편적 학습 설계(UDL)의 3가지 원리와 9가지 가이드라인

⊙ **원리 1: 교수학습할 내용을 다양한 수단으로 제시한다.**
- 가이드라인 1-인식 수단을 복수로 제공하여 선택할 수 있게 한다.
- 가이드라인 2-언어, 수학적 기호, 상징을 복수로 제공하여 선택할 수 있게 한다.
- 가이드라인 3-이해 수단을 복수로 제공하여 선택할 수 있게 한다.

⊙ **원리 2: 활동 및 표현의 다양한 수단을 제공한다.**
- 가이드라인 4-신체 일부를 움직여 행하는 수단을 복수로 제공하여 선택할 수 있게 한다.
- 가이드라인 5-표현과 소통의 수단을 복수로 제공하여 선택할 수 있게 한다.
- 가이드라인 6-뇌의 집행 기능이 담당할 역할을 복수로 제공하여 선택할 수 있게 한다.

⊙ **원리 3: 몰입을 도모할 다양한 수단을 제공한다.**
- 가이드라인 7-흥미 끌기 수단을 복수로 제공하여 선택할 수 있게 한다.
- 가이드라인 8-노력과 끈기를 지속시킬 수단을 복수로 제공하여 선택할 수 있게 한다.
- 가이드라인 9-자기 조절 수단을 복수로 제공하여 선택할 수 있게 한다.

이는 결국 모든 학생의 특성과 다원적 요구를 포괄할 수 있도록 수업을 설계해야 한다는 것이다. 그런데 이 개념을 학교 현장에 적용하는 경우에 이전과는 전혀 다른 질문들이 파생된다. 즉 수업에 대한 관념, 교사의 역할, 학교의 지원 범위, 교수전략 등은 물론 교원 정책이나 교사 연수 등과 관련해서도 새로운 해석과 고민을 자극한다. 이런 맥락에서 볼 때, '학습 복지' 프레임은 '교수학습 장'에 대한 입체적인 정책 고민을 제기한다는 점에서 의미가 있다.[28]

셋째, 학습 복지 관점은 학교민주주의 실현과 관련하여 상상력을 확장시킨다는 점에서도 긍정적이다. 학교는 학생들의 삶의 공간이다. 학생들은 구성원들과의 관계를 통해 행위 규범, 관행, 가치관, 의식과 태도 등을 익히고, 자신의 인간적 질감을 형성하게 된다. 따라서 민주주의 원리와 가치가 존중되는 학교 문화가 중요하다. 특히 학생들의 변화는 개인적이라기보다는 사회적이라는 점에서도 그렇다.

그러나 대개 학생들은 학교를 민주적인 공간이 아니라 강박한 공간으로

---

28) 강원도교육청은 교육 복지의 본령을 "학교에서 의미 있는 교육적 성장을 경험하게 하는 것"으로 규정하고 이를 실현하기 위한 정책으로 '교실 복지' 사업을 추진하고 있다. 이러한 사업은 '복지'라는 관점에서 학생 성장을 판단한다는 점에서 의미가 있다. 강원도교육청의 사업을 간략히 정리하면 다음과 같다(강원도교육청 내부 자료).

교실 복지	수업 복지	선진형, 국제 수준 학력 평가 체제 마련 – 행복 성장 평가제, 학업 흥미도, 효능감 고양
		교과별 맞춤형 정책 마련 – 수학 포기자 예방 119 운영, 영어 친화적 학교 환경 조성
		참여형 수업, 협력 학습, 수준별 학습 – 협력 학습, 참여형 수업, 기초학력 책임 지원 강화
		교원 수업 연구 지원 강화, 연수 활성화
	시설 복지	친환경 건강 학교–따뜻하고 시원한 학교
		학교 폭력 예방 감성 디자인 학교
		통학 차량 공영제, 맞춤형 통학 지원(에듀버스)
	진로 복지	'강원학생진로교육원' 설립
		대학입시 희망 사다리 프로젝트
		특성화고 '7080'(취업률 70%, 지속률 80%)

인식한다. 합리적이고 민주적 절차를 중시하는 곳이 아니라 '제도적 관성'이 강하게 작동하는 공간이라고 생각한다. 실제 학생들의 삶에서는 학교의 제도적 기준을 내면화함으로써 스스로의 자율적 성찰과 판단을 포기하는 '타성의 전면화' 경향이 나타나기도 한다. 일부 학생들은 학습 상황에서도 타율에 길들여져 있거나 그것을 오히려 편안하게 생각하는 경우도 생긴다. 문제는 이렇듯 자신이 소외되는 상황에서도 자기의 주관, 의견, 입장을 정립하지 못하는 무정견(無定見)의 경향이 나타난다는 점이다. 경우에 따라서는 모든 것을 어른들의 선택에만 맡기는 '비주체화 경향'도 관찰된다.[29]

이런 상황에서는 수준 높은 교육 활동이 진행된다고 해도 양질의 학습 결과를 기대하기는 어렵다. 성적 좋고 머리 똑똑한 사람은 육성될지언정 전인격적 존재를 기대하기는 어렵기 때문이다. 특히 창의의 풍토 또한 학교 민주주의를 전제한다. 이런 점에서 학습 복지 관점은 학교 민주주의를 심화하는 데 있어서도 전략적 주도(strategic initiatives)가 될 수 있을 것이다.

4. '학습 복지' 구현을 위한 정책 방향

학생 개개인의 학업 성취 수준과 다양한 요구를 포괄한 수업 설계 · 운영, 다양한 교육 활동을 통한 전인 함양, 그리고 모든 학생들의 배움에 대한 몰입 등을 실현하는 일은 그리 간단치 않다. 학습의 전 영역에 걸쳐 촘촘한 돌봄 체제를 구축해야 가능한 일이다. 이런 점에서 다차원적인 정책적 접근을 고려할 필요가 한다.

학습 복지 차원에서 고려될 수 있는 정책들은 대개 보편적 교육 복지 정

---

29) 조용환(2009), 「고등학생의 학업생활과 문화에 대한 질적 연구 결과」, 『고등학생의 학업생활과 문화 연구』, 한국교육개발원.

책들과 맞물려 있다. 개념적으로야 '보편적 복지'와 '학습 복지'가 구분된다지만, 실행 상에 있어서는 경계가 모호해진다. 어느 하나가 끝나고 다음이 시작되는 순차성이 엄밀하게 지켜지는 것도 아니다. 두 가지 정책이 중층적으로 교차하기도 한다. 이런 점을 감안하여 몇 가지 정책 방향을 정리해보자.

첫째, 영유아기 기초학력 보장을 위한 프로그램 및 인적 자원(교사 및 돌봄교사) 지원 정책을 실효성 있게 추진해야 한다. 영유아기 성장은 가족의 영향력이 매우 크다. 그러나 가정의 경제력 차이로 인해 영유아기부터 학습 결손이 나타나게 된다. 따라서 학습 결손을 조기에 보충할 수 있는 지원 체제를 구축하여 학습 결손이 누적되는 조건을 차단할 필요가 있다. 사실 이 주문은 선행 조건의 불평등(즉 가정의 경제적 불평등)은 수용하면서 교육의 출발선에서의 평등을 확보하자는 것인 만큼 간단한 문제는 아니다. 그럼에도 영유아기 기초학력 보장은 향후의 교육적 성장을 위해 가장 중요한 과제인 만큼 섬세한 정책적 접근이 필요하다. 일례로 가정 배경 요인이 불리한 조건의 교육적 약자층이 다니는 영유아기 시설에 대해서는 국가 차원에서 부모의 역할을 대신할 수 있는 교사 자원을 지원하고, 가정교육에서의 결핍 요소를 보완할 수 있는 프로그램 지원을 제도화하는 것이 중요하다.

둘째, 초중등 단계에서는 '보편적 학습 설계'가 가능할 수 있는 물적·인적 조건을 갖추기 위한 정책적 지원이 검토될 필요가 있다. 개별 학습자의 특성(인지 양식, 선호하는 학습 방법 및 학습 동기)을 모두 고려하는 '다기준 수업'을 디자인하기 위해서는 일차적으로 학급당 학생 수가 적정 수준을 유지하는 것이 중요하다. 다인수 학급에서 1인 교사가 '다기준 수업'을 진행하기는 물리적으로 불가능하다. 따라서 일차적으로는 과밀 학급을 해소하는 일에 역점을 둘 필요가 있다. 문제는 과밀 학급 해소 과제는 장기 과제에 해당하는 만큼, 단기적으로는 과밀 학급에 보조 교사를 충원하는 방안도 함께 검토해볼 만하다. 특히 학습 결손이 많이 나타나는 학교에 대해 우선적으로 교사 인력을 추가 지원하는 것이 필요하다. 이에 더하여 교사의 다기준 수업 설계 능력을 향상시킬 수 있는 연수 프로그램의 개발·운영도 시급하다. 학습자의 평균 기준에 맞춘 수업 설계로는 학생들의 다양한 요구 수준을 충족시키기 어려울뿐더러 교사 자신의 효능감 역시 고양되기 어렵기 때문이다. 이런 점에서 교사의 다기준 학습 설계 역량을 위한 정책적 접근 방법에 대한 고민이 필요하다.

셋째, 학습 부진 학생(위기학생)에 대한 체계적 지원 시스템 구축이 필요하다. 학습 부진의 요인은 중층적이다. 가정환경의 문제, 학습 결손 누적에 따른 학습 효능감 문제, 그리고 여타의 정의적 특성 문제까지를 포함하는 경우가 많다. 따라서 이런 문제를 개별 교사 차원에서 대응하는 데는 한계가 있다. 누적적 결손을 만회하기란 간단치 않다. 단위 학교 차원의 시스템적 접근이 필요하다. 일차적으로 학습 부진 학생들의 자존감과 학습 동기를 회복하기 위한 정의적 특성 함양 프로그램을 운영할 필요가 있다. 그리고 누적된 학습 결손을 보충하기 위해서는 섬세하게 조직된 학습 지원 프로그램을 병행해야 한다.

물론 이들 프로그램을 개발하고 보급하는 일, 그리고 프로그램을 운영할 전문가를 학교에 배치할 수 있도록 재정을 지원하는 일은 중앙 정부나 지자체가 상호 협력적으로 진행해야 한다. 최근 교육부는 기초학력 보장 체제 구축 계획을 발표한 바 있다.[30] 그 내용을 보면 '학습종합클리닉센터(교육 지원청별로 설치)' 및 기초학력 진단-보정 시스템 확대 구축을 위한 예산 지원, 기초학력 미달 학생들이 밀집한 학교에 대한 별도 지원 계획을 포함하고 있

---

30) 교육부는 학습 부진 학생 지원 사업을 위해 약 200억 원을 지원하여, 학습종합클리닉센터 설치, 온라인을 이용한 기초학력 진단-보정 시스템 확대 구축, 단위 학교별 맞춤형 지원 체제 구축 등의 사업을 추진하겠다고 발표하였다. 교육부 보도자료, 2014. 2. 19.

다. 특히 학력 미달 학생들이 많은 학교에 대해서는 다중 지원팀(담임, 특수교사, 상담 교사, 보조 교사, 외부 인사 등) 조직 재원을 지원하고, 이를 통해 학습 부진 원인 진단, 학부모 상담·교육, 학습 상담, 학습 코칭, 외부 치료, 돌봄 연계 등 맞춤형 지원을 할 계획이란다. 이와 같이 학습 부진 학생(위기 학생)에 대한 입체적 처방의 폭과 넓이를 더하는 정책이 확대될 필요가 있다.

넷째, 고등학교 단계에서의 학습 복지를 위해서는 단위 학교 차원의 교육과정 다양화가 무엇보다도 중요하다. 대개의 일반 고등학교에서는 '입시 맞춤형 교육'을 위해 '수능 대비형 교육과정'을 운영한다. 그러나 수능시험을 보지 않고 대학에 진학하는 학생 비율이 점차 늘어나고 있다. 단위 학교별로 따져보면, 적게는 20%에서 많게는 90%에 이르는 학생들이 수능시험이 아닌 다른 입시 전형으로 진학하게 된다. 실상이 이럼에도 대개 학생들은 '수능 대비형 교육과정'을 이수해야 한다. 그러니 교과목 선택권이 극히 제한되고, 학생 개개인의 요구가 반영될 여지는 그만큼 축소될 수밖에 없다. 이러한 조건에서 모든 학생이 의미 있는 학습 경험을 하기는 제도적으로 불가능한 일이다. 따라서 고등학교 단계에서 학습 복지 정도를 획기적으로 전환하기 위해서는 다수 학생들의 다양한 교육 필요를 시스템적으로 보장하는 '학교교육과정의 유연화 모형'이 개발·채택될 필요가 있다.

다섯째, 장기적으로는, 학습에 영향을 미치는 중요 요인에 대한 균등한 지원 체제를 갖추기 위한 교육재정 확충 노력이 필요하다. 학습은 개인의 노력 이외에도 여러 가지 요인의 영향을 받는다. 가정의 경제적 자본(학업에 필요한 경제적 지원), 사회적 자본(부모-자녀 간의 신뢰와 친밀한 관계), 문화적 자본(문화적 영향) 등이 그것이다. 따라서 경제적 자본이 열악한 교육적 약자층에 대해서는 상대적 박탈감을 느끼지 않도록 재정 지원을 하고, 사회적 자본이 미흡한 경우에는 돌봄 구조(상담교사, 학부모 코디네이터, 멘토 등) 구축을 통해 지원하는 방안이 있을 수 있다. 그리고 문화적 자본이 빈곤한 학생들을 위해서는 다양한 참여·체험 프로그램의 지원·운영이 필요하다. 문제는 모든 학교에서 이 세 영역에 대한 지원을 적기에 실시하기 위해서는 충분한 재정이 확보되어야 한다는 점이다. 이는 중앙 정부나 지자체, 그리고 시민사회가 함께 풀어야 할 공동 과제다.

마지막으로 강조하고 싶은 것이 있다. 높은 수준의 학습의 질을 담보하기 위해서는 학교가 민주적인 교수-학습 공동체로 변모해야 한다. 이를 위해서는 '권력 균형화' 정책이 필요하다는 점이다. 본디 학교교육은 그 자체로 인성교육이고, 가치교육이고, 진로교육이다. 정서적·도덕적 특성, 삶에 대한 가치관이나 진로 정체감 등은 어떤 계기 교육을 통해 길러지지 것이 아니다. 계기 교육의 효과가 있다 해도 그 수준은 미약하다. 통상은 학교에서의 일상적 상황에서 자연스럽게 체득되는 경우가 더 많다. 이런 점에서 질 높은 교육 프로그램을 개발·운영하는 일도 중요하지만, 학교가 좀 더 따뜻하고, 더 합리적이고, 더 품격 있는 공간으로 전환하는 일도 매우 중요하다. 그러기 위해서는 학교 구성원이 실질적인 공동 주인으로 참여할 수 있도록 제도적 조건을 갖추는 일이 필요하다. 즉 교사·학생·학부모 3주체가 학교 운영에 책임을 갖고 참여할 수 있는 권력 균형화 정책을 개발할 필요가 있다. 이런 조건에서 학생들은 폭넓은 참여와 체험을 경험하게 될 것이고, 이는 전인의 함양에 중요한 요소로도 작용하게 될 것이다. 즉 민주적 학교 풍토의 참여와 관계 맺음을 통해 인간적 바탕을 채우게 될 것이기 때문이다. 이런 맥락에서 볼 때, 학교 민주주의는 학습 복지 실현의 핵심 과제라 할 수 있다.

5. 학습 복지 추진 과제

우리는 학교교육에 대해 본질적인 기대를 갖고 있다. 학생들이 지적·도덕적·정서적으로 성숙한 존재가 되길 바란다. 또한 삶의 실존적 의미를 성찰할 수 있는 내적 힘을 갖춘 존재가 되길 기대한다. 또한 실제 삶의 영역에서 부딪히는 문제들을 해결할 수 있는 핵심 역량을 개발함을 물론 자신의 꿈과 끼를 발현할 수 있는 진로 역량을 기대한다. 우리가 추구하는 교육 혁신의 목표는 바로 이 학교교육에 대한 본질적 기대를 충족하고자 하는 것이다.

그런데 학생들의 교과 흥미 저하, 학습 동기 약화, 학교 부적응 등의 문제를 극복하기 위해서는 학교의 노력만으로는 한계가 있다. 따라서 학교와 지역사회의 연계 지원 체제를 구축하는 것이 중요하다. 특히 지자체 차원에서는 두 가지 방향의 지원 사업을 추진할 필요가 있다. 일차적으로 지역 내 학교의 교육 역량을 높이기 위한 프로그램 중심의 재정 지원 사업이다. 학교 운영 체제를 개선하고, 학교 구성원의 학습 분위기 고양을 통해 교육과정의 질적 탁월성을 달성하기 위한 지원 사업이다. 이러한 지원 사업이 성공하기 위해서는 정책 목표와 단계별 전략 과제 등이 체계적으로 수립되고, 이들 사업이 학생 삶의 개선으로 연결되고 있는지를 주기적으로 살피는 모니터링 체제가 작동되어야 한다. 그리고 또 다른 하나는 교육 자원의 양과 질이 빈곤한 학교에 대해 인적·물적 자원을 집중적으로 지원하는 사업이 필요하다. 중층적 곤란을 겪는 학생들을 위해서는 생활 전반으로 지원하는 토털 케어가 가능해야 하기 때문이다.

가장 중요한 과제는 단위 학교 자체로 학교교육의 프레임을 전환하는 일이다. 그간 학교교육은 주된 관점은 바로 '처세 기술의 교육'이었다. 그 중심에는 "잘살기 위해서 명문 학교에 진학해야 하고 그러기 위해서는 입시 경쟁력을 갖추어야 한다."는 논리가 자리한다. 이때 '잘사는' 것은 문화도, 배려도, 나눔도 없는 앙상한 경제적 풍요를 의미하는 경우가 많다. 그렇다 보니, 공부를 잘하든 그렇지 못하든 성장 세대들의 삶은 창백하고, 예의에도 둔감하고, 문화적 향취는 빈곤한, 그러면서 진부한 꿈에 집착하는 경향을 보인다. 이런 문제를 극복하기 위해서는 새로운 관점이 필요하다. 바로 '존재 기술의 교육'으로 전환해야 한다. 학교교육을 통해 자신의 존재 가치를 확인하고, 자신의 삶을 하나의 작품으로 만들어갈 수 있도록 '삶의 기술'을 강조하는 교육이 필요하다.

참 고 문 헌

● 김기현(2011), 『2010 한국청소년 핵심역량진단조사』, 한국청소년정책연구원.
● 이영탁(2011), 「학생 저마다에게 배움과 돌봄의 기회를 주자」, 『우리교육』 제244호, 우리교육사.
● 정범모(2011), 『내일의 한국인』, 학지사.
● 조용환(2009), 「고등학생의 학업생활과 문화에 대한 질적 연구 결과」, 『고등학생의 학업생활과 문화 연구』, 한국교육개발원.
● 한국교육개발원(2013), 『초등 돌봄교실에 관한 통계』.
● 현주 외(2010), 「모든 학생들을 위한 보편적 학습설계」, 『세계교육정책인포메이션』 제10호, 한국교육개발원.

학습 복지 및 수업 혁신의 출발:
학급당 학생 수 감축 및 협력교사제 도입

1. 교육자치와 학습 복지

2010년부터 본격화된 주민 직선 교육자치 시대에 각 시도 교육청은 교육 행정을 혁신하기 위한 다양한 노력을 전개했다. 이러한 노력은 또한 학생들이 학교에서 좋은 교육을 받을 수 있는 여건을 형성하는 것을 지향한다. 그동안의 교육자치 영역에서는 주로 학생들이 좋은 교육을 받을 수 있는 외적 여건을 형성하는 데에 주목했다. 예를 들어 무상급식 등 무상교육 확대는 학생들의 보편적 교육 복지를 확장하여 차별 없이 교육을 받을 수 있는 여건을 형성해왔다. 또한 「학생인권조례」는 학교 내 약자로 존재했던 학생들의 처지를 각별히 살피고 이들이 학교 운영의 주체로 참여하는 조건을 보장해왔다. 이러한 노력이 학생들이 좋은 교육을 받을 수 있는 외적 여건을 형성하는 것이라면, 이제는 더욱 구체적인 학습의 장면에서 학생들이 좋은 교육을 받을 수 있는 내적 여건을 형성해야 할 때이다.

여기서는 학생들이 좋은 교육을 받을 수 있는 내적 여건을 형성하는 것을 '학습 복지'라고 칭하고자 한다. '학습 복지'란 그동안 저소득층 학생 지원이나 무상급식과 같은 정책으로 현실화된 '교육 복지'와는 다소 의미를 달리하는 개념이다. 선별적인 형태이든 보편적인 형태이든 그동안의 교육 복지는 모든 학생들이 공정하게 교육의 기회에 접근할 수 있도록 하는 교육의 기회 균등 차원에서 논의된 개념이다. 반면 '학습 복지'란 모든 학생들이 구체적인 교육 활동의 국면에서 자신의 잠재력을 최대한 발휘하고 유의미한 경험을 할 수 있도록 하는 최적의 환경을 조성하는 것을 의미한다.

단위 학교에서 학습 복지 체제가 구축되기 위해서는 우선 기존의 행정 중심의 학교 조직이 교육적 관계 중심의 학교 조직으로 재구조화되어야 한다. 기존의 행정 중심의 학교 조직의 경우에는 수업이나 학생 지도보다 상급 기관의 지침을 이행하는 행정적 절차가 우선시되었다. 그렇다 보니 교사와 학생 간의 대면적 인간관계가 형성되기 어려웠고, 특히 배움으로부터 소외된 학생들이나 학교에 적응하지 못하는 학생들을 하나하나 배려하는 교육적 관계가 형성되기 어려웠다.

다음으로 해결해야 할 것은 거대 학교, 과밀 학급 문제이다. 이러한 환경에서는 다양한 능력과 요구를 지닌 학생들 각자에게 의미 있는 교육적 경험을 제공하기가 어렵다. 학교 조직을 교육 중심의 적정 규모로 개편하는 것은 교사와 학생, 학생과 학생 사이의 교육적 관계를 형성하고 모든 학생의 다양한 처지와 조건을 배려하며 소외되는 학생 없이 의미 있는 교육 활동을 경험하도록 하는 것의 토대가 된다.

학교를 보다 교육적 관계로 재구조화하고 학생들의 학습 복지를 실현하기 위한 노력 가운데 주목해야 할 것이 학급당 학생 수 감축과 협력 사제 운영이다. 이 사업은 서울과 경기에서 시행된 혁신교육지구 사업의 일환으로 진행되었다. 여기에서는 학급당 학생 수 감축과 협력교사제 운영의 현황을 살피고, 이를 바탕으로 학생들의 학습 복지를 보장하고 수업 혁신을 유도하기 위한 학급당 학생 수 감축과 협력교사제 운영 방안에 대해 제시하고자 한다.

2. 학급당 학생 수 감축의 성과

(1) 학급당 학생 수 현황

한국 공교육이 발전하기 위해 해결해야 할 문제 중 지속적으로 언급되어 온 과제가 학급당 학생 수 감축이다. 2013년 현재 전국의 학급당 학생 수 평균은 초등학교 23.2명, 중학교 31.7명, 고등학교 31.9명이다. 이 수치는 2000년 당시 초등학교 35.8명, 중학교 38.0명, 고등학교 42.7명에 비해 상당 부분 개선된 것으로 볼 수도 있다. 이렇게 학급당 학생 수가 감소된 원인은 학령인구의 저하에 따른 자연스러운 감소 효과와 2000년대 초반 김대중 정부의 의욕적인 사업 결과로 볼 수 있다.

그럼에도 불구하고 현재의 학급당 학생 수는 세계적 추세로 볼 때 여전히 매우 높은 편이다. OECD가 2013년 발표한 2011년 OECD 국가 평균 학급당 학생 수는 초등학교 21.2명, 중학교 23.3명이다. 이 수치와 비교해 볼 때 한국의 평균 학급당 학생 수는 중학교의 경우 OECD 25개 국가 중 25위 수준이다(김진철 외, 2013).

박근혜 정부는 지난 대선 공약으로 '학급당 학생 수 OECD 상위 수준으로 개선'을 내놓았고, 교육부는 2013년 4월에 학급당 학생 수를 2020년까지 초등학교 21명, 중고등학교 23명까지 감축하겠다는 구체적인 계획을 발표하였다. 하지만 현재 이와 관련된 예산 편성이 전혀 이루어지지 않아 실제로는 공약을 파기했다는 비판을 받고 있다.

초등학교 학급당 학생 수 변동 추이

국가＼연도	2004	2005	2006	2007	2008	2009	2010	2011
한국	33.6	32.6	31.6	31.0	30.0	28.6	27.5	26.3
OECD 평균	21.4	21.5	21.5	21.4	21.6	21.4	21.2	21.2
EU 평균	20.0	20.2	20.2	20.0	19.9	19.8	19.8	19.9
한국의 순위	25/25	27/27	28/28	26/27	26/27	26/27	24/27	24/27
OECD 상위 수준	20.2	19.9	19.7	19.8	19.6	19.8	19.4	19.8
OECD 상위 대비	166%	163%	160%	157%	153%	145%	141%	133%

중학교 학급당 학생 수 변동 추이

국가＼연도	2004	2005	2006	2007	2008	2009	2010	2011
한국	35.5	35.7	35.8	35.6	35.3	35.1	34.7	34.0
OECD 평균	24.1	24.1	24.0	23.9	23.9	23.7	23.4	23.3
EU 평균	22.8	22.8	22.7	22.4	22.2	21.9	21.8	21.8
OECD 순위	23/23	25/25	25/25	25/25	25/25	25/25	25/25	25/25
OECD 상위 수준	24.1	23.0	22.8	22.6	22.3	21.7	21.4	21.3
OECD 상위 대비	147%	156%	157%	158%	158%	161%	162%	159%

각 시도별 중학교 학급당 학생 수 현황 (2013년)

지역	전국 평균	서울	부산	대구	인천	광주	대전	울산	세종
인원	31.7	31.3	30.9	32.7	33.6	33.6	32.2	30.8	26.3

지역	경기	강원	충북	충남	전북	전남	경북	경남	제주
인원	33.8	29.5	29.9	30.34	30.2	29.0	28.6	30.6	32.7

　　학급당 학생 수 감축은 교육계의 오랜 숙원 사업이었다. 학급당 학생 수
감축을 통해 일제식 수업을 극복하고 다양한 수업 모델을 적용하는 등 새로

운 수업 혁신이 가능하고, 교사와 학생, 학생과 학생 간의 대면적 인간관계를 통해 학생 생활 면에서도 더욱 교육적인 효과를 얻을 수 있기 때문이다.

그러나 김대중 정부 시절 의욕적으로 추진되었던 학급당 학생 수 감축 이후 중앙 정부 차원에서의 학급당 학생 수 감축 사업은 거의 이루어지지 않았다. 그 결과 2011년도 통계에 의하면 한국의 학급당 학생 수에서 초등학교 26.3명, 중학교 34.0으로 OECD 평균(초등학교 21.2명, 중학교 23.3명)보다 많은 과밀 학급으로 나타났다.

학급당 학생 수를 감축하기 위해서는 근본적으로 중앙 정부 차원에서 더 많은 교육재정을 투여하여 학교와 교원을 확충해야 한다. 게다가 저출산으로 인해 학령인구가 감소하고 있는 추세는 학급당 학생 수 감축에 더욱 유리한 조건을 형성하고 있다. 2013년 초등학교에서 대학교까지의 학령인구(6~21세)는 936만 3,000명으로 2010년(1,001만 2,000명)에 비해 64만 9,000명 감소하였으며, 향후에도 계속 줄어들 것으로 전망된다. 급격한 출생아 수 감소 영향으로 학령인구가 지속적으로 감소하여 2060년에는 11.1%에 불과할 것으로 전망된다.

학령인구 변화 추이(단위: 1,000명, %)

	총인구	총 학령인구 (6~21세)	초등학교 (6~11세)	중학교 (12~14세)	고등학교 (15~17세)	대학교 (18~21세)
1970	32,241(100.0)	12,604(39.1)	5,711(17.7)	2,574(8.0)	2,101(6.5)	2,218(6.9)
1980	38,124(100.0)	14,401(37.8)	5,499(14.4)	2,599(6.8)	2,671(7.0)	3,632(9.5)
1990	42,869(100.0)	13,361(31.2)	4,786(11.2)	2,317(5.4)	2,595(6.1)	3,663(8.5)
2000	47,008(100.0)	11,383(24.2)	4,073(8.7)	1,869(4.0)	2,166(4.6)	3,275(7.0)
2010	49,410(100.0)	10,012(20.3)	3,276(6.6)	1,974(4.0)	2,090(4.2)	2,672(5.4)
2013	50,220(100.0)	9,363(18.6)	2,788(5.6)	1,808(3.6)	1,962(3.9)	2,805(5.6)

2020	51,435(100.0)	7,757(15.1)	2,719(5.3)	1,359(2.6)	1,370(2.7)	2,308(4.5)
2040	51,091(100.0)	6,698(13.1)	2,378(4.7)	1,271(2.5)	1,298(2.5)	1,751(3.4)
2060	43,959(100.0)	4,884(11.1)	1,805(4.1)	906(2.1)	910(2.1)	1,264(2.9)

* 자료: 통계청(2011), 장래 인구 추계.

이러한 현실을 반영하여 박근혜 정부는 대선 공약으로 학급당 학생 수 감축을 약속하였으며, 지난 2013년 초반 교육부는 2020년까지 OECD 국가 상위 수준인 초등학교 21명, 중고등학교 23명 수준으로 학급당 학생 수를 감축하겠다는 계획을 발표한 바 있다. 그러나 현재 이와 관련된 예산을 확충하지 않고 있어 실질적으로 대선 공약을 파기했다는 비판을 받고 있다.

(2) '혁신교육지구 사업'과 학급당 학생 수 감축

각 시도 교육청 차원에서의 자체적인 학급당 학생 수 감축은 행·재정적으로 볼 때 근본적인 한계가 존재한다. 학급당 학생 수를 감축하기 위해서는 학교 증설, 신규 교원 추가 채용이 필요하다. 그런데 이는 교육부와 안전행정부 등 중앙 정부 차원에서 재정 마련 및 교육공무원 정원 조정이 필요하다. 그렇기 때문에 시도 교육청 차원에서는 학급당 학생 수 감축을 위한 실질적인 권한이 없다. 그럼에도 불구하고 서울 지역에서는 '구로금천 혁신교육지구 사업'의 일환으로 학급당 학생 수 감축을 위한 의미 있는 사업이 진행된 바 있다.

'구로금천 혁신교육지구 사업'은 곽노현 교육감 시절에 계획되어 2013년에 시행된 사업이다. 이 사업에서는 특히 '학급당 학생 수 25명 이하 감축' 사업을 주목할 만하다. 이 사업에서는 유휴 교실이 있는 관내 10개 중학교를 대상으로 2학급 정도를 증설하고 2명의 기간제 교사를 추가로 배치함으로써 학급당 학생 수를 25명 이하로 감축하는 실험을 시도하였다. 기간제 교사 인건비 및 유휴 교실 리모델링비 등 소요 예산은 교육청과 구청의 대응 투자로 충당하였다. 다음은 구로구의 A중학교에서 진행된 학급당 학생 수 감축 현황이다.

'혁신교육지구 사업'에 따른 서울 구로구 A중학교의 학급당 학생 수 감축 현황

2012학년도				
학년	1학년	2학년	3학년	계
학급 수	9	10	11	32
학생 수	304	315	368	987
학급당 학생 수	33.8	31.5	33.5	30.8

2013학년도				
학년	1학년	2학년	3학년	계
학급 수	8	12	9	31
학생 수	250	283	304	845
학급당 학생 수	31.8	23.6	33.8	27.3

비록 유휴 교실 여건에 따라 학급당 학생 수 감축 사업이 1개 학년에만 적용되었지만 이 사업의 효과는 수업 혁신과 생활교육의 변화에 커다란 긍정적인 효과를 준 것으로 나타났다. 이 사업에 대해 해당 학교 교원들을 대상으로 한 설문 조사의 결과에 의하면 응답자의 99%가 학급당 학생 수 감축 사업에 대해 "아주 효과가 높다(84%)", "조금 효과가 있다(15%)"는 긍정적 반응을 보였다. 또한 학급당 학생 수 감축 사업에 대한 세부적인 효과

를 묻는 응답에서 절대 다수의 응답자가 "선생님들의 학급 운영과 학생 생활지도, 상담에 도움이 되고 있다.", "학생들의 수업 참여도를 높이고, 교사의 수업 혁신을 유도하는 데에 도움이 되고 있다.", "학생들 간의 친밀도 향상, 학교생활 만족도 향상에 도움이 되고 있다."는 긍정적인 답변을 보였다.

(3) 학급당 학생 수 감축의 효과

제한적 범위에서 진행된 학급당 학생 수 감축 사업이었지만 이것의 교육적 시사점은 매우 큰 것으로 나타났다. 성열관·이형빈(2013)의 연구에 의하면, 학급당 학생 수 감축을 통해 학생 참여 중심의 수업, 모둠별 협력 수업 등 다양한 수업 모델이 적용되고, 수업 시간에 소외되는 학생들이 급감하는 등 수업 혁신이 가능한 토대가 마련되었을 뿐만 아니라, 교사와 학생, 학생과 학생 사이에 대면적 인간관계가 형성됨에 따라 다양한 학급 활동 및 상담이 가능해지고 학교 폭력이 미연에 방지되는 등 학생 생활교육의 혁신이 이루어졌음을 확인할 수 있다. 그 구체적인 효과는 다음과 같다.

가. 학급당 학생 수 감축과 수업 혁신

첫째, 학급당 학생 수 감축을 통해 수업 분위기 개선 효과를 확인할 수 있었다. 학급당 학생 수 감축으로 즉각적으로 나타나는 효과는 교실 내 사각지대가 사라졌다는 점이다. 교사의 입장에서도 학생들의 행동을 한눈에 관찰할 수 있고, 학생들 사이에서도 동료 학생들의 행동을 서로 관찰하기가 용이해졌다. 이는 자연스럽게 수업 시간에 딴짓을 하거나 졸거나 잡담을 하는 학생들이 줄어드는 결과를 낳았다. 또한 교사가 학생들 한 명 한 명을 쉽게 관찰할 수 있기 때문에 문제 행동을 하는 학생을 즉각적으로 지도를 할 수 있다. 이는 자연스럽게 수업 분위기를 개선하는 효과를 낳게 되었다.

둘째, 학급당 학생 수 감축을 통해 교사와 학생 사이에, 학생과 학생 사이에 대면적 관계를 형성하고 원활한 의사소통을 이룰 수 있었다. 교사가 학생들 한 명 한 명의 눈을 맞추며 대화를 나누는 방식의 수업이 가능하고, 학생과 학생 사이에서도 학급 전체가 쉽게 의사소통을 나눌 수 있다. 그러다 보니 학생들이 예전에 비해 교사로부터 존중을 받는 느낌을 가질 수 있고 보다 적극적으로 수업에 참여하게 되었다.

셋째, 학급당 학생 수 감축을 통해 학생 참여 중심의 수업, 모둠별 협력 수업 등 다양한 수업 혁신이 가능한 토대가 마련되었음을 확인할 수 있었다. 학생 수가 줄어드니 한 명의 학생이라도 더 발표에 참여할 수 있고, 교실 공간에 여유가 생겨 모둠별 활동이 용이해지는 효과를 확인할 수 있었다. 또한 학생 수가 줄어드니 교사가 수행평가를 활성화하여 학생 참여 수업을 유도하기가 용이해지고, 교사가 모둠별 활동을 좀 더 세밀하게 지도하기가 수월해졌다. 그 결과 상당수의 학교에서 수준별 이동 수업을 폐지하고 학생 참여 중심의 수업, 협력 수업을 도입하게 되었다.

넷째, 학급당 학생 수 감축을 통해 수업 시간에 소외되는 학생들이 줄어드는 효과를 확인할 수 있었다. 우선 학생 수가 줄어드니 공부가 뒤처지는 학생들을 교사가 개별적으로 지도하는 것이 훨씬 쉬워졌다. 또한 모둠별 협력 학습이 활발해짐에 따라 학생들끼리 서로 부족한 점을 가르치고 배우는 관계가 형성되었다. 그러다 보니 수업에 흥미를 잃어 딴짓을 하는 학생들이나, 공부가 뒤처지는 학생들이 줄어드는 효과를 낳게 되었다.

나. 학급당 학생 수 감축과 생활지도 혁신

첫째, 학급당 학생 수 감축을 통해 교사와 학생 간의 대면적·교육적 관계가 형성되었음을 확인할 수 있었다. 학생 생활지도에서 가장 중요한 역할을 수행하는 존재는 담임교사이다. 담임교사 입장에서 학생 수가 3분의 1 가까이 줄어들다 보니 자연스럽게 한 명의 학생이라도 더 상담을 나눌 수 있고, 학생들의 학교생활이나 가정형편에 대해 더욱 빠르고 자세하게 파악할 수 있게 되었다. 그 결과 학생들의 어려움을 조기에 파악하여 이에 대해 적절한 상담과 지원을 할 수 있게 되었다.

둘째, 학급당 학생 수 감축을 통해 학생들 간의 교우 관계가 원활해지고 문제 행동이 눈에 띄게 줄어들었음을 확인할 수 있었다. 학급당 학생 수가 줄어드니 학생들 간에 익명성이 줄어들어 좀 더 친밀한 관계를 형성할 수 있게 되었다. 또한 익명성이 줄어들다 보니 자연스럽게 "나 하나쯤이야." 하는 태도가 사라지고 공동체 생활에서의 예절을 지키려는 태도가 형성되었다. 자연스럽게 학생들 사이의 불필요한 마찰이나 육체적·정서적 갈등이 줄어들어 학교 폭력 등의 불미스러운 사건도 줄어들었다.

셋째, 학급당 학생 수 감축을 통해 다양한 학급 활동이 활발해졌음을 확인할 수 있었다. 학급당 학생 수가 줄어드니 담임교사가 시간적·정신적으로 여유를 갖고 다양한 학급 활동을 시도할 수 있게 되었다. 또한 학생 수가 줄어드니 학급 전체가 공동체 활동을 수행하는 데에도 어려움이 크게 줄어들었다. 그 결과 학급 일기 쓰기, 학급별 체험 활동 및 단합 대회, 생일잔치, 공동체 놀이 등 다양한 학급 활동이 활발해졌다.

넷째, 학급당 학생 수 감축을 통해 학교 폭력을 미연에 방지할 수 있게 되었음을 확인할 수 있었다. 학급당 학생 수가 많은 경우 학교 폭력이 일어나기 전 단계의 조짐을 발견하고 대처하기가 쉽지 않다. 하지만 학생 수가 줄어들면서 학생들의 생활을 면밀하게 관찰할 수 있게 되고 학생들의 교우 관계에서 일어나는 일들을 세심하게 발견할 수 있었다. 그러다 보니 학교 폭력이 일어나기 전 단계의 사소한 갈등 상황을 쉽게 포착하고 상담을 통해 미연에 방지할 수 있었다.

다섯째, 학급당 학생 수 감축을 통해 문제 행동을 일으킨 학생에 대한 지도가 수월해졌음을 확인할 수 있었다. 학급당 학생 수가 줄어들다 보니 담임교사들이 자기 학급의 학생들을 관리하기가 수월해졌을 뿐만 아니라 다른 학급의 학생들에게까지 관심을 가질 수 있는 시간적·정신적 여유가 생겨났다. 그래서 한 학생의 문제를 담임교사만의 문제로 돌리지 않고 여러 교사가 각자 자신의 수업 시간에 관찰한 학생들의 특성을 바탕으로 그 학생에 대해 적절한 조언과 지도를 함께 제공하는 문화가 생겨났다. 그 결과 문제 행동을 일으킨 학생도 쉽게 자신의 잘못을 인정하고 개선하려는 노력을 보이게 되었다.

다. 학급당 학생 수 감축과 교사 만족도 제고

첫째, 학급당 학생 수 감축을 통해 교사의 업무가 실질적으로 경감되었음을 확인할 수 있었다. 교사의 업무 중에 가장 큰 비중을 차지하는 것이 담임 업무이다. 사소하게는 각종 서류를 수합하여 정리하는 일로부터 중대하게는 학생들을 개별적으로 상담하는 등 담임 업무에 소요되는 시간과 정신적 에너지는 매우 크다. 하지만 학급당 학생 수가 3분의 1 가까이 줄어듦으로써 담임 업무가 실질적으로 감소되어 교사들이 수업 준비에 더 많은 시간을 할애할 수 있게 되었다. 또한 그만큼 담임 학급 학생들을 한 명이라도 더 개별적으로 상담할 수 있는 여유가 확보되었다.

둘째, 학급당 학생 수 감축을 통해 교사들이 수업 혁신, 생활지도 혁신을 실천하고자 하는 의욕이 상승되었음을 확인할 수 있었다. 학생 수가 줄어드니 수행평가를 진행하기가 훨씬 수월해졌고, 수행평가를 매개로 다양한 학생 중심의 학습 활동을 진행할 수 있는 의욕이 생겼다. 또한 학생 수가 줄어들고 교실에 공간적 여유가 생기면서 모둠별 협력 학습 등 새로운 수업을 시도할 수 있는 용기를 얻게 되었다.

셋째, 학급당 학생 수 감축을 통해 교사들이 교육적 보람을 느끼게 되었음을 확인할 수 있었다. 교사들은 무엇보다도 학생들과의 대면적·인격적 관계를 형성할 수 있다는 데에 큰 보람을 느꼈다. 그리고 새로운 수업을 시도하면서 얻게 되는 성취감과 보람이 또 다른 형태의 수업을 시도할 수 있게 하는 원동력이 되었다. 이를 통해 우리 교육이 지향해야 할 철학적 가치에 대해서도 성찰할 수 있는 계기, 행복한 교직생활을 누릴 수 있는 계기가 마련되었다.

라. 학급당 학생 수 감축과 학생 만족도 제고

첫째, 학급당 학생 수 감축을 통해 학생들은 교실에서 생활하는 데에 더 큰 만족도를 얻게 되었음을 확인할 수 있었다. 일반적인 과밀 학급에서는 학생들이 몸을 움직일 수 있는 공간조차 매우 제한적이다. 심지어 교실 출입문에 바짝 붙어 앉아 있는 학생들의 정서적 스트레스는 매우 높다. 하지만 학급당 학생 수가 감축됨에 따라 교실에 공간적 여유가 생겨난 것이 학생들에게 주는 정서적 효과는 매우 크다. 학생들이 교실에서 몸을 움직일 수 있는 여유가 있을 뿐만 아니라 학생들 사이에 불필요한 신체적 접촉으로부터 발생하는 갈등과 폭력 상황을 미연에 방지할 수 있다. 학생들은 교실에서 여유롭게 생활할 수 있는 것만으로도 신체적·정서적으로 큰 만족감을 얻고 있다.

둘째, 학급당 학생 수 감축을 통해 학생들은 교사와의 관계, 학생들과의 관계에서 더 큰 만족도를 얻게 되었음을 확인할 수 있었다. 학생 수가 줄어들면서 교사들이 학생들 한 명 한 명에 더 많은 관심을 갖게 되고, 자연스럽게 학생들이 교사들을 대하는 태도도 훨씬 긍정적으로 변화하였다. 또한 학생 수가 줄어들면서 교실 안에 익명성이 사라지고 학생들 간의 교우 관계도 더욱 원활해졌다. 그 결과 문제 행동을 일으키는 학생들을 서로 교정해주게 되었고, 학교 폭력이 발생하는 주된 원인인 동조 행위 역시 눈에 띄게 줄어들었다.

셋째, 학급당 학생 수 감축을 통해 학생들은 더 높은 학업 성취를 이루었다는 것을 확인할 수 있었다. 학생 수가 줄어들면서 여러 가지 형태의 수업 혁신이 이루어지고 수업 시간에 졸거나 딴짓을 하는 학생이 줄어들면서 수업 분위기가 달라졌다. 또한 모둠별 협력 학습이나 발표 수업이 확대되면서 수업 시간에 소외되는 학생들도 줄어들었다. 자연스럽게 학생들이 학업 성취도 높아지고 학생들의 자아 존중감 또한 높아지는 효과가 나타났다.

3. 협력교사제 도입의 성과

(1) '혁신교육지구 사업'과 협력교사제 도입

〈구로금천 혁신교육지구 사업〉뿐만 아니라 〈경기 혁신교육지구 사업〉에서 시도되었던 의미 있는 사업에는 협력교사제 운영이 있다. 학급당 학생 수 감축 사업이 수업 혁신과 생활지도 혁신을 이룰 수 있는 물리적 환경을 구축하는 사업이라면, 협력교사제 운영은 새로운 수업 혁신과 교육과정 혁신을 선도할 수 있는 사업이라 할 수 있다.

협력교사제 사업은 크게 두 가지 유형이 있는데 이는 기존의 교과 교사가 수업을 주도하고 협력 교사가 이를 보조하는 방식과, 특정 분야에 전문성을 갖춘 협력 교사가 수업을 주도하고 교과 교사가 이를 보조하는 방식이다. 이를 통해 새로운 수업 모델을 적용하고 학습 부진 학생을 조기에 지원하는 효과, 기존의 교육과정으로는 소화하기 어려웠던 다양한 문예체 중심의 교육과정 편성 운영을 지원하는 효과를 거둘 수 있다.

〈구로금천 혁신교육지구 사업〉에 대해 해당 학교 교사들을 대상으로 진행한 설문 조사 결과 응답자의 95%가 협력교사제 운영에 대해 "아주 효과가 높다(47%)", "조금 효과가 있다(48%)"고 긍정적 응답을 하였다. 세부적으로는 절대 다수의 응답자가 "부진 학생 지도에 도움이 되고 있다", "수업의 전문성을 높이는 데에 도움이 되고 있다", "토론, 발표, 모둠 활동 등 새로운 수업 방식을 도입하는 데에 도움이 되고 있다"는 긍정적 응답을 보였다. 성열관·이형빈(2013)의 연구에 의하면 협력교사제는 아래와 같은 효과를 보였다.

(2) 협력교사제 도입의 효과

가. 협력교사제와 수업 혁신

첫째, 협력교사제는 교실 내에 새로운 교육적 환경을 제공함으로써 학생들이 수업으로부터 소외되는 현상을 미연에 예방할 수 있었다. 협력 교사가 함께 수업을 운영하는 경우 일반적으로 한 명의 교사는 수업 전체를 이끌고 다른 한 명의 교사가 학생들의 학습 활동을 돌보는 형태의 협력 수업(Co-Teaching)이 이루어졌다. 한 명의 교사가 수업을 진행하는 경우에는 어떤 학생이 수업에 적극적으로 참여하고 어떤 학생이 소외되는지를 일일이 파악하기 어려운 단점이 있다. 설사 수업에 적응하지 못하는 학생이 발견되더라도 그 학생에게 개별적인 도움을 제공하기가 어렵다. 그러나 협력교사제를 운영하는 경우에는 또 한 명의 교사가 학생들의 학습 활동 과정을 일일이 관찰하고 수업에 적응하지 못하거나 소극적인 태도를 보이는 학생들을 개별적으로 지원하는 것이 가능해진다. 학생들의 입장에서도 협력 교사의 존재로 인해 수업 분위기가 더욱 좋아지고 여러 가지 형태의 어려움에 대해 쉽게 도움을 받을 수 있기 때문에 정서적인 안정감을 찾을 수 있다.

둘째, 협력교사제는 모둠별 협력 학습, 학생 참여 중심의 활동 등 새로운 수업 모델을 적용할 수 있는 계기를 마련하였다. 수업 혁신을 위해서는 강의 위주의 교사 중심 수업에서 벗어나서 학생들이 직접 참여하는 학습 활동과 학생끼리 서로 협력하여 문제를 해결하는 학습 활동이 필요하다. 그러나 기존의 수업 환경에서는 이러한 활동을 시행하는 데에 많은 어려움이 존재했다. 수업 혁신의 의지가 있는 교사들도 학생 활동 중심의 협력 수업을 지

184

속하기에는 많은 부담감을 느낄 수밖에 없다. 하지만 협력교사제가 도입되어 발표 수업, 모둠 활동 등 다양한 형태의 수업 모델을 쉽게 시도해볼 수 있게 되었다. 두 명의 교사가 학생들을 분담하여 지도할 수 있기 때문에 학급당 학생 수가 절반 줄어드는 것과 동일한 효과를 거둘 수 있고, 학생들의 경우에도 교사로부터 좀 더 섬세한 지도를 받을 수 있다. 그리고 이러한 학습 활동이 일회적으로 끝나는 것이 아니라 이를 모든 수업에서 지속할 수 있는 토대가 마련되었다.

셋째, 협력교사제는 교사의 수업 전문성을 향상할 수 있는 계기를 마련하였다. 교사의 수업 전문성은 단지 개인적인 역량에 따라 확보되는 것이 아니다. 교사들이 새로운 수업을 시도할 수 있는 토대가 마련이 되고, 실행과 성찰을 통해 긍정적인 효과를 확인할 때 또다시 새로운 교육과정과 수업을 시도할 수 있는 선순환이 이루어지는 것이다. 협력교사제는 두 가지 측면에서 이러한 수업 전문성 향상의 계기를 마련하였다.

혁신교육지구에서의 협력교사제는 크게 두 가지 방식으로 이루어졌다. 기존의 교과 교사가 수업을 주도하고 협력 교사가 이를 보조하는 방식과, 특정 분야에 전문성을 갖춘 협력 교사가 수업을 주도하고 교과 교사가 이를 보조하는 방식이다. 특정 분야의 전문성이 있는 교사가 협력 교사로 배치되는 경우, 교과 교사 역시 협력 교사와의 수업을 통해 새로운 전문성을 계발할 계기가 마련된다. 참여 관찰 연구 결과 특히 E초등학교에서 이러한 가능성을 발견하였다. 발도로프 교육에 전문성이 있는 협력 교사가 목공 수업에 배치됨으로써 담임교사들 역시 새로운 교육철학과 방법론을 자연스럽게 익히게 되어 이 학교 교사들의 수업 전문성을 전반적으로 신장시키는 계기가 되었다.

교과 교사가 수업을 주도하고 협력 교사가 이를 보조하는 방식의 협력교사제 운영 역시 교과 교사의 수업 전문성을 향상시키는 데에 도움이 된다. 우선 수업을 계획하는 단계에서부터 실제 수업을 진행하는 단계, 수업을 평가하고 새로운 수업을 계획하는 단계에 이르기까지 두 명의 교사가 함께 협력함으로써 자신의 수업을 더욱 객관적으로 성찰할 수 있는 계기가 마련되었다. 또한 수업 과정에서 학생들의 반응을 협력 교사가 면밀히 관찰하고 이를 피드백함으로써 수업을 개선하는 데에도 많은 도움을 줄 수 있었다. 그리고 다양한 학생 참여 학습 활동을 지속적으로 진행하고 협력 수업 모델을 계발하는 과정에서도 교사의 수업 전문성이 더욱 향상될 수 있었다.

나. 협력교사제와 학습 부진 예방

기존의 학습 부진 학생 대책은 주로 진단 평가나 학업 성취도 평가 결과를 토대로 학습 부진 학생들을 가려내고 이들에 대해 별도의 교육 프로그램을 제공하는 방식으로 이루어졌다. 수준별 이동 수업이라든가 특별 보충 수업이 그러하다. 그러나 학계의 연구 성과에 의하면 이러한 프로그램이 학습 부진 학생 지도에 별다른 효과가 없거나 오히려 부정적인 효과를 가져오는 경우도 있었다(성열관, 2008; 백병부 2010). 그 이유는 무엇보다도 학생들에게 '낙인 효과'를 주어 가시적으로나 정서적으로나 부정적인 효과를 주며, 학습 부진 학생 지도가 일상적인 교육과정 속에서 이루어지지 않음으로써 학습 부진을 조기에 예방할 수 없기 때문이다. 그러나 협력교사제 운영은 학습 부진을 예방하는 데에 많은 긍정적인 효과가 있다. 구체적인 효과는 다음과 같다.

첫째, 일상적인 수업에서 학습에 어려움을 겪는 학생들을 조기에 발견하고 이에 적절한 지원을 할 수 있다. 학습 부진이라는 범주는 반드시 진단 평가나 학업 성취도 평가 결과에 따른 점수로서만 파악되는 것은 아니다. 일상적인 수업 과정에서 학업에 흥미를 느끼지 못하거나 학습 활동에 소외되거나 사소한 어려움을 느끼는 학생들도 이러한 현상이 반복적으로 누적되면 학습 부진 현상을 겪게 된다. 따라서 학습 부진을 예방하기 위해

새로운 사회를 여는
교육자치 혁명

서는 일상적인 수업 과정에서 소외되는 학생들이 없도록 세심한 배려가
이루어져야 한다.

협력교사제가 도입되면서 두 명의 교사들은 누가 수업에 어려움을 겪는
지, 어떠한 불편함이 있는지를 조기에 파악하고 즉각적으로 이를 지원할 수
있게 되었다. 나이 어린 학생들에게는 다양한 심리적·물리적 욕구가 존재
한다. 이러한 욕구가 충족되어야 학생들은 수업에 몰입을 할 수 있다. 또한
심각한 학습 부진은 아니라 하더라도 맞춤법에 맞게 글쓰기, 단어의 뜻을 알
고 글을 읽기 등 기초적인 능력이 부족한 학생들도 상당수 존재한다. 이러
한 학생들의 다양한 욕구와 상태를 협력 교사가 조기에 파악하고 즉각적으
로 지원을 함으로써 학습 부진을 조기에 예방할 수 있다.

둘째, 학습에 어려움을 겪는 학생들에 대한 개별적인 지도를 일상적으로
시행할 수 있다. 일상적인 수업 과정 속에서 협력 교사가 개별적인 지원을
하는 것만으로는 해결하기 어려운 학습 부진 현상도 존재한다. 이 경우에는
이 학생들을 별도로 분리하여 협력 교사가 개별적인 지도를 병행할 수 있다.
특히 수학이나 영어와 같이 교육과정상 난이도가 높은 교과에는 이러한 개
별 지도가 더욱 효과적일 수 있다.

일상 수업에서 학생들을 분리하여 협력 교사가 개별적으로 지도하는 경
우에는 이른바 '낙인 효과'가 우려될 수 있다. 하지만 이러한 개별적인 지도
가 진단 평가나 학업 성취도 평가 결과와 같은 점수에 의해 인위적으로 이
루어지는 것이 아니라 담임교사의 교육적 판단과 학생들의 동의에 의해 이
루어진다면 '낙인 효과'를 막을 수 있다. 별도의 시간에 개별 지도가 이루어
지는 방식이 아니라 동일한 교과 시간에 협력 교사가 동일한 내용을 가지고
학생들을 개별적으로 지도한다는 점에서 일반 교과 수업과 자연스럽게 연
계될 수 있다. 그렇기 때문에 학생들의 심리적 부담을 덜어주고 학습 의욕을
높일 수 있다. 또한 어느 정도 학업 성취가 이루어지고 나면 다시 일반 학급

에서 다른 학생들과 통합적으로 교육을 시킨다는 점에서 낙인 효과를 예방하고 학습 부진을 조기에 예방할 수 있다는 장점이 있다.

다. 협력교사제와 교육과정 혁신

협력교사제는 일반 교사가 감당할 수 없는 특별한 영역에 전문성이 있는 교사를 배치하여 교과 교사와 협력 수업을 수행한다는 점에서 교육과정을 혁신하는 데에 도움을 준다. 구체적인 효과는 다음과 같다.

첫째, 학생들의 다양한 재능을 키울 수 있는 교육과정 운영이 가능하다. 협력교사제는 크게 보아 교과 협력교사제와 문예체 협력교사제로 운영되었다. 이 중 문예체 협력교사제는 해당 분야의 전문성을 가진 강사가 협력교사제로 배치되어 교과 교사와 협력 수업을 운영하는 형태이다. 사실 모든 교사가 모든 교과 영역에서 두루 수업 전문성을 발휘하기란 쉽지 않다. 전 교과를 담임교사가 담당해야 하는 초등학교의 경우에는 특히 그러하다. 이를 보완하기 위해 교과 전담 교사제가 운영되고 있지만, 교과 전담 교사의 경우에도 특정 과목에 전문적인 역량을 갖춘 교사가 배치된다기보다는 비담임 교사가 배치되는 경우가 많다. 또한 노작교육이나 생태교육 등 특수한 분야에서는 모든 교사가 전문성을 갖추기가 어렵다. 중학교의 경우에도 마찬가지이다. 예를 들어 서양음악을 전공한 음악 교사의 경우 국악 분야에서는 아무래도 전문성의 한계가 존재하기 마련이다. 또한 일반 교과 수업 이외에 창의적 체험 활동 영역에서는 교과 교육학을 전공한 교사가 다양한 교육과정을 편성하기에는 근본적인 한계가 존재한다.

그러나 협력교사제 운영을 통해 전문성이 있는 강사가 배치됨으로써 보다 다양한 교육과정 편성이 가능해졌다. 예를 들어 어떤 학교에서는 발도로프 교육철학에 입각한 목공 교육에 전문성을 가진 협력 교사가 배치되어 다른 학교의 교육과정에서는 찾아보기 어려운 노작교육이 활발하게 이루어졌다. 또한 어떤 학교에서는 풍물, 뮤지컬 등에 전문성이 있는 협력 교사가 배치되어 정규 교과 및 동아리 활동, 방과후학교가 연계된 문예체 교육이 활성화되기도 했다. 이처럼 협력교사제 운영은 학교의 교육과정을 다양하게 운영할 수 있는 토대를 제공하였다.

둘째, 학생들의 다양한 학습 활동을 가능하게 함으로써 학생들의 학교생활 만족도를 높일 수 있다. 교육과정이 다양하게 운영되는 만큼 학생들은 다양한 체험을 하게 되었고 이를 통해 학교생활이 더욱 즐거워졌다는 반응을 보였다. 예를 들어 어떤 학교의 경우 문예체 분야 협력 교사의 도움으로 동아리 활동이 활성화되고, 이로써 학교 내 축제뿐만 아니라 지역사회의 다양한 문화 행사와 봉사 활동에 자신들의 재능을 발휘할 수 있었다. 이는 학생들의 학교생활 만족도를 높이는 데에 크게 기여하였다.

4. 향후 과제

이렇게 학급당 학생 수 감축과 협력교사제 운영은 새로운 수업 혁신과 학생생활교육 혁신을 도모할 수 있는 계기, 수업에서 소외되지 않고 모든 학생들이 의미 있는 교육적 경험을 할 수 있는 학습 복지의 장을 마련했다고 볼 수 있다. 이와 관련된 향후 과제는 다음과 같다.

첫째, 여전히 학급당 학생 수가 30~40명에 이르는 중등학교에서는 학급당 학생 수 감축을 위한 중앙 정부의 획기적인 노력이 필요하다. 앞서 언급했듯이 학급당 학생 수를 감축하기 위해서는 해마다 일정한 정도로 학교를 신설하고 이에 따라 신규 교원을 추가로 채용해야 한다. 이는 교육부와 행정안전부 등 중앙 정부 차원에서의 재정 확충 및 교육공무원 정원 조정이 있어야 한다.

현재 저출산 현상으로 인해 학령인구가 꾸준히 감소세를 보이고 있다. 김진철 외(2013)의 연구에 의하면 현재의 학령인구 감소 추세를 고려해볼 때 2020년까지 초등학교 21명, 중고등학교 23명으로 학급당 학생 수를 감축하기 위해 추가로 필요한 학생 수는 초등학교 1만 3,500개, 중학교 5,100개, 고등학교 2,600개이다. 이에 따라 해마다 증설해야 하는 학급 수는 연간 초등학교 1,635개, 중학교 518개, 고등학교 240개이다.

그러나 현재 중앙 정부는 이러한 학령인구 감소 추세를 학급당 학생 수 감축의 계기로 활용하기보다는 오히려 교사 정원을 축소하는 방향으로 활용하고 있다. 법정 교원 기준을 학급당 교사 수에서 학생당 교사 수로 조정한 것이 대표적인 예이다. 중앙 정부가 대선 공약을 이행하여 OECD 기준에 부끄럽지 않은 교육 여건을 형성하기 위해서는, 학급당 학생 수 감축을 위한 행정적·재정적 방안을 시급히 마련해야 한다.

둘째, 각 시도 교육청이나 지방자치단체 등 지방 정부 차원에서는 중앙 정부 차원의 지원이 없더라도 독자적으로라도 학급당 학생 수 감축을 위한 특단의 대책을 마련해야 한다. 모든 학교 모든 학년의 학급당 학생 수를 감축하지 못하더라도, 대도시 인구 밀집 지역의 거대 학교, 사회경제적 여건이 열악한 학교, 학교 폭력 발생 빈도 등이 높은 학교 등을 선택하여, 한 개 학년이라도 학급당 학생 수를 감축함으로써 수업 혁신과 생활지도 혁신을 이루어내는 '선택과 집중' 전략이 필요하다.

이를 위해서는 구로·금천 혁신교육지구 사업의 사례가 의미 있는 모델이 될 수 있다. 시도 교육청과 각 지방자치단체가 협력하여 대상 학교를 선정하고, 유휴 교실을 활용하여 학급을 증설하고 기간제 교사를 배치하는 방식으로 학급당 학생 수를 감축할 수 있다. 이러한 정책을 각 시도 교육감과 지방자치단체장이 공동으로 추진하게 되기를 기대해본다.

셋째, 중등학교에 비해 학급당 학생 수가 적은 초등학교의 경우에는 협력교사제 사업을 전면적으로 시행하는 것이 필요하다. 나이가 어린 초등학생의 경우 교사의 개별적인 지원을 필요로 하는 학생들이 적지 않다. 또한 영어나 수학 등 주지 교과의 경우에는 학습 부진 현상을 조기에 예방하는 것이 매우 중요하다. 따라서 초등학교의 경우에는 협력교사제를 통해 학생 개개인에게 개별적인 맞춤형 지원을 하고 학습 부진을 조기에 예방할 필요가 있다. 협력교사제는 정규 교원이 아닌 인력을 활용할 수 있기 때문에 각 시도 교육청 차원에서 지방자치단체와의 협조를 통해 충분히 시행할 수 있는 정책 과제이기도 하다.

넷째, 학급당 학생 수 감축 및 협력교사제 등을 통해 학습 복지의 새로운 모델을 구현해야 한다. 그동안의 학교 조직 및 운영은 수월성 교육이라는 명목으로 소수의 상위권 학생들을 중심으로 이루어져왔다. 학습 부진 학생이나 학교 부적응 학생 등 교육적 약자에 대해서는 별도의 보상 교육을 제공하는 분리주의적 접근을 취해왔다. 하지만 이는 상대적 박탈감만 가져올 뿐 이질적 학습 집단 내에서의 협력적 상호작용을 통한 긍정적 효과는 기대할 수 없는 구조이다. 학급당 학생 수 감축이나 협력교사제 도입 등은 학급 내에 존재하는 다양한 차이를 인정하고 그 속에서 학생 간 협력적 상호작용을 최대한 끌어냄으로써 보다 더 긍정적인 교육적 효과를 창출하는 보편적 학습 복지의 토대를 형성한다. 이러한 토대 위에서 모든 학생이 소외되지 않고 자신의 잠재력을 최대한 발휘할 수 있도록 학교는 다양한 지원을 해야 한다.

다섯째, 단위 학교에서는 학급당 학생 수 감축 및 협력교사제를 수업 혁신, 생활지도 혁신의 계기로 적극적으로 활용해야 한다. 앞서 서술했듯이 학급당 학생 수 감축은 자연스럽게 활동 중심의 협력 수업 등 혁신적 수업 모델을 창출하고, 교사와 학생 간의 대면적인 인간관계를 형성할 수 있는 토대가 된다. 학급당 학생 수 감축 사업이 적용되고 있는 학교에서는 자연스럽게 수업 혁신, 생활지도 혁신이 이루어지고 있다. 하지만 학교별, 교사별 인식의 차이에 의해 혁신의 정도는 조금씩 차이가 나고 있다. 학급당 학생 수 감축으로 인해 어떠한 수업 모델이 도입 가능한지, 어떻게 생활지도의 방식을 바꿀 수 있는지 등에 대해 각 학교의 사례를 공유하는 등 학급당 학생 수 감축을 통한 수업 혁신, 생활지도 혁신이 이루어질 수 있도록 해야 한다.

참 고 문 헌

- 경기도교육청(2013), 『혁신교육 백서』.
- 김진철 외(2013), 『교육 위기 극복을 위한 학급당 학생 수 감축 방안』, 전국교직원노동조합 참교육연구소 연구보고서.
- 백병부(2010), 『학습 부진 학생에 대한 수준별 하반 편성 및 특별보충수업의 교육적 효과』, 고려대학교 박사학위논문.
- 성열관(2008), 「수준별 교육과정의 감환된 의미로서 영어, 수학 이동 수업의 효과성 검토」, 『교육과정연구』 26(2), 167-189.
- 성열관·이형빈(2013), 『구로금천 혁신교육지구사업 성과 및 개선 방안에 대한 참여관찰연구』, 구로구청·금천구청 연구용역 보고서.

더불어 사는 시민 역량 강화를 위한 민주시민교육

1. 민주시민교육의 도입 배경

민주화 과정을 통하여 억압으로부터의 탈출하는 소극적 자유(권리의식, 개인의 자율성 등)는 어느 정도 획득하였지만, 그 얻어진 자유의 공간에 적극적으로 자유를 실천하는 더욱 진전된 민주주의(생활 태도 등)를 구현하지 못하고 있다. 민주화 이후 권위의 실종, 개인주의의 범람, 도구적 합리성과 함께 찾아온 해방된 사유 아래 방종이나 무책임 그리고 과도한 경쟁과 소아적 삶의 경향이 증대하고, 무한정의 불간섭주의가 팽배하고 있어 학교의 도덕적 일탈 현상이 도래하고 있는 듯하다. 그래서 그런지 요즘 많은 학생들은 친구 간의 무의식적 욕설, 폭력, 선생님이나 어른에 대한 인사성이나 공경심 결여, 휴대폰 예절 부족, 실내화·실외화 구분 없이 신기, 휴지 아무 데나 버리기, 교사 지도에 불응하기 등 일탈 현상이 나타나고 있다.

교육 현장에서 일어나는 이런 일들을 두고 "교실이 붕괴하고 있다", "학교가 무너지고 있다"며 많은 우려를 나타낸다. 물론 이러한 현상은 학생들이 경험하는 급속한 환경의 변화에 학교교육이 따라가지 못하는 측면이기도 하지만, 지행합일의 태도를 함양하는 데 있어 가정과 학교, 그리고 사회가 민주시민을 양성하는 교육에 실패했기 때문에 야기된 '교육적 반향(repercussion)'이라고 볼 수 있다(설석환, 2014). 이런 아노미 현상을 보이는 이행기 국면에서는 학교의 민주주의가 더욱 활성화되어야 한다. 강제나 간섭을 통한 공중도덕이 점점 줄어든 그 빈자리에 스스로 자유를 구현하는 자치 능력과 자율적 도덕률에 의한 삶의 태도를 채워주어야 한다. 그러하기에 이를 위한 민주시민교육이 더욱 절실하게 필요한 것이다.

1980년대 후반 이래 '시민(citizen)'과 '시민사회(civil society)'가 또다시 많은 사람들의 관심을 끌면서 그것의 현대적 재발견이 시도되고 있다. 재발견과 함께 논의의 급속한 발전은 다음과 같은 정치적·사회적 맥락이 크게 작용하였다.

첫째, 1970년 중반부터 1980년대 말까지 세계 곳곳에서 계속된 정치 민주화의 물결이 있었다. 제3의 민주화 물결이라고 불리는 이 흐름은 최종적으로 동유럽 공산주의 체제의 붕괴로 정점을 이루었다. 1980년대에 구소련과 동유럽의 공산주의 사회에서 민주화 운동을 주도했던 반체제 지식인들은 19세기 이래 그동안 묻혀 있었던 서구의 시민사회 논의를 재발견하였다.

둘째, 그동안 선진 민주주의를 이룬 서구 사회가 시민사회의 활성화를 위해 시민의 참여 민주주의를 더욱 요청하였다. 다수결 원리와 정당정치의 한계를 보완하고자 하였고, 이익집단 정치를 넘어 공공선을 확대하기 위해 기존의 제도 정치만으로 불충분하여 시민 자신이 정치의 한 주체로 직접 참여하기 시작하였다. 그것의 한 방안으로 참여 민주주의에 대한 새로운 기제로서 협치(協治/共治, governance) 방식이 제시되었다.[31]

셋째, 국가와 시장이 실패의 조짐을 보이자 그것의 대안으로 시민사회에 대한 관심이 높아졌다. 오늘날 국가와 시장의 실패를 보완하는 제3의 대안으로 시민사회와 시티즌십(citizenship) 개념이 제창되었다. 제3의 영역, 비정부 기구, 비영리 기구 등 다양한 이름으로 불리는 자발적 시민 결사체의 결성과 그에 조응하는 시민적 덕성인 사회적 자본의 형성이 국가나 시장의 폭력을 극복할 수 있는 새로운 대안이 될 수 있다는 것이다.

그런데 우리나라는 지금 다시 정치 민주화가 역주행하면서 학교 민주화도 뒷걸음치게 되고 민주시민교육 또한 퇴보를 하는 상황을 맞이하고 있다. 특히 학교교육은 대학 입시라는 선발 기제에 압도되면서 단순 지식을 암기하는 훈련장으로 변질됨으로써 '민주시민교육' 역시 구호 또는 문서로만 남게 되었다. 국가의 교육 이념이 이상적으로 민주시민교육을 주창한다고 하더라도 현실에서는 순응적 시민 기르기 수준에 머물러 있다. 설상가상으로 관료주의 교육행정 체제, 교육과정의 미비, 교사 훈련의 미비와 교사의 의식 부족, 학부모의 보수적 태도 등은 민주시민교육의 구현을 더욱 어렵게 하고 있다. 사실 그동안 우리의 초등중학교에서 이루어지는 시민교육은 수동적이고 순응적인 국민이나 공민을 양성하는 경향을 보였다. 2011년 한국교육개발원은 전국 5,384개교의 중·고등학교를 모집단으로 해서 이 중 중학교 75개교, 고등학교 75개교 등 총 150개교를 표집하여 학교 민주시민교육에 대해 연구를 진행하였다. 9월에 발표한 「민주시민교육 활성화 방안 연구」라는 보고서 내용은 학교에서 이루어지는 민주시민교육의 난맥상을 극명하게 보여준다.

현행 교육과정 체제에서 사회과 교육을 통한 민주 시민 육성의 어려움으로 교과 내용과 생활 세계의 불일치, 지식과 태도의 불일치, 체제 유지의 도구

---

31) 거버넌스는 정부에 의한 일방적인 통치와 구분되는 민관 협치 또한 민관 공치이다. 민과 관이 함께 공공의 사안을 협의·결정·실행하는 새로운 정치의 방식이다. 이러한 정치 양식이 제대로 작동하려면 무엇보다도 사회의 공공 의제들에 대해 시민들 자신이 높은 관심과 책임의식을 갖고 적극 참여해야 한다. 바로 이 지점에서 시민에 대한 관심이 전면에 부상하게 된다.

로 사용된다는 점이 거론된다. 도덕과 또한 교과서를 통해 덕목들이 구체화되는 과정에서 균형 잡힌 민주시민과는 거리가 먼 채, 자율성보다 타인과 공동체를 위한 도덕 생활의 강요, 타인에 대한 무관심, 국가주의와 국수주의 위험을 보이기도 한다(위 보고서 150쪽).

위와 같이 평가하면서 '교육과정과 교과서의 체제를 전면적으로 정비할 것'을 제안하고, 그 방향에 대해서는 다음과 같이 제시하고 있다.

민주시민교육이 특정한 가치와 지식을 전달하는 것에 머물지 않도록 가치의 다양성과 실천과의 연계를 전제로 교육과정을 구성하여야 한다. 이를 통해 학습자가 충분히 정보를 활용하고 적극적으로 문제 해결을 위한 방안을 모색할 수 있도록 하고, 구체적인 사례를 기반으로 학습하고 토론하도록 해야 한다(위 보고서 154쪽).

이러한 제언에 따른다면 민주사회의 시민교육은 노예나 신민을 양성하는 교육이 아니라 자율적 권리를 행사하고, 그것에 대한 책임을 지닌 적극적 시민을 양성하는 교육을 해야 한다.

2. 민주시민교육이란 무엇인가?

어린 시민들과 어른 시민들이 함께 살아야 할 공동체는 모든 개인의 자유, 평등, 그리고 인권이 보장되고 존중되는 사회일 것이다. 자신과 차이를 가진 다른 사람과 더불어 살아갈 수 있는 사람, 다른 사람의 고통을 함께 느낄 수 있는 사람, 자신의 부를 가난하고 굶주린 사람들과 나눌 수 있는 사람이 바람직한 시민의 모습일 것이다. 이런 사람들은 타인을 존중하고 대화하는 시민성, 개인의 책임, 자율, 개방적인 마음, 원칙 존중과 타협, 다양성에 대한 관용, 인내, 관대함, 민주공화국과 그 원칙에 대한 충실 등을 체득해야 한다.

이런 능력을 갖게 하는 시민교육은 '민주적'이어야 한다. '민주적 시민교육(democratic civic education)'은 시민교육에 대한 반성과 성찰에서 나온 말이다. '민주적 시민교육(이하 '민주시민교육'으로 약칭)'은 '민주적 시티즌십을 위한 교육(education for democratic citizenship)'이다. 민주적 시티즌십(시민권/시민성)을 위한 교육은 사회·도덕적 책임성, 공동체 참여, 정치적 문해력, 사회정의, 지속가능한 생태적 보존 등의 가치에 중심을 둔다. 이러한 시민교육을 통해 미시민의 상태에 있는 아동을 '공적 시민'으로 길러야 한다. 공적 시민이란 책임 있는 시민, 참여적 시민, 정의로운 시민, 민주적 시민, 인권적 시민, 평화적 시민, 환경적 시민, 다문화적 시민, 지구적 시민 등 다양한 정체성과 능력/자질을 갖춘 시민이다. 그리고 민주적 시민교육의 목표로서는 민주사회에서 비판적 탐구를 하고, 숙지된 결정을 내리고, 권리와 책임을 행사하도록 도우며, 공동체 생활을 하면서 삶 속에서 의사소통을 하고, 다른 생각을 가진 타인과 교류하며 상호소통을 하는 학습을 하는 것이다.

민주적 시민성을 위한 교육은 학교 또는 교실이 민주적이어야 가능하다. 민주시민의 역량은 학교의 민주적 문화와 분위기 속에서 가장 잘 구현될 수 있다. 민주적 학교/교실은 열린 논의, 토의 등 민주주의 원리에 기반을 두어야 한다. 민주시민으로 살아가도록 준비시키기 위해서는 학교를 더욱 민주적 장소가 되도록 변화시켜야 한다. 학생이 시민으로 경험하도록 하는 삶의 모든 교육 활동은 민주주의 모판이라고 할 수 있다. 시민을 형성하는 민주적 학교는 학교를 물리적 공간이 아니라 사회적 공간으로서 '민주주의를 실천하는 공간'으로 변환시키는 것이다(Ichilov, 1998: 272). 그러기에 학교는 민주주의를 경험하게 할 수 있는 핵심적인 공간으로 반드시 재편되어야 한다.

권위주의적이고 관료적인 학교 체제와 문화 속에서는 민주시민을 기를 수 없다. 아동들이 여러 집단이나 개인들과 상호작용을 하면서 주고받는 경험을 갖게 하는 것은 그들의 시민적 역량을 체득할 수 있는 중요한 환경이다. 특히 학교를 참여적인 민주 공동체로 운영하여 아동들이 학교생활 속에서 민주주의를 체험하도록 하는 것은 아동들을 민주시민으로 성장시키는 아주 중요한 학습 환경이 될 것이다. 민주적 학교는 학생들이 지역사회나 좀 더 넓은 사회의 중요한 시민이 될 수 있도록 하는 민주시민교육을 핵심적 교육 목표로 삼는다. 학교의 민주주의가 활성화되기 위해서는 제도의 민주화와 함께 구성원들의 민주적 실천력 또는 민주적 역량을 구비해야 한다. 권위주의와 다른 민주적 역량을 갖게 하는 민주시민교육을 활성화하는 철학은 '사회적 구성주의', '참여 민주주의'나 '심의 민주주의' 또는 담론 민주주의에 바탕을 두고 있다(Moos, 2004).

그동안 청소년들이 왜 시민으로 자라지 못했는가? 그것은 우리의 역사에서 보듯 학생들을 민주시민으로 대우를 하지 않았기 때문이다. 한마디로 '민주시민으로서의 체험'을 하지 못했기에 민주시민으로 성장하지 못한 것이다. 아이들(청소년을 포함한)이 권위주의적이고 관료적인 학교 체제와 문화 속에서 민주시민으로 자라지 못했음은 당연한 귀결이다. 그렇다면 척박한 교육 현실에서 어떻게 해야 학생들을 미래의 시민으로 길러낼 수 있는가? 그 해결의 답은 민주주의를 더욱 공고화하기 위한 실천밖에 없을 것이다. 학교교육에서 민주주의를 공고화하는 것은 아이들을 민주시민으로 성장시키는 학교 환경을 조성하는 일이다.

민주시민은 지위(권리와 의무/책임), 감정(국가나 일상생활 속에서 서로 다르게 느끼는 것), 그리고 실천(참여, 투표, 사회적 연대, 지역사회 활동)을 통해서 만들어지는 것이다(Osler & Starkey, 2005). 그러기에 학생들이 학창 시절 민주주의 경험을 하지 못하였는데 어떻게 성인이 되어 곧바로 민주적 삶을 살 수 있겠는가? '비시민인 학생'이라는 존재가 순식간에 '성숙한 시민'이 될 수는 없을 것이다. 민주시민은 저절로 만들어지는 것이 아니라, 체험과 실천을 요구하는 것이다. 그러기에 어떤 사람이 공동체의 민주적 시민이 되려면 학습하고, 훈련을 받아야 한다. 그것은 타고난 자질이 아니기 때문이다. 단순히 민주주의적 제도로만 구현되는 것이 아니고, 하나의 '삶의 양식'으로 실천되어야 하는 것이다. 민주시민은 어려서부터 보고 배우는 지속적이고 의도적인 훈련과 습관의 결과이다. 아리스토텔레스가 강조했듯 용기 있는 사람이 되려면 용기 있는 행동을 해야 하는 것이다. 단순한 앎에 머물지 않고 행위로 이어지도록 해야 한다.

아동기와 청소년기는 능동적인 시민으로 성장할 수 있는 좋은 시기이다. 그러하기에 학생들이 단순히 시민에 대한 지식을 학습을 하는 데 머무는 것이 아니라, 시민으로서 사고하고 행동하도록 하는 교육과정(지식과 이해, 기술과 역량의 습득, 그리고 가치와 성향의 형성)을 마련해야 한다. 아동들이 '능동적 시민성(active citizenship)'을 갖는 데 필요한 지식과 기술을 체계적으로 학습해야 한다.

그러기 위해서는 매일의 삶 속에서 직면하는 시민적 이슈에 대해 스스로 해결할 수 있는 역량을 갖도록 해야 한다. 민주시민교육은 학교 교과목으로 배우는 공식적인 학습 경험에 의한 '정규 교육과정', 교과교육을 넘어서는 영역으로서 교실과 학교에서 일상적으로 벌어지는 보이지 않는 비공식적 '잠재적 교육과정', 그리고 학교 밖의 학습 경험으로서 '사회 실천적 교육과정'을 통해 가능할 것이다(Cogan & Derricott, 2000: 171 · 183; Lynch, 1993; Starratt, 1994). 학교의 전 교육과정 속에서 시민으로서의 체험을 하도록 해야 한다. 아동들이 세상의 현실에 직면하게 하는 체험의 장에 쉽게 접할 수 있는, 소중한 경험을 할 수 있는 기회를 갖도록 해야 한다. 그렇게 하는 것만이 아동들을 민주적 시민으로 자라게 할 수 있다.

민주시민을 길러내는 일은 학교교육의 중요한 목표이다. 사실상 모름지기 공교육라면 모든 청소년들이 공동체의 규범을 직접적·체계적으로 전달할 수 있는 민주적 권한과 능력을 갖도록 해야 한다. 민주적 시민교육의 목표를 단순히 앎 또는 학습의 문제로만 볼 것이 아니라, 그것이 삶의 문제, 즉 민주적 삶의 양식으로 확장되어야 한다. 민주적 시민은 시민으로서 자격을 가진 시민직 권리를 행사할 수 있는 사람임과 동시에 시민으로서 덕성/교양을 체득한 사람이다.

그러기에 민주적 시민교육은 아동을 단순히 미성숙자이기에 교화의 대상으로 보는 것이 아니라, 시민으로서의 자격과 자질을 갖추는 준비 교육으로서 위상을 가져야 한다. 민주적 능력은 교과서를 통해서 암기되는 것이 아니라 구체적으로 행동/실천을 통해 구현되어야 한다. 즉 '실천적 민주주의 (being democracy)'여야 한다. 이러한 목표를 가진 민주시민교육은 인권교육, 환경교육, 다문화교육, 세계시민교육, 평화교육 등의 영역과 공존할 수 있다 (Ichilov, 1998: 267-273).

3. 현황: 경기도교육청 사례

경기도교육청은 2013년 '민주시민교육과'를 설치하였고, 동시에 『더불어 사는 민주시민』 교과서를 개발하여 보급하였다. 이 교과서는 교육감 인정 도서로서 2014년 1학기부터 활용하기 시작했다. 사회나 도덕 교과, 그리고 창의적 체험 활동 시간에 다른 교과와 연계하여 교육할 수 있다. 중·고등학교는 '민주시민' 선택과목 개설도 가능하다. 『더불어 사는 민주시민』 교과서는 인권, 평화, 민주주의 등 민주시민의 소양을 가치와 제도 측면에서 토의·토론하도록 구성되어 있다. 학생들은 시사적인 사회 쟁점을 토론하면서 '자기 생각 만들기'를 하고 시민의 역할을 떠올리도록 하고 있다. 교과서는 이를 위해 생각 말하기, 자료 해석하기, 의견 말하기, 글쓰기, 체험하기

새로운 사회를 여는
교육자치 혁명

등 다양한 활동을 제시한다. 교과서 내용은 시민으로 사고하고 생활하는 데 필요한 주제들로 인권, 노동, 다양성, 평화, 연대, 환경, 민주주의, 미디어, 선거, 참여 등을 포괄하고 있다. 나아가 경기도교육청은 학교 민주주의를 구현하기 위해 다음과 같이 민주시민교육을 기본계획(2014년)으로 발표하였다.

2014 민주시민교육 기본계획 (개요)

1. 추진 근거

■ 경기교육 지표 '더불어 살아가는 창의적인 민주시민 육성' 및 6대 중점 정책 중 '세계인과 더불어 살아가는 민주시민 육성'

■ 5대 혁신 과제 추진을 위한 2014년 경기교육기본계획(2013. 12)

2. 추진 배경

■ 학교 민주주의 정착과 민주적 학교 공동체 도약으로 교육의 선진화 필요 (2014년 교육감 신년사 및 기자회견)

• 자율적이고 능동적인 교육 활동으로 행복한 경기 혁신교육 실현

• 교직원 모두가 비전을 공유하고 학교 정책 결정에 참여하며, 학생의 의견이 적극 반영되고 자치활동이 보장되며, 학부모 및 지역사회가 책무성을 가지고 협력하는 민주적 학교 공동체 문화 실현

■ 미래 사회 시민으로서 길러야 할 새로운 민주시민 역량 필요(OECD DeSeCo 프로그램)

• 인지적 측면 : 의사결정의 과정과 구조, 사회적 이슈에 대한 지식

• 기술적 측면 : 관련된 정보에 대한 이해, 참여와 관련한 기술

- 정의적 측면 : 타인의 권리에 대한 인정, 다름을 포용하는 태도
- 행동적 측면 : 민주시민으로서의 자율적 참여와 책임의식 등

■ '공동체적 시민생활을 실천하고 참여할 수 있는 체험 장'으로서의 민주적 학교 문화 조성
  - 경기도 「학생인권조례」와 경기도 평화교육헌장 제정·공포로 조성된 인권과 평화의 공감 문화를 단위 학교에 확산
  - 단위 학교 교육과정에서 가르치는 시민사회의 원리와 가치들이 학교라는 생활공간의 운영 원리와 합치될 때 민주시민교육 활성화 가능
    → '학교민주주의는 민주시민교육의 필요충분조건'

■ '교육의 공공성과 학교 민주주의 정착'을 통한 미래 행복 교육 구현
  - 모든 교육 가족의 적극적 소통을 통한 학교 민주주의와 교육자치 실현
  - 정의와 인권, 평등과 평화의 가치를 통한 교육의 공공성을 제고하고 민주적 학교 공동체를 위한 도약으로 행복한 교육 구현

중점 추진 과제

민주적인 학교 공동체 문화 조성	• 학교 민주주의 실천 학교 운영 • 학교 공동체가 함께하는 대토론회 • 학교장·교사 민주적 리더십 전문가 과정 연수 운영 • 민주적 학생 자치 문화 정착 지원 • 학생 자치활동 중심 학교 운영 • 학생자치법정 운영 • 학생 사회 참여 동아리(NGO) 활동 지원 • 찾아가는 민주시민극(EDURAMA) 토론회

창의적인 민주시민 역량 강화	• 『더불어 사는 민주시민』 교과서 보급 · 활용 • 『더불어 사는 민주시민』 수업 실천 사례 개발 · 보급 • 민주시민교육 프로그램 우수 운영교 지원 • 민주시민 토론 교실 운영 • 체험과 실천 중심의 인성 교육 활성화 • 학생 자치활동 운영 자료집 및 매뉴얼(E-book) 개발 · 보급 • 경기학생자치협의회 토크 콘서트 • 학생 자치활동 운영 교원 역량 강화 워크숍
협력적인 민주시민교육 지원체제 구축	• 지역사회 NGO와 함께하는 민주시민교육 실천 • 정책 자문단 및 연구 교사단 운영 • 학생자치협의회 조직 · 운영 • 민주시민교육을 위한 전문적 학습공동체 운영 지원 • 학교민주주의 포럼

3. 추진 목표 및 전략

목표	세계인과 더불어 살아가는 창의적인 민주시민 육성

추진 전략	1. 민주적인 학교 공동체 문화 조성을 통한 학교 민주주의 정착
	2. 교육과정 연계를 통한 창의적인 민주시민 역량 강화
	3. 협력적인 민주시민교육 지원 체제 구축

소통 · 공감　　참여 · 실천　　협력 · 나눔

4. 기대 효과

- 소통과 공감의 민주적 학교 문화 정착을 통한 민주적 학교 공동체 실현
- 참여와 실천의 민주시민 역량 강화를 통한 민주적 자아 효능감 제고
- 협력과 나눔의 민주시민교육 지원 체제 구축으로 민주시민교육 환경 조성

4. 성과와 한계

경기도교육청의 민주시민교육은 민주성 측면에 있어 첫째, 사업의 내용 자체에 있어 민주성 정도가 높다. 둘째, 사업의 절차에 있어서, 연수 및 참여의 자율성이 중시된 것으로 평가할 수 있다. 특히 단위 학교 학생, 학부모, 교원을 대상으로 인권 친화적 비폭력 평화 문화 정착을 위한 교육 및 연수 실시에 많은 참여가 있었던 것으로 판단된다. 그리고 학교 민주주의 구현을 위한 기념할 만한 사업으로 평가될 수 있다.

그렇지만 경기도교육청을 비롯한 여러 교육청은 몇 가지 한계도 안고 있다. 첫째 '인성' 개념에는 다분히 수동적인 아동관 및 청소년관이 내재되어 있다. 여기에서 인성을 '시민성(citizenship)'의 개념으로 발전시켜 이해할 필요가 있다. 그리고 인성과 인권이 대립적이어서 안 되며 통섭되어야 한다. 정의를 위한 인권교육이 밖을 향한 구호/주장 운동으로 편향되지 않기 위해서는 안의 내공을 튼튼하게 하는, 성숙한 시민을 양성하는 인성교육/인격교육을 동시에 필요로 한다. 인간적 자각과 사회적 자각을 두루 갖춘 시민이 되게 하는 것이 민주시민교육의 이상적 모습일 것이다.

둘째, 경기도교육청의 '창의지성교육'은 한국의 '창의성' 담론을 뛰어넘기 위한 새로운 시도이나, 이성이라는 비판적 사고 활동에 머물 한계를 가질 수 있다. 인류사회의 지적 성과에 기초한 비판적 사고 활동을 중시하는 '지

성교육'에 치우친 나머지 정서적-감성적 측면을 소홀히 할 위험이 있다. 생각과 주장 및 결과들에 대한 올바른 평가에 도달하는 분석적이고 평가적인 연역적 과정으로 간주되는 비판적 사고는 필연적으로 기존의 규칙을 따르는 기계적인 과정을 수반하기에 기존 틀을 초월하여 새로운 생각이나 상상력을 발휘하지 못할 가능성이 크다. 특히 비판적 사고는 직관보다는 합리적·직선적 사고를 우대하고, 협조적이고 협력적이기보다는 공격적이고 대립적 사고를 할 가능성이 크다. 그리고 공동체와의 관계보다 개인의 자율성을 우대하거나 객관의 가능성을 전제하여 개인의 상황과 맥락을 소홀히 다룰 가능성도 있다(Bailn & Siegel, 2009: 198-204). 이러하기에 비판적 사고를 하는 데 있어 공감과 배려의 감정 등과 결합된 '공감적 사고'로의 발전을 필요로 한다. 이렇게 볼 때 강원도교육청의 '창의공감교육'이 훨씬 발전된 개념일 수 있다.

셋째, 경기도교육청 등 여러 교육청에서 공통적으로 시행되고 있는 배움과 돌봄의 학교 공동체 담론이 간혹 '돌봄'만 보이고 '정의'가 보이지 않기에 균형을 잡을 필요가 있다. 정의 없는 돌봄은 성실한 하인만을 양성할 가능성이 있으며, 돌봄 없는 정의는 날선 시민만을 양산할 가능성이 있다. 그래서 '정의로운 돌봄(just caring)'과 '보살피는 정의(caring justice)'를 동시에 요청하는 것이다(Gilligan 등의 주장).

5. 과제

이상에서 살펴본 성과와 한계에 비추어 민주시민교육의 과제를 밝히면 다음과 같다.

첫째, 교육과정에 민주시민교육 실현을 위한 교사의 민주적 역량에 대한 관점과 진술을 보강할 필요가 있다. 교사의 민주적 역량이란 의사소통하며 대화하는 기술, 사회적 환경 속에서 평화로운 삶을 영위하는 능력, 공공 토

론에 참여하는 능력, 비판적 사고 능력 등을 포함한다. 민주주의의 가치
를 구현하기 위해서는 잘 듣고, 이해하고, 공감하고, 타협하고, 토의하고,
갈등을 해결하는 능력을 가져야 한다. 민주적 시민 능력은 교실 안에서뿐
만 아니라 교실 밖에서도 학습할 수 있다. 그것은 학교 공동체 모든 참여
자들 사이에 일어나는 운영 방식, 나아가 더 큰 공동체와의 상호작용 그리
고 교육과정 등 모든 영역에 걸쳐 형성된다. 또한 비판적 탐구를 하고, 숙
지된 결정을 내리고, 권리와 책임을 행사하도록 도우며, 공동체 생활을 하
면서 삶의 의사소통을 하고, 다른 생각을 가진 타인과 교류하며 상호소통
을 하는 능력도 매우 중요하다. 학교에서 인간 존엄, 평화, 인권, 존경, 정
의, 관용 등의 가치를 소중히 여기며 생활할 때 학생들은 민주적 시민으
로 성장할 것이다.

둘째, 많은 혁신적 교육 실천에도 불구하고 아직 청소년들의 민주적 자
치활동 개발 프로그램은 부족한 듯하다. 청소년들의 자치활동을 활성화하
려면 성인들의 의회와 같은 청소년들의 시민 능력을 향상하기 위한 '청소년
의회(Youth Parliament)'나 '청소년 포럼(Youth Forum)'을 설치할 필요가 있다.
청소년의회는 각 지방자치단체의 청소년들을 대표하는 자치 조직이라고 할
수 있다. 청소년의회는 청소년의 권리와 청소년 문제에 관하여 스스로 의사
를 형성하고 전달하는 교량 역할을 한다. 이 모임을 통해 경기도교육청의 의
사결정 과정에 친숙하게 해야 한다. 청소년의회 활동을 통해 평화적 갈등 처
리 능력을 배우고 더불어 사는 협동 능력을 배우게 해야 한다. 청소년과 관
련된 문제일 경우 학교 차원뿐 아니라 시도 차원에서 그들의 의견을 청취하
는 합법적 공적 테이블이 주어져야 하고, 예산도 배정되어야 한다. 우리나라
에도 지금 존재하는 '청소년의회'는 관료 및 지도자들, 그리고 학생들의 의
식 부족 등으로 제 기능을 하지 못하고 있다. 교육청은 '청소년의회 지원 부
서'를 두어 청소년의회 활동을 활성화시켜야 한다.

셋째, 민주시민교육은 '봉사학습(service learning)' 체제를 도입할 필요가 있다.[32] 봉사학습의 시민교육적 성격은 소극적 봉사 정신의 내면화를 위한 '약한 민주주의'가 아니라, 청소년들의 권한 강화, 집단적 문제 해결, 타인이해 결정 등의 '강한 민주주의(strong democracy)' 과정으로 발전되어야 한다(Lisman, 1998: 89-115; 117-126). 이를 위해 소극적 시민을 위한 자원봉사가 아니라 적극적 시민을 기르는 봉사학습이 필요하다. 봉사 전 학습, 봉사 활동, 봉사 후 평가/반성/보고서 작성 등으로 이루어지는 봉사학습은 학교(gown)와 지역사회(town)의 교량 역할을 하는 학교 혁신의 가장 효과적 방안이다. 봉사학습은 봉사를 하면서 갖게 되는 자기 성찰과 이타적 체험을 갖게 할 수 있다. 그리고 봉사 대상에 대한 비판의식과 정치의식을 갖게 할 수도 있다.

이것은 학생들과 지역사회와도 원활한 연결망을 구축하고, 기존의 학교 벽을 허물어가는 도전적 교육 실험이라고 할 수 있다. 사회와 격리되거나 유리된 학교에서 길러진 학생들로 하여금 사회 현실에 참여할 수 있는 기회가 될 수 있다. 학교가 사회의 위험이나 문제로부터 학생들을 보호할 필요가 있지만, 학생들을 온실 속의 화초로 기르게 해서는 안 된다. 봉사학습은 기존의 자원봉사 활동과 같이 소극적 시민을 양성하는 것이 아니라 능동적/비판적 시민으로 성장하도록 하는 '강한 민주주의'를 지향하고 있다. 봉사학습을 통한 민주시민교육은 학교의 외부에 있는 세계(지역사회의 봉사 활동)와 내부에 있는 세계(교과 교육)의 교량을 놓는 일이기도 하다. 구체적인

---

32)

구분	도덕적 목적	정치적 목적	지적인 목적
자원봉사 활동 (개인의 인격형성)	도움을 줌, 자선	시민의 의무, 사회화, 약한 민주주의	부가적 경험 (이타심, 헌신 등)
봉사학습 (개인과 사회의 변화)	배려적 관계, 정의	사회적 재건, 정치 참여, 강한 민주주의	개혁적 목적, 비판, 숙고, 성찰

현실에 참여하여 현실 세계에 접촉함으로써 박제화된 교과서 지식을 살아 나도록 한다. 그리고 적극적 시민을 기르고자 하는 지역사회에 대한 봉사학습은 청소년들의 진로 탐색에도 도움이 된다. 이를 두고 학교 혁신을 혁명적 잠재력으로 평가한다.

넷째, 세계시민교육(education for cosmopolitan consciousness)을 강화할 필요가 있다(Noddings, 2009). 현재로서는 다문화, 글로벌화, 지구화 시대를 살아갈 학생들이 미래 시민으로의 능력 준비가 미비하다고 볼 수 있다. 배타적 애국주의를 넘어 학생들은 타국가의 빈곤, 환경 재앙, 기아 등 인간의 존엄성이 지켜지는 않은 상황에 대한 공감과 책임의식을 고취할 수 있어야 한다. 지구사회의 문제를 모두의 문제로서 인식하고 이를 해결할 수 있는 자율적·주체적 개인으로서 성장시킬 수 있는 교육과정의 개발과 수업이 있어야 한다. 너스봄이 역설하듯 자기 나라의 우월성을 믿고 타국을 지배하려는 '극단적(맹목적) 애국심'이 아니라, 다른 나라에 대한 우월성이나 지배를 추구하지 않은 '순화된 애국심'이나 '중용적 애국심', '부드러운 애국주의' 또는 '사려 깊은 애국심(thoughtful patriotism)'을 필요로 한다(Nusbaum, 2009). 그렇게 하여야 '글로벌 애국주의' 또는 '비판적 애국주의'로 승화될 수 있다.

참 고 문 헌

● 경기도교육청(2014), 「민주시민교육 기본계획(개요)」.
● 김원태(2014), 「함께해요 '더불어 사는 민주시민'」, 「우리교육」. 봄호.
● 설석환(2014), 「교육공동체가 함께하는 민주시민교육」, 원탁토론 아카데미, 미간행 자료.
● Cogan, J. & Derricott, R.(eds.)(2000), Citizenship for the 21st Century: An International Perspective on Education, London: Kogan Page.
● Ichilov, O.(ed.)(1998), Citizenship and Citizenship Education in a Changing World, London: Woburn Press.

- Lisman C. D.(1998), Toward a Civil Society: Civic Literacy and Service Learning, Bergin & Garvey.
- Lynch, J.(1993), Education for Citizenship in a Multi-Cultural Society, London & New York: Cassell.
- Moos, L.(2004), Introduction, J. Macbeath & L. Moos.(ed.), Democratic Learning, London & New York: RoutledgeFalmer.
- Noddings, N., 연세기독교교육학포럼 역(2009), 『세계시민의식과 글로벌 교육』, 서울: 학이당.
- Nusbaum, M.(2009), 「순화된 민주주의란 가능한가? 세계적 정의의 논쟁」, 한국학술진흥재단 주최 '석학과 함께하는 인문강좌 시리즈' 제1강연, 한국학술진흥재단.
- Osler, A., & Starkey, H.(2005), Changing citizenship: Democracy and inclusion in education, Buckingham: Open University Press.
- Starratt, R. J.(1994), Building and Ethical School, London: The Falmer Press.

3부

교육청이
바뀌다

돌이킬 수 없는 시대정신,
무상교육

1. 무상교육의 배경

2011년 서울시 무상급식 논란으로 대중적으로 재조명되기 시작한 무상교육 문제는 2012년 대선에서 교육 복지와 관련한 주요 화두로 제시되었고, 박근혜 보수 정권의 공약에 포함되기에 이르렀다. 현재 무상교육은 공짜 교육, 퍼주기라는 오해를 벗어나 뒤늦게나마 국민의 기본권으로 제자리를 찾아가기 시작하는 것으로 보인다.

무상교육은 교육의 기회를 보장하기 위한 필수적인 장치로 많은 국가가 의무교육기간에는 완전 무상교육을 실시하고 있으며 여기에는 학비 이외에도 학습과 관련한 일체의 비용이 포함되는 경우가 많다. 교육은 국민 개개인의 삶을 실현하기 위한 것으로 평생에 걸쳐 보장되어야 하기 때문에 의무교육 이외의 기간에 대해서도 저소득층의 교육 기회를 재정적으로 보조하거나 교육의 전 단계에서 무상교육을 실시하는 국가들도 전 세계적으로 적지 않다.

우리나라에서는 국민이 교육의 기본권을 보장받지 못하고 '수익자 부담 원칙'이라는 논리에 의해 교육비 부담을 개인 스스로의 몫이라고 생각해온

새로운 사회를 여는
교육자치 혁명

경향이 있는데, 이러한 이제까지의 인식은 크게 바뀔 필요가 있다. 그 이유는 다음과 같다.

첫째, 교육비 부담에 대한 국가사회의 역할이 방기되어온 것이기 때문이다. 교육의 수익자는 국민 개개인이기도 하지만 결국 전체 사회라는 점을 인식할 필요가 있다. 국민에 대한 교육이 사적 차원의 문제가 아니라 공공적인 것이라는 점을 재확인해야 한다.

둘째, 유상교육은 교육 기회와 관련한 사회 계층적 불평등을 강화시키고, 이는 나아가 사회적 위화감을 형성하고 국가 사회적 통합을 저해하는 요소가 된다. 국민의 대부분이 교육을 받고 있고 받아야 하는 수준의 교육에 대해서는 교육비로 인한 차별이 발생하지 않도록 공공적 관리가 필요할 것이다. 현재 한국에서 고등학교까지는 완전 취학이며 대학 진학률도 50% 이상을 상회하는 보편 교육 수준이다. 대부분의 국민의 교육 수준이 높아진 만큼, 적어도 사회경제적 이유로 국민 개개인이 자신의 꿈을 실현하지 못하는 일이 없도록 국가 수준의 공동체적 지원이 필요하다.

셋째, 미래 사회에서는 평생 학습 기회가 보장되어야 하며 이를 위해서는 국민의 교육 기본권 실현과 관련한 보다 전향적인 태도가 요구된다. 대학 반값 등록금, 대학 무상화 등의 논의가 사회적으로 큰 반향을 일으킨 이유는 대학 진학이 과거처럼 소수의 관심이 아니라 전체 국민의 문제가 되었음을 시사하는 것이다. 국민 전체의 삶의 기회 실현은 초중등학교에 그치지 않고 평생을 통해서 이루어져야 하며 이에 대한 재정적 지원이 제도적으로 보장될 필요가 있다.

다음에서는 한국 무상교육의 현황을 주로 초중등교육에 맞춰 지역별 실태를 통해 살펴보고자 하며, 그 정책 제도적 성과와 과제를 검토하고 논의하고자 한다.

2. 무상교육 추진 현황

친환경 무상급식의 확대와 함께 무상교육에 대한 인식이 제고되었다. 무상교육이 저소득층에 대한 시혜의 차원이 아닌 공교육의 기본 원리라는 인식이 확산되었고 무상교육의 범위가 점차 확대되어왔다.

무상교육의 대상은 부상급식뿐 아니라 각종 교육비(학비, 수익자 부남 경비, 학습 준비물 등)에 대한 지원으로 그 범위가 확대되고 있으며, 의무 무상교육의 실질화와 보편적 교육 복지 확대 시행 차원에서 이루어지고 있다.

친환경 무상급식은 학부모들에게 가장 공감을 많이 얻고 있는 사업이라 할 수 있다. 무상급식은 2009년 경기교육감 선거, 2010년 지방선거의 주요 쟁점으로 전국적 이슈가 되었고, 진보 교육감을 비롯한 교육감 후보자들의 주요 공약이 되었다.

무상급식 확대 문제는 2011년 8월 24일 서울시 무상급식 주민투표, 오세훈 시장 사퇴, 박원순 시장의 당선으로 이어졌으며, 무상급식 및 무상교육 확대는 보편적 교육 복지 차원에서 보편화되고 있다. 2012년 대선에서도 복지 문제는 중요한 이슈가 되었고, 박근혜 후보 교육 공약에도 고교 무상교육, 대학 반값 등록금 등 무상교육 공약이 다수 포함되어 있었다. 무상교육 문제는 2014년 6월 지방선거에서도 중요한 이슈가 될 전망이다.

(1) 친환경 무상급식

친환경 무상급식이 전국적으로 보편화되고 있기는 하지만, 지역에 따라 편차가 있다. 강원, 경기, 광주, 전남, 전북 등 진보 교육감 지역에서는 무상급식이 초·중학교까지 전면 실시되고 있으며, 이 중 특히 강원, 전남, 전북 지역에서는 고등학교까지 점차적으로 확대하고 있다. 또한 세종, 충북, 제주 지역은 보수 교육감 지역으로 분류됨에도 불구하고, 초·중학교 전체에 대해 무상급식을 실시하고 있다.

새로운 사회를 여는
교육자치 혁명

반면 서울, 인천, 충남, 경남 지역에서는 초등학교의 경우 전 학년에서 실시하고 있지만, 중학교는 일부 학년까지만 실시하고 있으며, 대구, 부산, 대전, 울산, 경북 지역은 전면 시행이 아니라 지역권에 따라 단계적으로 시행되고 있다.

<표 1> 시도별 학교 단위 무상급식 범위

시도	학교 단위 무상급식 범위		
	초	중	고
강원	전체	전체	소규모 학교, 특성화고, 일부 지역
경기	전체	전 학년 (일부 지역 미실시)	하남시 고교 (하남시 자체 예산)
경남	전체	읍면 지역	
경북	도시 100명 미만 읍면 지역	읍면 지역	
광주	전체	전체	
대구	면 지역 13교,	면 지역 6교	체육고
대전	1~5학년		
부산	1~5학년, 기장군 6학년	기장군 중 1~2학년	
서울	공립초 1~6학년	1~2학년	
세종	전체	전체	
울산	울주군 및 도시 지역 400명 이하 전체/ 동구 북구 전체	울주군 면 지역 1~3학년	
인천	전체		
전남	전체	전체	읍 이하 고교
전북	전체	전체	농산어촌고역
제주	전체	전체	
충남	전체	1~3학년(읍면)	
충북	전체	전체	

한편, 친환경 무상급식, 고교 무상교육 등 무상교육은 가장 긍정적인 평가를 받고 있는 정책으로 간주되고 있다. 2013년에 이루어진 광주교육청의 만족도 조사 결과에 의하면 교원, 시민, 학부모 응답자 모두 무상교육에 대해 가장 긍정적인 평가를 한 바 있다. 무상교육 정책에 대해 종합적으로 살펴보면, 무상 의무교육을 위한 급식, 수학여행비, 현장 체험학습비, 학습 준비물 지원 사업에 대해서 응답자 집단(교원, 시민, 학부모, 중학생, 고등학생) 대부분이 긍정적으로 평가하였으며, 특히 초·중 무상 의무급식과 현장 체험학습비에 대한 긍정적인 평가가 나타났다.

<표 2> 광주교육청 만족도 설문 조사 결과 (2013년)

주요 정책명	교원 (N=1,250)(%)	시민(학부모포함) (N=710)(%)	학부모 (N=506)(%)
초·중 친환경 무상 의무 급식 사업	38.5	55.4	58.7
빛고을혁신학교 사업	5.6	3.2	2.7
교육 비리 척결 사업	24.5	14.6	13.2
학생인권 보장 및 증진 사업 (「학생인권조례」 제정)	2.9	8.7	8.5
교원 행정 업무 부담 경감 사업	24.6	4.3	3.4
모르겠다	0.1	12.0	11.5
기타	2.5	1.7	1.9
무응답	1.2	0.0	0.0

(2) 각종 교육 경비 지원

가. 학습 준비물 지원

학생 수업에 필요한 학습 자료를 학교에서 제공하여 학부모의 경제적·심리적 부담을 경감시키고, 소외 계층의 교육 복지 향상 등을 위해 시행하고 있는 학습 준비물 지원 정책은 현재 인천을 제외한 16개 시도 교육청에서 실시하고 있다. 전국 평균 지원비는 학생 1인당 3만 3,000원이고, 이 중 전북은 1인당 5만 원, 광주는 1인당 4만 2,000원, 강원 및 전남은 4만 원을 지원하는 등 등 진보 교육감 지역이 다른 지역에 비해 지원 규모가 크다.

<표 3> 시도별 학습 준비물 지원비

시도	2012	2013	2014	비고
강원	40,000원	40,000원	40,000원	
경기	25,000원	30,000원	30,000원	
경남	26,000원	30,000원	30,000원	
경북	20,000원	20,000원	20,000원	
광주	42,000원	42,000원	42,000원	
대구	35,000원	35,000원	35,000원	
대전	25,000원	30,000~60,000원	30,000~60,000원	학교에서 예산 세움
부산	30,000원	30,000원	30,000원	
서울	30,000원	30,000원	30,000원	
세종시	35,000원	40,000원		
울산	27,000원	29,000원	31,000원	
인천	×	×	×	학교장 권한으로 위임 (권장 공문만 발송)

전남	34,000원	35,000 ~40,000원	35,000 ~40,000원	학교 규모에 따라 차등 지급
전북	50,000원	50,000원	50,000원	
제주	24,000원	27,000원	27,000원	
충남	30,000원	34,000원	34,000원	
충북	30,000원	30,000원	30,000원	

나. 초·중학생 수학여행비, 체험학습비 지원

교육 소외 계층의 활발한 교육 활동 보장, 학부모 부담 경비 경감 및 현장 체험학습 확대, 보편적 교육 복지 실현 등을 위해 2012년도부터 지원하고 있으며, 학교 급별 재학 기간 중 1회 지원하고 있다.

수학여행 경비는 광주, 전남, 경남은 소득수준에 관계없이 지원하고 있으며, 전북, 제주, 부산, 울산, 충남, 서울, 세종, 경기는 저소득층 위주로 지원하고 있으며, 나머지 교육청은 지원하고 있지 않다. 체험학습비는 광주, 제주, 강원, 전남은 소득수준에 관계없이 지원하고 있으며, 서울, 경북, 충남, 충북은 저소득층 위주로 지원하고 있으며, 나머지 교육청은 지원하고 있지 않다.

수학여행비와 체험학습비 지원은 보편적 교육 복지 차원에서 소득수준과 관계없이 초·중학교 학생 전체를 지원하고, 고등학교 저소득층 학생들까지 그 대상을 확대해나가는 것이 필요하다.

<표 4> 시도별 수학여행비, 체험학습비 지원

교육청	수학여행비	체험학습비
강원		초등 100,000원, 중등 100,000원
경기	저소득층: 초등 80,000원, 중등 100,000원, 고등 120,000원	
경남	초등 120,000원 고등 215,000원	지원 안 함
경북	저소득층, 차상위 계층 지원	저소득층, 차상위 계층
광주	초등 6학년 100,000원 중등 2학년 150,000원	초등 6학년 30,000원 중등 2학년 54,000원
대구	지원 안 함	지원 안 함
대전	저소득층 82,000원	
부산	저소득층 초등 120,000원, 중등 125,000원	지원 안 함
서울	저소득층 초등 145,000원, 중등 165,000원, 고등 245,000원	저소득층 초등 83,000원, 중등 86,000원, 고등 90,000원
세종	저소득층 초등 50,000원, 중등 70,000원, 고등 90,000원	차량 임차료 학급당 50만 원
울산	저소득층 중등 120,000원, 고등 260,000원	지원 안 함
인천	지원 안 함	지원 안함
전남	초등 6학년 50,000원 중등 3학년 65,000원	초, 중, 특수 30,000원
전북	저소득층 초등 5학년 100,000원 이내 실비 지원 / 저소득층 중등 2학년 100,000원 이내 실비 지원	지원 안 함
제주	저소득층 초등 65,000원, 중등 300,000원, 고등 350,000원	초등 45,000원, 중등 30,000원, 고등 25,000원
충남	저소득층 초등 50,000원, 중등 80,000원, 고등 100,000원	차상위 계층까지
충북	저소득층	저소득층

3. 무상교육 정책의 성과

무상교육과 관련한 성과를 정리해보면 다음과 같다.

첫째, 무상교육의 중요성에 대한 대중적 인식이 제고되었다. 즉, 교육 경비에 대한 수익자 부담 논리를 벗어나 무상교육을 교육 기본권과 보편적 교육 복지의 맥락에서 접근하는 데 기여했다. 무상교육이 '공짜 교육=퍼주기=저급 교육'이 아니라 모든 국민의 기본권을 높은 수준으로 실현하고자 하는 것이라는 대중적 인식의 전환과 제고를 일정하게 이끌어냈다.

둘째, 고교 무상교육, 대학 반값 등록금 등의 정책 의제를 현실화시키는 데 기여했다. 현 박근혜 정부가 이를 공약화하고 정치권에서도 합의가 이루어져 이를 실질화, 내실화하는 단계로 들어갔다고 할 수 있다. 그러나 현재 국가 재원 확보의 문제로 난항을 겪고 있으므로 이를 실질화하기 위한 제도적 압박이 필요하다.

셋째, 무상급식과 같은 무상교육 정책은 저소득층 학생들에게만 선별적으로 제공했을 때 존재했던 낙인 문제를 없앨 수 있었다. 가난한 학생들이 낙인(예: 편견, 눈칫밥, 창피 등)의 문제로부터 벗어날 수 있는 것은 이 정책이 가져온 중요한 성과이다. 더욱이 단지 낙인 문제로부터 자유로워지는 것을 넘어서 낙인의 문제를 사회 전체가 염려하고, 공동 해결하는 담론 형성 과정에서 사회적 연대감이 성장했다는 것도 큰 성과라 볼 수 있다.

넷째, 의무 무상교육의 범위 안에 학비만이 아니라 친환경 급식이나 각종 학습 준비물, 수학여행비, 체험학습비 등 학습과 관련한 제반 비용의 지원 범위를 확대하기 위한 노력이 경주되어왔다. 현재 일부 지역은 소득과 관계없이 이러한 비용을 지급하고 있어 저소득층에 대해 제한적으로 지원하고 있는 지역이나 지원이 이루어지고 있지 않은 지역과 대비되는데, 일부 교육청에서 이루어지고 있는 선도적 지원 체제는 의무교육을 완성하고 보편적 복지를 실현하는 데 중요한 귀감이 될 수 있다.

새로운 사회를 여는
교육자치 혁명

다섯째, 교육의 차원을 넘어 소득 분배나 가처분 소득의 증대와 같은 경제적 문제에 있어서도 무상교육의 성과가 나타난다고 볼 수 있다. 이 정책이 누진적 증세와 연동되면 당연히 지니계수를 감소시키고, 각 가계에서 지출할 여력이 늘어나게 됨으로써 교육을 넘어 경제적인 차원에서도 소득 재분배는 물론 소비 진작의 효과를 기대할 수 있다.

4. 무상교육 정책의 과제

무상교육은 거스를 수 없는 시대의 대세로 향후 평생학습 사회의 완전 실현을 위해서도 그 의미가 충분히 공유되고, 제도적 기반을 다져야 하는 사안이다. 그러나 현실적 재원 확보와 우선순위 논란에서 완전한 국가 사회적 합의를 이루고 있지는 못한 실정이다. 따라서 다음과 같은 과제들의 해결을 위한 방안이 공동 모색될 필요가 있다.

첫째, 인식의 확산에도 불구하고, 여전히 무상급식 및 무상교육의 확대 문제에 대해 보수·진보 진영의 논리가 잔존해 있다. 따라서 교육 기본권과 보편적 교육 복지 차원에서 무상급식 및 무상교육에 대한 홍보와 지원을 보다 적극적으로 확대 추진해나가야 할 것이다.

둘째, 중학교까지의 완전 무상의무교육이 실현(친환경 무상급식, 학습 준비물, 수학여행 경비, 체험학습비 등 지원)되어야 하고, 고등학교 수준에서의 무상교육과 친환경 무상급식도 확대되어야 할 것이다. 현재는 특성화고 및 강원, 전남, 전북 지역의 읍면 단위 소규모 학교에서 실시되고 있는데, 고등학교 수학여행, 수련회 경비에 대한 지원이 전국 규모로 확대되어야 할 것이다.

셋째, 사업의 안정화를 위해 지방자치단체와 연계하여 예산을 확보하고 제도적 장치를 정비해야 한다. 이를 위해서는 지방 교육재정교부금의 교부율을 현행보다 상향하는 등 중장기적 조치가 보완되어야 한다. 국민의 교육

기본권 실현은 국가재정 부담에 따른 각종 논란을 불식시킬 수 있는 강력한 명분이므로 이에 대해서는 보다 강력한 사회적 요구가 있어야 한다.

넷째, 증세와 같은 무상교육 예산의 추가 확보 없이 전면 무상교육을 실시하게 되면 다른 예산을 삭감하는 '제로섬' 상태에 빠지게 된다. 물론 무상급식 정책은 주민참여 예산제와 같은 시민의 직접 참여로 인해 불필요하거나 심지어는 비교육적인 교육 예산을 많이 줄이게 된 계기도 되었다. 무상교육은 공짜로 하는 교육이 아니라 보편적 인권의 실현을 위해 공공 재원인 세금으로 운영하는 교육이다. 그러므로 차제에 복지국가를 위한 증세의 필요성 및 평등하고 정의로운 조세 제도에 대한 시민적 관심을 불러일으켜야 할 과제가 남아 있다.

다섯째, 제도적 차원에서의 무상교육도 중요하지만 '무상교육이 추구하는 교육적 가치'도 중시할 필요가 있다. 무상교육은 인간의 존엄성과 자아를 실현하기 위해 '모든 아이들을 위한 교육'을 잘하기 위한 조건을 만드는 일이다. 그러므로 더 중요한 것은 무상교육을 단지 '돈을 안 내고 받는 교육'으로 보는 관점을 넘어설 수 있도록 하는 것이 향후 과제이다. 그래서 학생들이 경제적 빈곤이나 차별이 인간의 존엄성을 어떻게 훼손하는지, 그리고 가난하거나 소수자로 살아갈 때 자신의 존엄성과 권익을 옹호하기가 왜 어려운지 등에 대해 토론하고 이를 극복할 수 있는 힘을 기르는 사회정의 교육이 보다 내실 있게 수행되어야 할 과제를 안고 있다.

한국은 OECD 34개 회원국 중 고교 단계 무상교육을 실시하지 않는 예외적 나라일 뿐 아니라, 유상교육을 당연시하는 문화에 의해 학교를 사적 이익 추구의 수단으로 인식함으로써 경쟁적 교육 풍토를 심화시켜왔다. 무상교육은 헌법적으로 보장된 교육 기본권 실현과 한국 교육의 고질적 병폐들을 개선하는 차원에서도 반드시 우선적 가치를 지닐 필요가 있다.

참고 문헌

- 광주교육정책연구소(2014), 「친환경 무상급식 및 무상교육」.
- 전남교육정책연구소(2014), 「교육감 주민 직선제의 의의와 전남교육의 과제」.
- 전남교육정책연구소(2014), 「민선 교육자치 시대 학부모의 새로운 역할 탐색」.
- 전북교육정책연구소(2014), 「민관 및 학교 거버넌스 구축 현황과 과제」.

지방자치단체와 교육청이
함께 책임지는 교육

1. 배경

최근 들어 세계 교육 선진국은 교육을 국가의 핵심 정책으로 삼아 국가 경쟁력을 향상하는 데 관심을 기울이고 있다.

우리나라도 교육이 지역 주민의 최대 관심사인 가운데 '지역교육 활성화가 지방자치의 성공'이라는 인식이 확산되어, 2010년 6·2 지방선거 이후 시장·도지사들이 무상급식 확대, 방과후학교 지원, 영어 교육 활성화, 그리고 지역 우수 학교 설립·육성 등에 대한 교육 관련 공약과 사업을 다양하게 제시하고 있다.

주요 시장·도지사의 교육 관련 공약 사항

지역	시장 · 도지사 교육 사업 주요 공약
서울	방과 후 행정 교사 및 외부 강사 지원, 원어민 영어 회화 교사, 거점 영어 체험학교 프로그램 보급, 학교 보안관제 시행, 배움터 지킴이 확대, CCTV 설치 확대, 무상급식 확대, 초·중학교 학습 준비물 지원, 저소득층 장학 사업 확대, 창의 시범 학교 운영.
부산	자율·자립형고 설립, 초중고 친환경 급식 및 무상급식 확대, 드림 스타트 사업 등 아동 건강과 교육 복지 사업 확대 및 청소년 육성 정책 강화, 학교 공간의 지역사회 중심 센터화, 평생교육 환경 조성, 지역 대학의 글로벌 명문 대학화, 고급인재 양성, 직업교육 선진화 강화.
대구	고등학교 기숙사 건립 지원, 방과후학교 대폭 지원, 학교 무상급식 지원 대폭 확대, 친환경 농산물 학교 급식 사업 확대, 국제중·고등학교 설립 지원, 특목고(외국어, 과학) 설립 지원, 자율형 고등학교 설립 지원, 마이스터고 운영 지원, 지역 간 교육 격차 해소 및 지원 확대, 세계 명문 대학 육성 지원.
인천	교육 지원 예산 1조 원 투자, 10개 명문고 육성, 대안학교 설립, 자기 주도형 학습 센터 설립, 중학교 학교 운영 지원비 폐지, 초·중학교 친환경 무상급식 전면 실시, 인천의 허브 도서관 건립, 무상 방과 후 수업 실시, 학부모·학교운영위원회 활성화 및 참여 예산제 실시, 학급당 평균 학생 수 25명 이하 수준 확보 및 교사 증원.
광주	지역 영재 교육 강화, 청소년 문화예술 인프라 확충 및 유해 환경 개선, 초·중등학교 무상급식 확대 실시, 심리건강지원센터 운영, 학교 체육 진흥, 인재 양성 기금 조성(대학), 첨단산업, 세계적인 연구기관과 연계한 우수 대학, 대학원 육성, 맞춤형 교육을 통한 지역 산업체와 인재들의 연계, 취업 강화, 글로벌 네트워킹을 통한 세계적 과학 초빙, 출향 기업 목록을 만들어 광주의 우수 인재를 고용토록 연계.
대전	초·중·고교 일류화로 교육 도시 실현, 영유아 교육을 의무교육 수준으로 확대 지원, 저소득층 자녀를 위한 '교육 만두레' 시행, 우리 아이 안심 학교 보내기, 학교와 보육 시설 급식의 품질 및 위생 강화, 시민 평생학습, 유휴 인력 활용을 위한 배달 강좌제 확대, 대전 평생학습진흥원 설립.
울산	어린이를 위한 「kids-friendly 울산」 추진, 국제중학교 설립 지원, 평생학습 선진도시 구현, 생활체육 인프라 확충, 위기가정 빨리지원센터(전문 상담원) 운영.
경기	'위기 가정 무한 돌봄 사업' 지속 확대, 통합 복지 서비스 네트워크 구축, 31개 시군 각 3개교에 '부모 안심 기숙학교' 설치,
강원	교육재정 3배 확충(6,000억 원), 초·중학생 친환경 무상급식 단계적 확대 실시, 방과후학교 지원 확대, 사교육 욕구 충족을 위한 강남 최고 스타 강사 인터넷 강의 지원, 검증된 원어민 교사 배치를 통한 영어 교육 활성화 지원, 행정 교사제(은퇴 교원 활용) 도입으로 선생님 행정 업무 지원, 기숙형 공립학교 확대 운영.

충북	0-5세아 무상보육 실시, 한 부모 및 조손 가정 지원 확대, 안전한 초등학생 등하곳 길 서비스 시스템 구축, 범죄 취약지 방범 활동 강화 및 CCTV 확대 설치, 자율 방범대 활동 지원, 제2충북학사(학생 기숙사) 건립.
충남	친환경 무상급식 실시, 권역별 무상급식센터 설립, 충남교육혁신위원회 구성, 혁신형 행복학교 육성·지원, (가칭)충남희망교육재단 설립, 준비물 없는 학교 실현, 방과후학교 '통합지원센터' 마련, 방과 후 특별 프로그램 운영 등 농어촌 지역 교육 환경 개선, 평생교육의 기회 확대.
전북	교육 지원 예산 5배 확대(1,400억 원), 방과 후 학습 지원 확대, 단계적 무상급식, 우수 교사 인센티브 지원, 입학사정관제 적응 위한 중·고 순회 컨설팅 지원, 초·중·고 원어민 교사 지원 사업 확대.
전남	1읍·면·동 1영어체험교실 확대 설치, 친환경 무상급식 실시, 전남 공립 대안학교 설립, 농어촌 학교 교직원 한옥 사택 공급, 친환경 기숙사 건립, 자율형사립고 유치.
경북	시·군 명문고 육성, 경상북도 Pride 장학생, 1시·군 1학교급식지원센터, 영어 전용 교실, 원어민 화상 카메라, 영어 캠프 .
경남	학교급식지원센터 설립·친환경 식자재 유통 시스템 구축·급식 관련 기구 활성화 및 네트워크 구축 등 친환경 무상급식 확대 실시, 국공립 보육시설 확대, 민간 보육 시설 지원, 보육 교사 전문성 강화 및 처우 개선, 아동 보육비 지원 확대, 출산 장려금 확대, 공교육 정상화 및 학력 향상 프로그램 운영, 취약 계층 학원 수강권 및 대학생 멘토링 제도 확대, 아토피 없는 학교 만들기, 성폭력·가정폭력·성매매·학교폭력 예방 교육 의무화 및 교육 지원, 다문화 가정 아동 교육 지원 강화, 장애인 편의시설이 제대로 갖추어진 교육연수원 건립, 대학 등록금 인상 합의제 도입(조례 제정), 도립 대학생 기숙사 증축 및 확대, 학자금 및 장학금 지원 확대.

*출처: 중앙선거관리위원회, 『당선자 정책 공약집』(2010).

특히 2010년 6·2 지방선거에서 주민 직선을 통해 시도 교육감 및 시장·도지사가 동시에 선출되고, 양 기관장의 임기가 동일해짐으로써 교육자치단체와 일반 자치단체 간에 상호 협력의 환경적 기반이 마련되었다. 따라서 기존 교육 협력 사업의 현황을 진단하고 지역의 실정에 맞는 협의체를 구성·운영하거나 활성화하여 일반 자치단체의 관심이 교육 투자로 연결되도록 유도할 필요가 있다.

그러나 일반 자치단체장이 선거공약과 연계하여 교육 사업을 단독으로 시행할 때 시도 교육청과의 중복 투자가 발생할 수 있고 우선순위에서 밀

새로운 사회를 여는
교육자치 혁명

리는 교육 사업에 대한 재정 지원의 문제가 발생하며 나아가 지방 교육자치에 대한 훼손의 가능성 또한 우려된다. 따라서 교육자치단체와 일반 자치단체 간의 협력을 강화하고 장기적인 교육정책을 수립하여 사업 효과를 증진할 필요가 있다.

지역사회의 교육 경쟁력을 강화하고 지역 주민의 교육 만족도 제고를 위한 교육자치단체와 일반 자치단체 간의 지역 교육 발전을 위한 교육 연계·협력의 강화가 강조되는 이 시점에서 무엇보다 양 기관은 우수한 교육 협력 사업을 확산하고 교육 협력이 필요한 신규 사업 분야를 발굴하여 시·도의 실정에 맞는 사업을 추진할 필요가 있다.

2. 지방자치와 교육자치 교육 협력 구조 및 현황

지방자치단체와 시도 교육청에서 추진한 교육 협력 체계는 다양하게 나타나고 있다. 전국적으로 교육자치단체와 일반 자치단체 간의 교육 연계 협력에 대한 현황을 살펴보면 다음의 네 가지 방식으로 정리할 수 있다.

첫째, 지방 교육행정협의회를 운영하는 방식으로 양 기관에서 공식적으로 책임 있는 자리에 있는 사람들이 함께 모여 협의를 진행할 수 있도록 협의체를 구성·운영하는 것이다. 2006년 12월 「지방교육자치에 관한 법률」의 개정으로 지방 교육에 관한 협의를 위해 지방 교육행정협의회(41조) 및 교육감 협의체(42조) 설치가 법제화되었으며, 이와 관련하여 지방 교육행정협의회의 구성·운영에 관하여 필요한 사항은 교육감과 시장·도지사가 협의하여 조례로 정해야 한다.

둘째, 교육협력관제를 운영하는 것으로 양 기관 간 교육에 관한 상호 협력을 추진하고 의견을 조정하기 위해 시도 교육청 소속 공무원이 교육협력관 또는 교육기획관이라는 이름으로 시·도청에 파견 근무하는 방식이다. 교육

협력관제는 경기도청이 교육 지원 과제를 추진하기 위해 교육정책 자문 인력을 경기도교육청에 지원·요청하면서 2003년 6월 전국에서 처음으로 한시 기구로 설치되었으며, 이후 전국으로 확대·도입되었다.

셋째, 교육 지원을 위한 관련 조례를 제정하는 방식으로 지방자치단체가 교육 협력 사업의 근거를 마련하는 것이다. 광역자치단체의 교육 지원 조례는 경기도가 2005년 12월에 처음 제정하여 2006년 서울과 충북으로 확대되었다. 그리고 기초자치단체의 교육 경비에 관한 지원 조례로서 1996년 「시·군 및 자치구의 교육경비보조에 관한 규정」이 공포되어, 기초자치단체장(시장, 군수, 자치구 구청장)이 지역의 교육 여건을 개선하기 위한 재정적 지원을 할 수 있는 제도적 여건이 마련되었다. 2002년 이후 기초자치단체들의 교육 경비 지원 조례 및 교육 경비 지원이 급격히 증가하기 시작하여 현재 전국 대부분의 시·군·구가 「교육경비지원조례」를 제정하고 있다.

넷째, 2010년 7월부터 시·도 교육위원회가 시·도 의회 상임위원회의 하나로 통합되면서 교육위원회 지원 조직이 제도적으로 설치되었다. 이 지원 조직은 교육위원회의 제반 사무를 지원하기 위해 시도 교육청에서 파견 또는 전출하는 교육청의 공무원과 사무직원으로 구성되며, 교육자치와 일반 자치단체 간의 교육 연계 협력을 이끌어내는 새로운 창구의 역할을 하고 있다.

지방자치단체들은 교육 협력에 대한 자치단체장의 의지와 여건에 따라 제시된 방안의 일부 혹은 전부를 선택하여 협력하는 방식을 채택하고 있다.

2014년 3월 현재 서울시만 전자의 세 가지 방식(네 번째 방식은 16개 시·도에 법정 기구로 설치됨) 모두를 활용하여 교육 협력을 추진하고 있으며, 서울시를 제외한 15개 시도의 지방자치단체는 어느 한 가지 방식이라도 도입하여 교육 협력을 추진하고 있다.

시도별 연계·협력 현황(2012년 9월 현재)

지역	연계 협력 담당 부서		지방 교육행정 협의회	교육 협력관 제도	교육 지원 조례
	교육청	시·도청			
서울	기획조정실 교육복지담당관 교육복지 기획·협력 담당	교육협력국 학교지원과 교육협력정책 담당	○	○	○
부산	정책기획관 정책 담당	안전행정국 교육협력과 교육지원 담당	○	×	○
대구	기획조정실 교육협력담당관	정책기획관 국제대외협력 담당	○	○	○
인천	행정관리과 교육협력관	교육기획관 교육지원 담당	○	○	○
광주	행정국 교육자치과 (교육협력관) 교육협력 담당	안전행정국 교육지원과	×	○	×
대전	학교정책담당관 교육 협력 담당	기획관리실 교육협력담당관	○	×	○
울산	–	기획관리실 교육혁신도시 협력관	○	×	×
경기	정책기획관 교육협력 담당	평생교육국 교육협력과	×	×	○
강원	정책기획관실 교육협력 담당	기획조정실 기획관실 교육협력팀	○	×	×
충북	행정과 교육협력관	정책기획관실 교육협력관	×	○	○
충남	교육예산과 교육협력 담당	기획관리실 교육법무담당관 교육협력 담당	×	○	×

경북	기획조정관 교육협력 담당	안전행정국 인재양성과	○	×	×
경남	정책기획관 교육협력 담당	기획조정실 정책기획관 교육지원 담당	○	○	○
전북	행정국 예산과 교육협력 담당	기획관리실 교육법무과	○	×	×
전남	정책기획관 정책평가 담당	안전행정국 행정과 교육지원 담당	×	×	○
제주	정책기획실 교육기획과 교육기획 담당	특별자치행정국 특별자치교육지원과 교육지원 담당	○	○	×

* 출처: 한국교육개발원(2006) 및 이혜정 외(2012)를 토대로 재구성.

3. 지방자치와 교육자치 협력 성과

(1) 지방자치단체와 교육청 간 제도적 협력 거버넌스 구축

시도별 교육 협력 운영 실태의 가장 주목할 만한 성과는 지방자치단체와의 교육행정협의회 구성·운영 및 교육 관련 조례 제·개정을 통해 지방자치단체와의 교육 협력을 위한 기반 조성이 이루어지고 있다는 것이다. 실제로 각 시도별로 지역 교육정책 개발을 담당하는 교육행정실무협의회, 실무적인 차원의 시·자치구·교육청 간 업무 담당자 실무협의회, 지역교육 관련 기관·단체 기관장 협의회, 교육 협력 워크숍 개최 등 교육 협력을 위한 지방자치단체와의 상호 협력 체제 구축 및 협력 증진을 위한 노력이 강화되고 있다.

특히 각 수준의 지역 교육 관련 협의회 운영에 있어서 각 협의회의 기능을 구분하여 각 수준의 협의회 구성 범위를 명확히 하고 있다. 지역교육협의회 중 자치단체장, 교육감, 의회 의장, 교육기관협의회 회장, 시민사회단체 대표, 각 공공 기관장 등으로 구성된 최상급 수준의 협의회인 교육정책협의회는 지역 내의 관련 단체와 기관의 최고 의사결정자들의 협의회로서 지역 교육의 전체 기획과 관련된 발의와 의견 교류가 이루어진다. 그리고 실무협의회는 지역 교육 관련 기관과 단체의 실무자들이 모여 구성하는 협의회로서 기관 간의 구체적 협력 사업이 추진될 때 실무 수준에서 구체적 사업 방향과 추진 전략을 수행한다. 그리고 기관 간 협의회는 지역 내 교육 관련 사업과 관련된 문화원, 여성문화회관, 복지관, 도서관, 각종 센터, 직업학교, 주민자치센터, 각급 학교 등의 기관장들이 함께 참여하여 지역 교육의 주요 사업 방향과 사업 내용에 대한 협의를 진행하고 있다.

협의회의 유형과 기능

유형	구성 · 기능
교육정책협의회	· 구성 수준: 지자체의 장과 교육청의 장, 관련 기관의 장으로 구성 · 기능: 지역 교육 관련 정책 및 조례 결정
지역교육 실무협의회	· 구성 수준: 지자체와 교육청의 담당 부서 실무자들의 협의회 · 기능: 지역 교육정책협의회에서 나온 안건에 대해 실제적인 실무자들의 행 · 재정적인 지원을 위한 협의회
지역 교육기관/ 단체 협의회	· 기능: 분야별 협의회를 결성하여 지역 교육의 과제 수행을 통해 지역 교육 체제의 완성도를 높이고 지역 교육이 전면적으로 전개될 수 있도록 사업체 단위별로 지역 교육 네트워크를 구축할 수 있음. －주민자치센터, 사업소, 지역사회 단체, 지역사회 학교협의회 등 －초등학교협의회, 중학교협의회, 고등학교협의회 등 －평생교육기관협의회 －도서관, 박물관, 문화체험관 협의회 등

예컨대, 광주광역시의 경우, 광주교육 거버넌스를 구축하여 시, 자치구, 시민·사회단체, 교육청이 참여하여 광주교육희망선언을 하였다. 광주 교육

책임네트워크 구성·운영을 통하여 책임네트워크 구성에 따른 사전 협의회, 담당 부서 연수, 실무협의회를 운영하고 있다. 이로써 시·자치구 교육 예산 반영을 위한 전략적 실무 협의 추진으로 소통의 장을 마련하고 있고, 교육 협력 사업 보고회 개최로 추진 방향 공유 및 업무 담당 부서 관심 제고, 그리고 교육 협력 사업 추진 상황의 다각적 분석, 협의 및 발굴 등의 성과를 올리고 있다(오정란, 2014).

(2) 교육 협력 사업 예산 증가 및 사업 내용의 다양화

최근 3년간 교육 협력 사업의 추진 현황을 보면, 지방자치단체의 교육 지원 예산 및 지방자치단체의 교육 협력 사업이 지속적으로 증가하고 있다. 광주, 강원, 전남·북의 경우, 지자체의 교육 지원 예산 중에서 법정 전입금은 감소하거나 소규모의 증가가 이루어지고 있는 반면 비법정 전입금은 큰 폭으로 증가하고 있다. 이는 교육 협력 사업을 통한 학생 무상급식, 방과후학교 운영 확대, 다문화·한 부모 가정·장애 학생 등 소외 계층 지원 사업 등 보편적 교육 복지의 확충과 관련되어 있을 것으로 해석된다(오정란, 2014).

또한 교육 협력 사업은 기존 시설 투자 등 일회성 투자 경비 비중이 높았던 것과 달리 지방자치단체의 교육 투자 방향이 프로그램 지원으로 이동하고 있는 것으로 나타나고 있다. 이는 학교 중심의 지역 교육 공동체 구축에 초점을 두고 교육 양극화 해소를 통한 지역 교육의 질적 개선을 위한 프로그램 등의 확충으로 이어졌다(오정란, 2014).

일례로 2010년 결산을 기준으로 비법정 이전 수입의 사업 내용 및 금액을 분석하여 사업 내용의 키워드를 중심으로 유형화한 결과, 방과후학교 지원, 급식 지원, 원어민 강사 지원, 체육 활동 지원, 외국어 교육 지원, 유아교육 지원, 시설 지원, 교육 환경 개선, 도서관 운영 사업 지원, 학력 향상 지원, 보육 지원, 교육 복지 지원, 영재교육, 특수교육 등 16개 사업 유형으로 다양하게 분류되었다(공은배 외, 2011).

투자 규모에 있어서도 시설 지원(1,438억 원), 급식 지원(676억 원), 원어민 강사 지원(598억 원), 방과후학교 지원(365억 원)의 순으로 폭넓고 다양하게 나타났다.

비법정 이전 수입 주요 사업 유형별 사업 내용 및 금액

(단위: 100만 원, %)

사업 유형	사업 내용	금액	비율
시설 지원	잔디 운동장 조성, 학교 복합화 시설 지원, 다목적 강당 증·개축 사업 지원, 다목적실 증축, 학생 수영장 보수, 테니스장 설치, 기숙사 증축, 생활관 증축 등.	144,834	32.6
급식 지원	학교 급식소 증축·개축, 급식실 설비 개선, 학교 급식 식품비 지원, 급식소 리모델링, 학교 급식 시설 현대화, 우수 농산물 지원, 무상급식 지원, 급식비 지원, 친환경 쌀 및 부식비 지원 등.	67,580	15.2
원어민 강사 지원	원어민 영어 보조 교사 지원, 원어민 중국어 강사 지원, 원어민 영어 보조 교사 연수 지원 등.	59,813	13.5
방과후 학교 지원	방과후학교 프로그램 지원, 소외 계층 자유 수강권 지원, 방과 후 활동 시설 확충, 농산어촌 방과후학교 운영비 지원 등.	36,541	8.2
도서관 운영 지원	공공 도서관 운영비, 도서관 시설 환경 개선, 공공 도서관 자료 구입, 디지털 자료실 운영비 등.	31,352	7.1
교육 환경 개선	교단 선진화 지원, 책걸상·칠판 교체 및 학교 시설 개선, 교육 시설 환경 개선, 노후 창호 교체, 노후 TV 교체, 노후 환경 개선 등.	21,544	4.8
외국어 교육 지원	영어 중심 학교 지원, 초중등 영어 교사 연수, 거점 영어체험학습센터 운영, 영어체험교육실 운영비 지원, 영어 캠프 운영 지원, 어학연수 지원, 영어활용대회 운영, 외국어경연대회 운영, 외국어센터 운영 등.	17,436	3.9
보육 지원	초등 돌봄교실 운영 지원, 농산어촌 연중 돌봄학교 지원, 보육교실 구축 지원 등.	6,472	1.5

체육 활동 지원	운동부 운영비 지원, 소년체육대회 출전 지원, 체육 지도자 인건비 지원, 체육 꿈나무 육성, 학교 체육 활성화 지원 등.	6,392	1.4
학력 향상 지원	학력 향상 지원, 학력 신장 프로그램 운영 지원, 기초·기본 학력 신장 지원, 초중등 주말반 운영, 온라인 학습 지원, 학력 제고비 지원, 야간 공부방 운영 지원, 맞춤형 수월성 교육 지원, 대학생 멘토링 지원, 교육 학력 지원단 운영비 보조금 등.	5,456	1.2
교육 복지 투자 지원	교육복지투자우선지역 지원 사업, 저소득층 밀집 지역 학교 교육 복지 지원, 자체 교육 복지 지원금, 저소득층 자녀 청소년 단체 활동 지원, 다문화 가정 두레 상담 교실 운영, 학생복지관 건립 등.	5,191	1.2
유아교육 지원	유치원 종일반 인건비 및 운영비 지원, 유치원 과학 캠프 운영, 유치원 교재 교구 구입비 지원, 유치원 간식비 지원 등.	4,993	1.1
특수교육	장애 학생 통합 보조 교사 지원, 특수교육지원센터 운영, 특수교육 보조원 인건비 지원, 장애인 보조기기 구입비 및 문화 프로그램 운영 지원 등.	2,012	0.5
인재 육성 장학	명품 학교 운영 지원, 지역 인재 육성, 우수 교사 유치 및 생활 보조금 운영비 지원, 장학 기금, 지역 인재 육성 프로젝트 보조금 지원 등.	1,497	0.3
영재교육	영재교육원 운영 지원.	925	0.2
기타	기능경기대회 우수 기능인 배출 학교 지원, 학교 환경 교육 활성화, 개방형 자율학교 지원, 문화예술교육 지원, 전문계고 지원, 마이스터고 지원, 평생교육 프로그램 운영 지원, 통학 차량 지원, 배움터 지킴이 사업 보조금, 좋은 학교 만들기 지원, 성인 문해 교육 프로그램 운영, 평생교육 프로그램 운영 지원 등.	32,534	7.3

출처: 공은배 외(2011).

「지방자치단체의 교육경비보조에 관한 규정」에 따른 보조 사업의 범위를 기준으로 사업 내용과 지원 규모를 조사한 교육 경비 보조금의 경우 또한 지역 특성을 반영한 다양하고 폭넓은 사업이 진행되고 있다.

교육 경비 보조 사업 주요 내용

구분	주요 내용
[제1호] 학교의 급식 시설·설비 사업	급식실 현대화 사업, 급식실 개선, 급식 기구 교체, 식수대 설치
[제2호] 학교의 교육 정보화 사업	정보화 기기 교체, 컴퓨터 교체, 노트북 교체, 교단 선진화 기기 확충(실물 화상기, DVD, 프로젝터 등)
[제2의 2호] 학교의 교육 시설 개선 사업 및 환경 개선 사업	특별실 증축 지원, 학교 시설 정비, 방음벽 설치, 영어전용교실 장비 확충, 자율 학습실 리모델링, 냉방기 구입, 환경 개선 보조, 도색, 운동장 시설 환경 개선, CCTV 설치, 방송실 현대화 사업, 도서관 구축 및 지원, 노후 창호 교체
[제3호] 학교교육과정 운영의 지원에 관한 사업	교재 교구 구입 및 개선, 도서관 지원, 학력 신장 프로그램, 방과후학교 운영 지원, 청소년 동아리 지원, 학교 운동부 육성 지원, 자율형 공립고 지원, 무형문화재 전승 사업, 학력 향상 프로그램 운영 지원, 인터넷 수능 방송 수강료 지원, 환경교육 시범학교 지원, 원어민 보조 교사 지원, 문화체험비 지원, 특수교육 보조원 지원
[제4호] 지역 주민을 위한 교육과정 개발 및 운영에 관한 사업	학교 내 평생학습 프로그램 지원, 지역 주민 생활영어 교실 운영비 지원, 문화강좌 운영비 지원, 성인 문해 교실 운영
[제5호] 학교교육과 연계하여 학교에 설치되는 지역 주민 및 청소년이 활용할 수 있는 체육문화 공간 설치 사업	개방 도서관 지원, 학교 인조 잔디 운동장 조성, 지역 문화센터(도서관) 구축, 운동장 체육시설 교체, 체육문화 공간 설치 지원
[제6호] 기타 지방자치단체장이 필요하다고 인정하는 학교교육 여건 개선 사업	학교 급식 식품비 지원, 유기농 우유 지원, 유치원 종일반 보조 교사 인건비 지원, 교육복지투자학교 지원, 학교 지킴이 사업, 학교 도서관 사서 도우미 지원, 우수 인재 양성 프로그램 지원, 방학 중 중식 지원, 저소득층 자녀 급식비 지원

출처: 공은배 외(2011).

4. 지방자치와 교육자치 협력 향후 과제

(1) 시·도 교육행정협의회 구성 및 활성화: 조례 제정

시장·도지사와 시도 교육감의 연계를 활성화시키기 위하여 우선적으로 시·도 교육행정협의회를 활성화시켜야 한다. 2006년 12월 「지방교육자치에 관한 법률」의 개정으로 지방 교육에 관한 협의를 위해 지방 교육행정협의회(41조) 및 교육감 협의체(42조) 설치가 법제화되었으며, 이와 관련하여 지방 교육행정협의회의 구성·운영에 관하여 필요한 사항은 교육감과 시장·도지사가 협의하여 조례로 정하도록 하였다. 그러나 교육행정협의회를 운영하는 지방자치단체는 서울, 부산, 대전, 울산, 강원, 경북, 경남, 전북, 제주 등 11곳에 불과한 실정이다. 따라서 조례 제정을 통한 제도화 및 운영의 활성화를 적극적으로 유도할 필요가 있다.

특히 전반적인 지방 교육정책 개발을 담당하는 광역 차원의 교육행정협의회, 실무적인 차원의 담당자 간 교육행정 실무협의회, 교육 관련 기관·단체 기관장 협의회 등의 필수적인 협의회 설치와 이들 협의회 간의 상호작용이 무엇보다 중요하다.

각 수준의 교육 관련 협의회 운영에 있어서 중요한 것은 각 협의회의 기능과 구성 범위를 명확히 하는 것이다. 특히 광역 차원의 교육행정협의회는 광역자치단체장과 교육감을 공동 위원장으로 의회 의장, 소속 국장, 교육기관협의회 회장, 시민사회단체 대표, 각 공공 기관장 등으로 구성된 지역 내의 관련 단체와 기관의 최고의사결정자들의 협의회로서 지방 교육의 전체 기획과 관련된 발의와 의견 교류가 이루어져야 한다.

(2) 교육협력관제 상설화

교육협력관 제도 등을 통하여 시·도청과 시도 교육청 간의 협의를 활성화시키며, 시장·도지사에게 학교 설립 공동 추진권, 학교 주변 환경 정화권 등을 부여하여 적극적인 교육에 대한 책무성을 강화할 필요가 있다.

시·도청과 시도 교육청 간의 상호 협력을 원활하게 운영할 수 있도록 경기도와 경기도교육청이 지난 2003년에 전국 최초로 도입·시행한 교육협력관제를 원용하여 운영할 필요가 있다.

다음 자료에서 볼 수 있듯이, 2003년 당시 교육협력관은 경기도교육청 소속으로 경기도에 파견되어 기존 도청 조직(교육지원계)과 팀을 구성하여 1) 교육 및 인적 자원 정책 관련 도, 교육청, 중앙 정부 간의 조정자 역할, 2) 교육 및 인적 자원 정책 관련 도지사 자문(실국장회의 참석), 3) 교육청과의 교육 협력 사업(연간 1,000억 원) 기획 및 집행, 4) 지방 교육재정 지원 업무 수행(법정 교부금 등), 그리고 5) 경인교대 설치, 공공 도서관 확충 등 기존 경기도 교육 관련 업무 총괄 등을 수행하였다.

이러한 교육협력관 제도를 통하여 경기도와 경기도교육청은 유기적인 협조 체제를 구축하여 상호 이해와 협조에 따라 지역 주민의 교육 수요에 능동적으로 대처하였으며, 또한 경기도교육청의 업무 관할 영역 외의 고등교육(대학), 평생교육 등 전 분야에 지방자치단체의 역할 증진을 도모함으로써 지역 혁신과 인재 개발에 깊숙이 관여하였다.

경기도·도교육청의 교육협력관 운영 사례(2003~2005년)

▶ 조직 구성

• 교육청으로부터 교육협력관(4급) 외 1명(6급) 파견

• 기존 도청 조직(교육지원계)과 팀 구성(사무관 2명, 6급 2명, 7급 1명, 기능직1명)

▶ 교육협력관 기능

• 교육 및 인적 자원 정책 관련 도, 교육청, 중앙 정부 간의 조정자 역할

• 교육 및 인적 자원 정책 관련 도지사 자문(실국장회의 참석)

• 교육청과의 교육 협력 사업(연간 1,700억 원) 기획, 집행

• 지방 교육재정 지원 업무 수행(법정 교부금 등)

• 경인교대 설치, 공공 도서관 확충 등 기존 도 교육 관련 업무 총괄 등

▶ 업무 추진 방식

⊙ 교육청에서의 역할

• 공식 직책: 교육협력담당관

• 도청 협력 업무 기획

　– 주요 간부회의 및 기획회의 참석

　– 협력 분야: 초중등·평생

• 도청 협력 업무 창구

　– 각 실국 → 교육협력관 의뢰

⊙ **교육협력관 업무 조정 절차**

수요 파악(양 기관 간 회의 참석 등)

↓

도지사, 교육감 기본 방향 합의 유도(개별 면담)

↓

분야별 교육청, 도청 공동 추진체 구성(간사 역할 수행)

⊙ **도청에서의 역할**

- 공식 직책: 교육협력관
- 교육 관련 정책 기획

  – 주요 간부회의 참석

  – 협력 분야: 초, 중등, 고등, 평생 전 분야

   (교육청 이외 중앙 정부, 대학 등 대상)

- 교육청 협력 업무 기획 · 집행

  – 각 실 · 국 → 교육협력관 의뢰

* 출처: 경기도 내부 자료

교육협력관의 역할을 강화하기 위해서는 현재 4급(서울, 대구, 인천, 광주), 5급(충북, 충남), 6급(제주)으로 시도 교육청의 '과' 수준에 소속되어 운영 중인 교육협력관의 조직 구조를 부교육감 직속으로 변환하거나, 독립된 '과' 체제로 운영하는 방안을 적극적으로 고려해야 한다(이인회, 2010).

(3) 교육 협력 지원 1:1 직원 교류 파견 상설화

특히 시도 교육청과 시·도청 간 교육 협력 직원 1:1 교류 파견을 적극 권장할 필요가 있다. 현재 교육협력관은 시·도 조례 또는 시·도 운영 계획으로 "시장·도지사는 교육협력관을 요구할 수 있다."는 규정에 의해 운영되고 있어, 지속적인 연계 협력의 조정자로서의 역할에 한계를 가질 수밖에 없다. 따라서 시도 교육청과 시·도청 간 상시적인 인사 교류를 통하여 상호 관련 업무에 대한 이해를 도모하고 협력을 증진하기 위한 제도적 장치 마련이 무엇보다도 중요하다.

우선적으로 청소년, 아동, 체육, 과학, 문화, 학교 시설, 재정, 보건, 급식 등 교육 협력이 긴요한 분야에서 공무원 간의 인사 교류가 고려될 수 있다. 특히 우수한 공무원의 적극적 참여를 유도하기 위해 「지방공무원 평정규칙」을 개정하여 인사 교류자에 대한 가산점 가부여가 가능하도록 하고, 「지방공무원 임용령」 등 관련 법령을 재개정할 필요가 있다.

- (행안부와 협의) 인사 교류 공무원에 대한 인사상 인센티브 근거 마련
  - 「지방공무원 평정규칙」 개정('10. 7. 5), 「교육감 소속 지방공무원 평정 규칙」을 개정하여 인사 교류자에 대한 교류 가점 부여 가능(매월 0.05점, 최대 1.8점, 9월 1일 시행)
- 인사 교류 공무원에 대하여 「지방공무원 수당 등에 관한 규정」에서 정하는 바에 따라 예산의 범위 내에서 수당 지급 가능(지방공무원 임용령 제27조의 5)

새로운 사회를 여는
교육자치 혁명

(4) 교육 지원 사업의 안정적 재정 확보를 위한 조례 재·개정: 예산 명시

지방 교육의 특성을 살리기 위해서는 지방자치단체에서 지원되는 보조금을 적극적으로 활용할 필요가 있다. 지원 규모가 크지 않더라도 교육적으로 효과가 큰 사업을 선정해서 지원할 필요가 있으며, 이를 위해 무엇보다도 지원 근거, 지원 내용, 지원 범위, 예산 분담, 성과 평가 등이 조례 재·개정을 통하여 구체적으로 되어야 한다.

일례로 경기도 교육 지원 사업은 경기도와 경기도교육청, 시·군 기초자치단체가 공동 협력으로 추진하고 있는 사업으로서 법적 기반이 없는 상태에서는 경기도의 행·재정적 상황 변화 및 정책 책임자의 변경 등에 따라 언제든지 사업이 중단될 수 있다는 문제점을 안고 있었다. 이러한 문제점을 해결하기 위하여 경기도는 「경기도 교육지원조례」(2005. 12. 30)를 제정하였다. 그런데, 「경기도 교육지원조례」의 제정이 교육 지원 사업의 지속성과 안정성을 갖게 하는 데 성공적이었다고 볼 수 있으나, 「경기도 교육지원조례」 중 예산에 관한 부문은 편성에 대해서만 명시되어 있고 교육 지원 사업의 지원 규모, 기관별 분담 규모, 예산 관리 등 구체적인 내용이 누락되어 있다. 즉 예산 관련 사항의 구체적 언급의 부재로 경기도 교육 지원 사업은 재원 확보의 안정성 결여, 계획과 재정 운영의 연계 부족이라는 문제점을 노정하고 있다.

한편 경기도보다 7개월 늦은 2006년 7월 서울시가 제정한 「서울시 교육격차 해소와 인재 양성을 위한 교육지원조례」에는 예산의 계상뿐만 아니라 지원 규모, 소요 경비의 분담, 지원금 사용의 반납에 대해 구체적으로 언급하고 있다. 서울시 조례에는 교육 지원 사업으로 서울시 예산 중 취득세, 등록세 합산액의 1,000분의 15 이내의 금액으로 지원하며(5차 개정[2010. 11. 4]에서 취·등록세의 2%에서 3%로 확대하였음), 전출금은 목적 및 조건을 지정하여 특정 사업별로 전출한다고 그 지원액을 구체화하고 있다. 또한 조례에 소요 경비의 분담을 언급하여, 서울시가 서울특별시교육청과 자치구에 소요 경비의 일부를 분담하게 한다는 내용을 명확히 정하여 일선 자치구가 교육 지원 사업의 교육 경비 보조 외면 현상을 사전에 예방하고 있다. 나아가 서울시는 단위 학교에서 교육 지원 사업 예산 집행 후 정산 결과 잔액이 발생한 경우 반납해야 함을 지시하고 있어 교육 지원 사업에 대해 철저히 예산 관리할 것을 보여줌으로써 예산 낭비의 우려를 사전에 예방하고 있다.

「경기도 교육지원조례」와 「서울시 교육조례」의 예산 부문 비교(2011년 현재)

경기도 교육지원조례	서울시 교육 격차 해소와 인재 양성을 위한 교육 지원 조례
제6조(예산의 편성) ① 도지사는 제5조 제2항에 따른 다음 연도 교육 지원 사업 추진을 위하여 경기도교육비특별회계의 관련 예산 편성 현황과 도의 재정 상황 등을 고려하여 예산을 편성하여야 한다. ② 제1항의 예산은 경기도교육비특별회계의 전출금으로 편성한다.	**제4조(예산의 계상)** 시장은 제3조 각 호의 규정에 의한 교육 사업의 지원에 관한 예산을 시교육비특별회계의 전출금으로 계상할 수 있다. **제5조(지원 규모 등)** ① 제4조의 규정에 의한 교육 지원 전출금의 규모는 당해 연도 본 예산의 세입 중 「지방세법」 제5조의 규정에 의하여 부과되는 취득세·등록세 합산액의 1,000분의 30 이내의 금액으로 한다. ② 전출금은 목적 및 조건을 지정하여 특정 사업별로 전출한다. **제6조(소요 경비의 분담)** 시장은 지원하는 교육 사업의 목적 및 효과 등을 고려하여 재정 분담이 필요하다고 인정되는 경우에는 서울특별시교육청 및 자치구에게 그 소요 경비의 일부를 분담하게 할 수 있다. 이 경우 서울특별시교육감 및 해당 구청장의 협의를 거쳐야 한다. **제10조 (지원금 사용의 반납)** 교육 지원 사업의 지원금을 교부받은 자는 당해 사업의 정산 결과 잔액이 발생한 경우에는 이를 반납하여야 한다.

(5) 교육청 중심의 사업비 집행

교육재정의 규모는 교육 필요 소요액, 국가 또는 지방자치단체 등의 재정 능력, 재정 노력 등 세 요인 간의 함수관계에 의하여 결정된다. 재정 노력이 한 요인으로 작용하는 것은 국가나 지방자치단체가 재정 능력이 있다 하더라도 교육 투자는 정치·경제·사회적 여건에 따라 우선순위에서 뒤로 밀리기 쉬운 속성이 있어 교육재정을 확보하고자 하는 노력이 필요하며, 더불어 현행 「지방자치단체의 교육 경비 보조에 관한 규정」은 교육 경비 지원을 자치단체장의 의지에만 맡겨둔 실정이므로 교육 관련 기관에서 장기적인 계획 수립이 불가능한 현실을 감안하여 명확한 기준(재정 자립도 등 예산의 규모를 감안한 법률적 성격)을 제시할 필요성이 있기 때문이다.

법정 전입금의 성격이 아닐지라도 일정한 예산[33]의 지방비를 교육 발전에 투자하는 것은 각종 도시 기반시설 투자 못지않게 지역 주민들에게 있어서는 수혜 사업이라 할 것이다.

또한 교육기관에서 예산 성립 여부가 불확실한 관계로 장기 계획에 의한 실질적인 교육 사업 계획의 수립이 불가능하고, 자치단체에서 사업 대상 심의 시 자치단체의 의견이 반영되므로 교육 본질의 문제 외에 선심성 등이 작용할 우려가 높은 문제점을 보완하기 위하여 다음의 표와 같이 교육 경비 보조 및 집행을 개선할 필요가 있다.

---

33) 사회적 변동에 영향을 받지 않는 지방세목으로 결정.

지방자치단체의 교육 경비 지원에 대한 흐름도 개선안

```
┌─────────────────────────────────────────────────────────────────┐
│ • 지방자치단체의 교육 자체 사업을 제외한 일반 교육 경비에 대하여는 총액으로만 심의 │
│   확정                                                          │
│ • 교육기관으로 사업 예산 전도(매년 일정 수준 범위 내)                    │
└─────────────────────────────────────────────────────────────────┘
                              ↓
┌─────────────────────────────────────────────────────────────────┐
│ • 교육청에서는 장·단기 사업계획에 의거하여 세부 예산안 확정 후 시행        │
└─────────────────────────────────────────────────────────────────┘
                              ↓
┌─────────────────────────────────────────────────────────────────┐
│ • 교육청에서는 사업 예산 정산 및 장기적인 교육 사업에 대한 관계 기관 설명회 개최 등 │
│   사업비 확보 노력                                                │
└─────────────────────────────────────────────────────────────────┘
```

이를 통하여 교육기관에서는 일정한 범위 내의 예산안 예측이 가능하므로 장기적인 교육 사업 계획 수립과 대규모 사업에 대한 연차적 사업 계획 수립도 가능하며, 아울러 교육기관의 전문적인 사업 계획 수립으로 예산의 효율성 및 성과를 극대화시킬 수 있고 학교별 사업의 우선순위 결정에 있어서도 합리적인 계획이 수립될 수 있다.

참고 문헌

● 공은배·윤홍주·이선호·오범호(2011), 『일반 자치단체의 교육 투자 실태 및 성과 분석 연구』, 한국 교육개발원.
● 공은배·이선호(2010), 『2009 지방자치단체 교육투자 현황 분석』, 한국교육개발원.
● 반상진(2009), 「초·중등학교 자율화에 따른 지방 교육재정 정책의 점검과 과제」, 『현 정부의 교육재 정 관련 정책 중간 점검』, 2009년도 한국교육재정경제학회 제52차 학술대회 자료집.
● 오정란(2014), 『교육청-지자체 간 교육 협력 추진 현황 및 발전 방향』, 전북교육정책연구소.
● 이기우 외(2007), 『지방자치단체의 교육지원 확대 방안』, 한국개발연구원.
● 이인회·이혜정·하봉운(2011), 『교육자치-일반 자치단체 간 협력 강화 방안 연구』, 교육과학기술부.

- 하봉운(2005), 「〈시·군 및 자치구의 교육경비보조에 관한 규정〉에 따른 기초자치단체 교육 지원 현황과 문제점 분석 연구」, 『교육법학연구』 17(1), 253-278.
- 하봉운(2009), 「지방자치단체 교육재정 지원의 현황과 과제」, 2009년도 한국교육재정경제학회 제53차 학술대회 자료집.
- 한국교육개발원(2011), 『2011 지방 교육재정분석 종합보고서』.

교육 비리 해소,
인사제도 개선이 답이다

1. 잊을 만하면 터져 나오는 교육계의 인사 비리

한국에서 공직에 출마하려는 많은 사람들이 '깨끗한' 또는 '청렴한'이라는 수식어를 자신의 이름 앞에 붙인다는 사실은 많은 공공 조직에 비리가 만연해 있다는 사실을 반증하는 것일지도 모른다. 유감스럽게도, 교육계도 다르지 않다. 2009년 말 신문 한 귀퉁이를 장식하였던 서울시교육청 소속 여 교사의 '하이힐 폭행 사건'이나 종종 뉴스를 통하여 세상에 알려지는 사립학교의 교직원 채용과 관련된 비리 사건은 교육계의 인사 비리가 상당함을 보여준다.

더 나아가 지방 교육행정의 수장이 자신의 권한을 악용하여 인사에 개입하고, 그로 인하여 직무 수행을 중단한 사례가 적지 않게 존재한다. 공정택 전 서울시교육감에게 1,000만 원을 건넨 서울시교육청 산하 교육장들이 파면당하고, 공 전 교육감 자신은 구속 처벌되었다. 2010년 주민 직접 선거로 교육감을 선출한 후에도, 교육감과 관련된 인사 비리는 계속되고 있다. 장학사 선발 과정에서 시험을 관리하는 교육청 관계자와 출제위원이 결탁하여 일부 응시자들에게 돈을 받고 시험 문제를 유출한 사건이 발생하였고, 이 사건의 정점에 있는 것으로 알려진 김종성 전 충남 교육감은 구속 수감되었다. 나근형 인천시교육감 역시 수많은 인사 비리 혐의로 구속 재판을 받고 있다. 유치원 원장에게 옷 로비를 받은 임혜경 부산시교육감은 구속 재판은 면하였지만, 그의 비도덕적 행위는 많은 질타를 받았다.

2000년대 초에 교육계 일각에서 비밀스럽게 전해졌던 '장천감오(長千監伍, 교장이 되기 위해서는 교육감에게 천만 원을, 교감이 되기 위해서는 오백만 원을 바쳐야 한다는 뜻의 말)'라는 말이나, "고기 맛을 본 중은 법당 위의 파리를 그냥 두지 않는다."는 속담이 교육계에 널리 퍼져 있다는 사실은 교육계의 비리 문제의 심각성을 웅변한다고 할 수 있다.

2. 교육계 인사 비리의 유형

교육계의 인사 비리는 다양한 유형으로 나타나고 있다.

우선, 노동 유연화 정책으로 교직의 직업 안정성이 상대적으로 높아진 시점에서 교직 입직 과정에서의 비리가 심각하다. 어느 정도의 돈을 쓰더라도 교직에 입직하기만 하면 안정적인 삶이 유지되리라고 기대할 수 있기 때문이다. 공립학교 교원 채용이나 지방직 공무원 채용은 비교적 공정하게 관리되는 시험 절차에 따르기 때문에 인사 비리가 개입될 여지가 넓지 않지만, 사립학교 교직원 채용 과정에서는 비리가 심심치 않게 발생한다.

교직에 입직하고 나면 근무 여건이 상대적으로 좋은 곳에서 일하고 싶은 것은 어느 정도는 인지상정이라고 할 수 있을지도 모른다. 더 어려운 여건에 있는 아이들과, 더 힘든 삶을 살고 있는 학부모 및 주민들과 더불어 학교를 일구어나가는 일이 한결 보람 있는 일이 될 터이지만, 보람은 그만큼의 수고를 필요로 하기 때문에 더 형편이 좋은 학교에서 근무하고 싶어 하는 교사나 교장, 행정직원이 많은 것이 사실이다. '3D 학교'와 같이 교사들이 근무를 기피하는 학교가 있고, '5성 교장'처럼 학교의 여건에 따라 교장의 서열이 존재하는 것도 사실이다. 따라서 더 근무 여건이 '좋은' 학교로 발령을 받고자 하는 청탁도 교직원 인사철의 일상 풍경이 되었다.

입직 이후 승진을 위한 과정에서의 인사 비리는 한층 심각한 양상을 띤다. 교사에서 교감으로, 또 교감에서 교장으로 승진하기 위하여 평소에 인사권자에게 갖은 형태의 호의를 제공하는 일이나 명절에 고가의 선물을 보내는 일은 다반사이며, 승진 인사 시기를 앞두고 거액의 돈을 건네는 일도 없지 않다.

교사에서 교감, 교장으로 승진하는 길을 명절에 고향으로 가는 꽉 막힌 고속도로에 비유할 수 있다면, 장학사로 선발되어 승진을 도모하는 길은 한결 수월하게 고향으로 갈 수 있는 우회도로에 비유할 수 있기 때문에, 장학사 선발 과정에서의 비리는 매우 심각하다. 교육청이나 학교에서 일반 행정을 담당하는 지방직 공무원들의 승진과 관련한 행태 역시 유사하다. 특히 일반직 공무원의 '꽃'이라고 불리는 5급 사무관 승진을 위한 과정에서의 비리는 심심치 않게 보고되고 있다.

3. 교육계 인사 비리는 왜 발생할까

인사 비리가 교육계만 아니라 사회 곳곳에 존재한다는 사실은 비리를 유발하는 구조적 요인의 공통성이 있을 수 있음을 함의한다. 클리트가드 (Klitagaard)의 '부패 공식'은 비리가 발생하는 구조적 조건을 잘 보여주는 유용한 틀이다(박영숙, 2010에서 재인용).

```
부패(C) = 독점(M) + 재량권(D) - 책무성(A)
```

C: Corruption   M: Monopoly power

D: Discretion by officials   A: Accountability

클리트가드의 주장을 간략히 요약하면 인사권 독점의 정도가 클수록, 그리고 재량 범위가 넓을수록 부패 가능성은 커지며, 책무성이 강할수록 그 가능성은 감소한다는 것이다. 더 자세히 설명하면, 인사권자가 외부 참여를 배제한 채 인사에서 독점적 권한을 행사하면 부패 가능성이 높아지며, 선발 기준의 명확성과 그 과정의 투명성은 재량권과 반비례 관계를 형성하는데, 재량 범위가 넓을수록 비리가 발생할 여지가 확대된다. 책무성은 인사 결과를 공개하고 인사 과정에 대한 외부 감사를 제도화하는 등 인사 과정과 결과에 책임을 지는 것인데, 책무성이 강화될수록 부패 가능성은 낮아진다.

클리트가드의 '부패 공식'에 비추어 보면, 그동안 교육계의 인사에서 교육감을 정점으로 하는 인사권자의 독점이 강하였고, 인사 과정에서 일부 재량의 여지가 존재하였으며, 책무성 절차는 상대적으로 미약하였던 것이 인사 비리가 끊이지 않게 된 구조적 조건이 되었다고 할 수 있다.

한편, 교육계만의 독특한 조건도 인사 비리의 원인이 되고 있다. 다른 조직에 비하여 교직은 승진 가능성이 상당히 제약되어 있다. 교직의 경우, 교사와 교감, 교장이라는 세 층위의 직위만 존재하며(수석교사가 존재하지만, 그 수가 많지 않고 아직 충분히 제도화되지 않은 상태에 있다.), 교사에 비하여 교감이나 교장의 수는 절대적으로 적다. 교사가 교감 또는 교장이 되기가 쉽지 않은 것이다. 일본에서는 이런 특징을 지닌 학교 조직을 '냄비 뚜껑' 조직에 비유하기도 한다. 즉, 평평한 뚜껑의 한 가운데 작은 손잡이가 튀어나와 있는 모양이 학교 조직을 잘 묘사한다고 보는 것이다. 길목이 좁은 곳에서는 병목 현상이 일어나기 마련이다.

그런데 교장 자리가 많지 않다는 것이 비리의 모든 원인을 설명하지는 못한다. 이웃 일본의 경우, 우리나라와 매우 유사한 교육 조직의 구조를 갖추고 있지만, 최소한 교장이 되기 위한 비리 문제는 거의 발생하지 않는다. 그 이유는 교장이 되고자 하는 교사가 많지 않기 때문이다. 근래 일본 사회의 일반적인 현상이기도 하지만, 높은 직위에 오르는 일이 책임과 부담은 커지는 대신 자신에게 돌아오는 실질적인 이득은 크지 않다고 생각하는 사람들이 많아지고 있다. 일본의 교육계에서도 교사보다 교장의 일이 힘들고, 책임이 크다고 생각하는 사람들이 많기 때문에, 일본은 교장 승진 비리를 걱정하는 것이 아니라 유능한 교장 자원을 학교로 끌어들이는 일을 더 걱정하고 있다. 교장 부족 사태는 일본만의 현상은 아니며, 미국의 여러 주에서도 현안 중 하나가 되어 있다. '열쇠 아저씨(Key man)'라는 별칭으로 불리기도 하는 미국의 교장은 누구보다 일찍 학교에 나와서 문을 열며, 가장 늦게 학교를 떠나며 문을 닫는다. 교장직의 어려움을 상징적으로 보여주는 말이다.

그런데 한국의 교장직에 대한 세간의 인식은 사뭇 다르다. 얼마 전 직업 만족도가 가장 높은 직업이 '초등학교 교장'이라는 조사 결과가 보도된 일도 있었다. 심지어 '송장(送葬) 위에 교장'이라는 모욕적인 말, 즉 가만히 누워 있기만 하는 송장보다 편한 존재가 교장이라는 뜻의 말이 교사들 사이에 쓰이고 있다. 편한 일을 마다할 사람이 없으며, 따라서 한국에서는 많은 교사가 교장이 되고자 하기에, 좁은 문을 열기 위한 과정에서 때로 비리 문제가 발생하기도 하는 것이다. 이 점은 지방직 공무원들도 마찬가지여서, 승진할수록 일의 부담은 줄어들고 누릴 수 있는 여유는 늘어난다. 승진 경쟁에 뛰어드는 사람이 많은 이유이다.

4. 진보 교육감과 교직원 인사제도 개선 노력

공직에 나서면서 비리를 온존시키겠다고 공약하는 사람은 없다. 누구나 인사 비리의 뿌리를 뽑겠다고 말한다. 그러나 모든 후보자의 말에 진정성이 있는 것은 아니다. 2010년 교육감 선거에 출마하여 당선된 교육감들은 입을 모아 교육계의 인사 비리를 바로잡겠다고 말했다. 그러나 김종성 충남교육감이나 나근형 인천시교육감과 같이 자신이 직접 비리 혐의로 재판을 받고 있는 경우도 있고, 인사 비리 문제로 잡음을 내는 교육감이 적지 않다. 반대로, 진보 교육감들은 인사 비리를 개선하기 위하여 주목할 만한 실천을 해오면서, 인사 비리 개선에 대한 진정성을 보여주었다. 몇몇 교육청에서 일어난 긍정적 변화 사례는 다음과 같다.

첫째, 장학사 선발 방식을 개선하였다. 종래 지필고사와 면접을 통한 선발 방식은 곳곳에 비리가 개입할 여지를 남겨두고 있었고, 무엇보다 교육전문직으로서의 역량을 타당하게 평가하는 방식에 미치지 못한다는 비판을 받아왔다. 기존의 지필고사는 단순 암기 능력을 평가할 수밖에 없었기 때문에 응시자들은 출제될 만한 문제를 예상하고 암기하는 방식으로 시험을 준비하였으며, 일부 지역에서는 장학사 시험을 도와주는 '족집게 학원'이 성업하기도 하였다. 또, 시험 출제와 관리를 철저히 교육청 내부 인사들이 맡고 있었기 때문에, 그 과정이 투명한 것도 아니었다.

그런데, 전라북도교육청을 필두로 하여 몇몇 교육청에서 지필 평가가 아닌 역량 평가 중심으로 평가 방식을 바꾸고, 교육청 외부 인사를 심사위원으로 위촉하여 선발 과정의 객관성과 투명성을 강화하고 있다.

장학사 시험 제도 개선 사례

구분	전북교육청		광주교육청		전남교육청	
1차	• 서류 심사		• 서류 심사		소양 평가	• 서류 심사 • 자기수개서 • 기획력 평가 • 문제 해결력 평가 • 현장 실사
	논술 평가	• 전채 논순	장학 역량 평가	• 논술 평가 • 장학 컨설팅		
	정책 보고서 작성	• 기획능력 평가				
2차	역량 평가	• 수업 컨설팅역량	다면 평가	• 현장 다면 평가	역량 평가	• 직무 능력 평가 • 인성 평가 (심층 면접)
		• 학교 컨설팅 역량	실무 역량 평가	• 보고서 작성 • 심층 면접 • 상호 토론		

3차	현장
	평가
		• 직무수행 계획서
		• 교육 활동 실적
		  평가
		• 인성적 자질
		  평가
		• 동료 교사 다면
		  평가
			-		-	

	심층 면접	• 기본 소양 평가 • 현장 조종 및 소통역량				

　이처럼 역량 평가 중심으로 선발 과정을 개선하면서, 지필고사 방식에서 발생할 가능성이 있는 시험 비리 가능성이 차단되었고, 선발 후 직무 수행 과정에서 업무 효율성이나 만족도가 제고되었다.

　전북교육청과 전남교육청은 지방직 공무원의 5급 사무관 승진 시험도 역량 평가 방식으로 개선하였다. 또한 선발 과정에 외부 인사의 참여를 확대하였다.

사무관 선발 제도 개선 사례

구분	전북교육청		전남교육청	
1차	보고서 작성 능력	• 문제 파악 및 분석력 • 문장 구성의 체계성 • 표현의 정확성	평가 역량	• 문제 상황 규명 • 합리적 대안 제시 • 업무 추진 및 관리
2차	발표 및 면접	• 사고 역량 • 업무 역량 • 관계 역량	다면 평가	• 직무 수행 능력 • 근무 실적 • 근무 태도
비고	역량 평가에 외부 위원을 50% 이상 참여시켜서 평가 공정성 및 투명성 제고		역량 평가를 외무 전문 업체에 위탁하여 평가 공정성 및 투명성 제고	

　이처럼 사무관 선발 시험에서 평가의 타당성을 제고하고 투명성을 강화하게 됨에 따라, 선발된 사무관들의 업무 효율이 높아졌을 뿐만 아니라 다른 행정직원들의 만족도도 제고되었으며, 조직 전반에 열심히 일하는 분위기가 형성되고 있다.

　경기도교육청이나 전남교육청 등 진보 교육감이 교육행정을 책임지는 지역에서 교장 공모제가 취지에 부합하게 운영되고 있는 것도 인사 혁신 사례가 되고 있다. 교육부에서는 여러 가지 조건을 붙여서 교장 공모제를 사실상 무력화하고 있으며, 서울시교육청이나 부산시교육청 등에서 '무늬만 공모제'를 운영하고 있는 것에 비추어보면, 진보 교육감들은 어려움 속에서도 꿋꿋하게 교장 공모제를 정착시켜가고 있다고 할 수 있다.

교장 공모제 운영 현황

구분	2011				2012				2013			
	초빙형	내부형		개방형	초빙형	내부형		개방형	초빙형	내부형		개방형
		교장자격증유무				교장자격증유무				교장자격증유무		
		○	×			○	×			○	×	
광주교육청	15	–	–	–	13	1	–	–	4	6	1	2
경기교육청	92	41	5	1	92	35	5	1	45	36	6	1
강원교육청	34	–	–	1	14	–	–	–	1	–	–	–
전북교육청	30	–	2	–	25	–	–	1	22	–	–	1
전남교육청	30	18	–	2	23	25	–	1	19	8		5

　　또, 교육감 선거에 공을 세운 인사에게 전리품으로 던져주는 자리로 인식되었던 교육장을 공모 방식으로 선발하는 것도 인사제도의 큰 개선 사례가 되고 있다. 전북교육청이 14개 교육장 전부를 공모 방식으로 선발하는 것을 비롯하여 5개 진보 교육청에서는 교육장 공모를 시행하고 있다. 그 밖에 유일하게 충남교육청에서 교육장 공모를 시행하고 있는데, 이는 장학사 시험 비리에 대한 대응 차원에서 한시적으로 시행하는 것으로 이해할 수 있다.

교육장 공모제 현황

교육청	교육장 수 (공모 교육장 수)	교육청	교육장 수 (공모 교육장 수)
광주교육청	2(2)	전북교육청	14(14)
경기교육청	25(2)	전남교육청	22(11)
강원교육청	17(4)	충남교육청	15(1)

5. 인사제도 개선을 위한 정책 경쟁

진보 교육감들이 매우 혁신적인 방식으로 인사제도를 개선하면서, 교육 비리도 점차 사그라지고 있다. 선발의 편의보다는 타당성을 높이고, 교육청 내부 인사에게만 열려 있던 선발 과정을 외부 인사들에게도 활짝 열어서 선발 과정의 투명성과 공정성을 제고하고 있다. 또, 교원 인사 과정에서도 거버넌스의 정신이 적절하게 구현되고 있다. 진보 교육감들이 모범적인 변화를 일으키고 있는 것이다.

충남교육청의 장학사 시험 비리 사건을 계기로 교육부는 교육 전문직 선발 시 공개 경쟁 시험 제도를 도입하고, 교육 전문직의 전직 횟수를 제한하는 등 내용의 제도 개선안을 발표하고 추진하고 있다. 바야흐로 몇몇 교육청에서 선도적으로 시작된 인사 비리 개선 노력이 전국적으로 확산되는 시점에 있다. 교육자치가 지방 교육행정기관 사이의 경쟁은 물론, 교육부와 지방 교육행정기관 사이의 건전한 정책 경쟁을 이끌어내고 있다고 할 수 있다.

참고 문헌

● 박영숙(2010), 「교육 패러다임 변화에 부응하는 교육전문직 인사제도 개선 방향과 과제」, 교육전문직 인사제도 개선(안) 마련을 위한 공청회 자료집.
● 전라남도교육청(2013), 『인사제도 개선과 교육 비리 해소』.
● 홍창남(2013), 「장학사 제도의 문제점 검토 및 개선 방안 탐색」, 장학사 비리 근절과 제도 개선 어떻게 할 것인가 토론회 자료집.

또 하나의 교육 가족, 학교 비정규직

1. 들어가며

지난 2013년 8월 17일 충북 청주의 한 초등학교 학교 비정규직 노동자가 자살하는 사건이 발생하였다. 2000년부터 과학실무원으로 14년간 학교 비정규직으로 근무하면서 한 달에 105만 원을 받아오던 고인은 직종 통폐합 정책으로 교무실무사로 직종 전환이 되면서 업무량이 늘어났다. 이로 인한 스트레스와 설상가상으로 급성 당뇨까지 앓게 되면서 치료를 위해 13일간의 유급휴가를 사용하였다. 14일간의 유급휴가를 포함해 60일간의 병가를 사용할 수 있다는 것조차 알 수 없었던 이 노동자는 학교에 사직서를 내게 되었다. 하지만 무급휴가를 더 쓸 수 있다는 것조차 제대로 듣지 못했던 이 노동자는 그것을 다 사용하지 않았다고 실업급여 대상조차 되지 못하였다.

청와대 국민신문고와 교육청에 자신의 이러한 처지를 알리고 복직을 원하는 호소문을 올렸지만 충북교육청은 "(자신의) 판단에 의해 퇴직원을 제출하였고 이에 따라 퇴직 처리가 된 것이기 때문에 현시점에서 행정 처리를 되돌릴 수 없다."고 답했다. 이러한 상황은 결국 그를 죽음의 벼랑으로 밀어넣었다. 학교 정규직 교직원은 병을 치료하기 위해 연간 60일의 유급휴가 및 2년까지 급여의 70%를 받으며 휴직할 수 있다. 이에 비하여 학교 비정규직 교직원은 대부분의 지역에서 연간 60일 병가(이 중 14일만 유급)밖에 없는 실정이다. 병에 걸리고 나서도 받게 되는 차별과 최소한의 권리 보장조차 되어 있지 않은 현실이 이 안타까운 죽음의 주범인 것이다.

우리 사회의 절반을 차지하고 있는 비정규직의 문제와 심각성은 이처럼 교육 현장에서도 똑같은 모습을 드러내고 있다. 고용 불안과 저임금, 차별적 제도와 노동에 대한 경시와 불평등의 문제가 학교에서도 그대로 재현되고 있는 것이다. 교육의 질은 교원의 질에 달려 있다고 한다. 하지만 고용노동부의 공식 통계 자료로 15만 명이 넘는 학교 비정규직이 존재하고 있는 교육 현장에서 이러한 문제의 해결 없이 "질 높은 교육"은 실현될 수 없다. 여기에서는 지난 4년 동안 각 시도 교육청이 비정규직원들의 처우 개선을 위하여 쏟은 노력과 그 성과들에 대한 비교·분석을 통하여 비정규직 정책의 문제점과 해결 방안을 제시하고자 한다.

2. 학교 비정규직의 현실

학교 비정규직은 학교의 급식 의무 전면 시행, 공교육 강화를 위한 교원 업무 경감 정책 등의 정책과 맞물려 지속적으로 증가하였다. 최근 무상급식, 교육복지우선사업, 특수교육, 학교 내 안전 강화, 보건, 진로 및 상담 업무, 돌봄 및 방과후학교 등 교육 복지가 확대 강화되고, 학교 폭력 문제에 대한 대책으로 체육 활동이 강화되는 등의 정책이 추진되면서 여기에 필요한 인력은 대부분 비정규직으로 충원되어왔다. 이에 따라 학교 비정규직 전체 인원은 학교 회계 직원 14만 989명과 비정규직 강사 16만 2,196명(2013년 기준), 파견·용역 근로자 2만 2,135명, 기간제 교사 4만 1,228명(2011년 기준)까지 포함하면 전체 약 37만 명에 이르고 있다(『학교 비정규직노동조합 정책자료집』, 2013).

<표 1> 학교 회계 직원 연차별 증감 현황

구분	2008	2009	2010	2011	2012	2013
학교 회계 직원 (전년 대비 증가율)	88,689	96,937 (9.3%)	118,052 (21.8%)	130,456 (10.5%)	152,609 (16.9%)	140,989 (△7.6%)

※ '13년도 학교 회계 직원 감소 사유: 자원봉사자, 스포츠 강사, 운동부 코치 등 제외.

다음의 자료와 같이 학교 회계 직원의 주요 직종은 약 30여 개이며 실제 근무하고 있는 직종은 70여 직종이 넘게 나타나고 있다. 학교 급식 종사자(영양사, 조리사, 조리원, 배식 보조)가 가장 많은 비중(46.8%)을 차지하고 있으며, 다음으로 교무행정사가 다수(10.8%)를 차지하고 있다. 2012년에 비해 2013년도 학교 회계 직원이 감소한 이유는 체육 순회 코치, 사회복지사, 스포츠 강사 등의 직종을 제외했기 때문이며 전년도와 동일한 기준을 적용하면 약 4,000여 명이 증가했음을 알 수 있다.

<표 2> 학교 회계 직원 직종별 현황

직종명	2012년	2013년	증감
교무 보조	13,140	15,298	2,158
과학 보조	4,837	4,406	−431
전산 보조	2,135	1,710	−425
사서(보조)	4,609	4,680	71
유치원 교육 보조	662	628	−34
특수교육 보조	6,679	7,243	564

사무 보조	5,192	5,135	−57
학부모회 직원(행정)(행정 외)	4,332	3,815(861)	344
영양사	4,832	4,947	115
조리사	7,032	7,336	304
조리원	49,223	48,999	−224
배식 보조	4,127	4,504	377
시설관리직	919	1,033	114
매점관리원	70	84	14
청소원	1,444	1,547	103
당직 전담 직원	711	675	−36
사감	1,061	1,117	56
초등 돌봄 전담 실무원	6,245	7,124	879
방과후학교 운영 실무원	3,269	2,451	−818
유치원 종일반 운영 실무원	4,240	3,424	−816
체육 경기 지도사	5,105	제외	−
통학차량 보조	1,859	1,996	137
사회복지사	292	제외	−
평생교육사	78	74	−4
교육복지사	1,478	1,666	188
전문 상담사	2,121	3,888	1,767
학교 보안관	기타 포함	1,152	−
기타	16,917	4,693	−12,123
합 계	152,609	140,989	−11,620

*출처: 교육부.

새로운 사회를 여는
교육자치 혁명

<표 3> 비정규직 강사 현황(2013년 4월 기준)

구분	종류	인원
강사 명칭	교과교실제 강사	5,869
	스포츠 강사	11,947
	(토요)스포츠 강사	5,129
	영어회화 전문 강사	6,105
	교과·특기 적성 방과 후 강사	131,722
상시	시간 강사	1,424
총계		162,196

*출처: 교육부.

학교 비정규직의 열악한 현실은 저임금과 차별적인 임금 체계, 매년 약 1만 명이 해고되는 심각한 고용 불안 문제 등 풀어야 할 과제들이 산적해 있다. 다음 도표에 나타난 것처럼 정규직의 50% 수준의 임금이 근무 연수가 늘어나도 호봉제조차 실시되지 않고 있다.

<표 4> 2013년 정규직과의 월평균 임금 비교(전국 학교비정규직노조 자료)

(단위 : 원)

근무 연차	영양사			교무, 행정 (365일 상시 근무자)			조리원 (275일 방학 중 비근무자)		
	영양 교사	비정규직	비율	공무원 (9급)	비정규직	비율	공무원 (9급)	비정규직	비율
1	2,584,261	1,752,750	67.8%	1,849,619	1,567,588	84.8%	1,849,619	1,216,813	65.8%
2	2,643,565	1,752,750	66.3%	1,928,033	1,567,588	81.3%	1,928,033	1,216,813	63.1%
3	2,707,578	1,752,750	64.7%	2,011,606	1,567,588	77.9%	2,011,606	1,216,813	60.5%
4	2,771,551	1,802,750	65.0%	2,100,657	1,617,588	77.0%	2,100,657	1,266,813	60.3%
5	2,837,168	1,802,750	63.5%	2,191,543	1,627,588	74.3%	2,191,543	1,266,813	57.8%

6	2,995,890	1,812,750	60.5%	2,335,534	1,627,588	69.7%	2,335,534	1,276,813	54.7%
7	3,106,096	1,812,750	58.4%	2,427,039	1,627,588	67.1%	2,427,039	1,276,813	52.6%
8	3,217,672	1,822,750	56.6%	2,517,020	1,637,588	65.1%	2,517,020	1,286,813	51.1%
9	3,330,618	1,822,750	54.7%	2,604,719	1,637,588	62.9%	2,604,719	1,286,813	49.4%
10	3,444,111	1,832,750	53.2%	2,690,534	1,647,588	61.2%	2,690,534	1,296,813	48.2%
11	3,573,341	1,832,750	51.3%	2,784,166	1,647,588	59.2%	2,784,166	1,296,813	46.6%
12	3,673,806	1,842,750	50.2%	2,852,326	1,657,588	58.1%	2,852,326	1,306,813	45.8%
13	3,783,946	1,842,750	48.7%	2,917,646	1,657,588	56.8%	2,917,646	1,306,813	44.8%
14	3,884,056	1,852,750	47.7%	2,981,073	1,667,588	55.9%	2,981,073	1,316,813	44.2%
15	3,995,408	1,852,750	46.4%	3,041,778	1,667,588	54.8%	3,041,778	1,316,813	43.3%
16	4,125,931	1,862,750	45.1%	3,120,589	1,677,588	53.8%	3,120,589	1,326,813	42.5%
17	4,236,573	1,862,750	44.0%	3,177,863	1,677,588	52.8%	3,177,863	1,326,813	41.8%
18	4,347,214	1,872,750	43.1%	3,231,468	1,687,588	52.2%	3,231,468	1,336,813	41.4%
19	4,458,211	1,872,750	42.0%	3,283,889	1,687,588	51.4%	3,283,889	1,336,813	40.7%
20	4,573,823	1,882,750	41.2%	3,333,944	1,697,588	50.9%	3,333,944	1,346,813	40.4%

*출처: 전국학교 비정규직 노조.

다음 도표에 나타나고 있는 것처럼 질병 또는 부상으로 일을 할 수 없는 경우에서조차도 정규직과의 극명한 차별을 보이고 있다.

<표 5> 질병 휴가 및 휴직제도 비교

구분	정규직(교원/공무원)	학교 비정규직
유급 병가 제도	연간 60일 유급 병가	대부분 유급 병가 14일(경기 21일, 전북 60일), 무급 병가 60일(유급 병가 포함)
질병 휴직 제도	휴직 기간 1년+1년(2014년 2월), 급여 지급 봉급의 70% 지급	휴직 기간 6월~1년 무급

새로운 사회를 여는
교육자치 혁명

이러한 차별을 받고 있으면서도 학교 비정규직 노동자들은 몸이 아파도 산재로 처리하는 비율이 10%에 불과하며 휴가를 사용할 경우에 대체 인력 부족으로 인하여 몸이 아파도 휴가를 제대로 쓸 수 없는 실정이다. 민주당 최재성 의원의 2009년 국감 자료에 의하면, 학교 비정규직 노동자들은 1년 동안 평균 1.79일밖에 휴가를 사용하지 않는 것으로 나타났다. 공공운수노조 전회련 학교비정규직본부의 설문 조사 결과에 의하면, 최근 1년간 아픈 경험이 있는 비율이 75%나 되지만 아프지만 병가를 사용한 경험이 있는 노동자는 44%에 불과하다. 병가를 사용하지 못하는 이유는 대체 인력이 없거나 불이익을 당할 것이 염려되기 때문(60%)이고, 병가 제도가 있는지조차 모르는 경우도 8%나 되는 것으로 나타났다.[34]

2013년 2월, 교육부가 실시한 '학교 비정규직 계약 해지 실태 조사' 결과 총 6,475명의 학교 비정규직이 학생 수 및 예산 감소, 정년 55세 적용, 무기 계약을 회피하기 위해 2년 이내 단기 사용 후 교체 등의 사유로 해고되었다. 2009년부터 학교 실용 영어교육 강화를 위해 도입된 영어회화 전문 강사(영전강)는 「초중등교육법 시행령」에 따라, 4년 동안 기간제로 채용해왔으나 2013년 8월, 근무 기간이 4년이 된 526명을 모두 퇴직 처리한 후 신규 선발 과정을 거치도록 함으로써 대량 해고 및 고용 불안 문제가 발생하고 있다.

---

34) 공공운수노조 전회련 학교 비정규직본부 문자 설문 조사(조사 기간 2013. 8. 28~30. 설문 조사 참가 인원 3,755명).

3. 정부의 비정규직 정책

(1) 중앙 정부의 정책 변화

학교 비정규직의 급증과 차별을 시정하기 위한 학교 비정규직 노조들의 조직적인 활동이 이루어지면서 국가인권위원회의 정책 권고와 법원의 각종 판결이 내려지고 있다. 우선 국가인권위원회는 정책 권고를 통하여 학교 회계 직원의 차별적 저임금 구조 개선안을 마련하는 한편, 현재 운영하고 있는 학교장 임용권을 국가 및 지방자치단체장 임용권으로 고용 형태를 전환하도록 권고하였다.

〈학교 비정규직 처우 개선을 위한 정책 권고〉(국가인권위원회, 2013)

1. 교육과학기술부장관 및 각 시·도교육감에게, 학교 비정규직 노동조합을 포함한 관계자들과의 합의를 통해 국·공립학교 학교 회계 직원의 차별적 저임금 구조 개선안을 마련할 것,
2. 교육과학기술부장관과 2013. 3. 21까지 직접고용 전환을 하지 않은 시·도 교육감들에게, 국·공립학교 학교 회계 직원들에 대하여 현행 학교장 고용 형태에서 국가 및 지방자치단체 고용 형태로 전환할 것을 권고한다.

이어 고등법원에서는 2013년 9월 27일 판결에 사용자는 교육감이라고 명시하였다. 학교장이 근로계약 체결 사무를 처리하나 종국적인 책임은 해당 자치단체가 부담하는 것으로 보고 개별 공립학교가 노조법상의 교섭 단위에 해당한다거나 그 학교장을 단체교섭의 당사자로 보기는 어렵다고 판

단한 것이다. 국회에서도 학교 비정규직 전환을 위한 법률안이 발의되었다. 2012년 10월에는 민주당 유기홍 의원이 대표 발의한 「교육공무직원의 채용 및 처우에 관한 법률안」이, 2013년 5월에는 새누리당 이에리사 의원이 대표 발의한 「학교직원의 채용 및 근무에 관한 법률안」이 국회 교육문화분과위원회에 상정되었다.

학교 비정규직 문제의 해결을 위한 법적 근거 마련과 획기적인 처우 개선 대책이 시급한 상황에서도 정부 차원의 대책은 여전히 미흡한 수준이다. 2012년 7월에 새누리당과 정부, 청와대 간의 협의를 거쳐 발표한 대책은 상시·지속 근무자 무기계약 전환 기간을 2년 계속 근무에서 1년으로 단축하고 학교 비정규직 직원들의 주된 요구 사항 중 하나인 호봉제를 일부 수용하여 근무 경력에 따라 급여를 차등 지급할 수 있는 장기 근무 수당을 2018년까지 단계적으로 인상하는 방안을 제시하였다. 하지만 노동계에서나 학교 현장에서는 '공공부문 비정규직 대책'을 전적으로 공감하지 못하고 있는 것이 현실이다. 비정규직 인원이 총정원제에 포함되어 총액 인건비제로 운영하고 있는 가운데 급증하고 있는 비정규직원들의 처우개선을 위한 재정 부담이 시도 교육청의 재정 압박으로 다가와 정부와 교육부의 대책이 실질적인 처우 개선이 되지 못하고 있는 실정이다.

(2) 시도 교육청별 추진 실적

정부나 교육부의 미온적인 대응에 비하여 시도 교육청 차원에서는 학교 비정규직 문제를 해결하기 위한 진일보한 정책이 추진되었다. 특히 진보적 교육개혁을 통해 교육 문제를 해결하기 위해 노력해온 진보 교육감 지역에서는 학교 비정규직원들의 처우 개선을 위한 실질적인 노력이 이루어졌고 일정한 성과를 이루어내고 있다.

가장 먼저 학교 비정규직의 고용 안정과 처우 개선에 나선 전남교육청은 2010년부터 맞춤형 복지제도를 도입하였고 2011년도에는 장기 근속 가산금을 신설하고 근속 가산금 지급을 위한 근속 연수 산정 시 경력을 100% 인정하였으며 최저생계비를 보전할 수 있도록 직종별 연봉 기준 일수를 상향 조정하고 격주 토요 휴무일을 유급화했다. 학교인사관리규정인 취업 규칙을 개정하여 공가 및 특별 휴가와 휴직 허용 범위를 확대하였다. 2년 처우 개선안을 제시하였으며 주요 내용으로 전임지 경력을 인정하도록 하였고, 장기 근속 가산금 인상, 정년을 연차적으로 60세까지 연장하도록 하였으며, 교통보조비, 가족수당, 자녀학비보조수당, 영유아보육수당, 영양사·사서 직책수당 등 각종 수당을 신설하였다. 전남과 함께 강원, 경기, 전북은 근무 일수를 365일까지 기준 일수를 확대 적용하였고 특히 강원도와 함께 전남은 최저생계비 보전금 지급과 조리사 처우 개선비를 지급하도록 하였다. 전북은 유급 병가 일수를 60일까지 확대 시행함으로써 안정적인 근무 환경 조성에 노력하였다.

이러한 흐름은 2013년도에는 〈표 7〉과 같이 6개 교육청을 넘어 11개 시도 교육청이 급식실 종사자 위험수당을 신설하였으며 명절 휴가비를 40만 원까지 인상하고 유급 병가 일수를 확대하고 있음을 알 수 있다. 특히 광주시 교육청은 학교 비정규직 최초로 상여금(연 55만 원)을 도입하여 지급함으로써 공무원과 동일한 수준은 아니지만 공무원들이 지급받고 있는 수당 등이 새롭게 적용되고 있음을 알 수 있다.

<표 6> 2012년 시도 교육청 처우 개선 현황

지역	임금 기준 일수 (사무직종)	임금 기준 일수 (급식 직종)	맞춤형 복지	명절 상여금	유급 병가	토요 유급화	기타 특이 사항
강원	교무행정사 직종 365일	255일	현행 20만 원+1만 원 (근속)	연 20만 원	6일	무급	교육감 직고용 장기 근속 가산금 (3~21만 원) 급식실 최저 생계 보전금 3만 원
경기	교무행정사 직종 365일	추경 275일	30만 원	연 40만 원	14일	무급	
경북	교무행정사 직종 320일/ 13년, 365일	추경 260일	40만 원	연 20만 원	6일	무급	
경남	275일	275일	현행 35만 원	연 20만 원	14일	반일 유급	3식 학교, 배치 기준 90명 3식 학교, 영양사·조리사 수당 5만 원
광주	275일	275일	30만 원+1만 원 (근속)	연 40만 원	6일	1, 3, 5주 유급	교육감 직고용 (9월)/ 고등 조리사: 365일
대구	275일	현행 조리사: 255일 조리원: 250일 유지	30만 원	연 20만 원	6일	무급	
대전	275일	275일	30만 원+1만 원 (근속)	연 20만 원	6일	일부 유급	
부산	275일	260일	45만 원	연 20만 원	6일	무급	

서울	275일. 초등 사서 260→275일	255일	22.2만 원	연 20만 원	10일	무급	
울산	275일	조리사: 275일, 조리원: 265일	40만 원	연 20만 원	6일	일부 유급	
인천	275일	260일	30만 원 +1만 원 (근속)	연 30만 원	14일	무급	
전남	교무행정사 직종 365일	265일	35만 원	연 20만 원	6일	무급	교육장 직고용 최저생계비 보전금 275일 이하 8만 원. 처우 개선비 275일 초과 4만 원, 조리사 5만 원
전북	교무행정사 직종 300일/ 특수 280일	275일	30만 원	연 40만 원	60일	유급	
제주	275일	260일	20만 원 +1만 원 (근속)	연 20만 원	6일	무급	
충남	275일	260일	30만 원 +1만 원 (근속)	연 20만 원	6일	무급	
충북	275일	275일	30만 원	연 20만 원	14일	일부 유급	

* 출처: 전국 학교

<표 7> 2013년 시도 교육청 처우 개선 현황

지역	임금 일수	명절 수당	맞춤형 복지	위험 수당	유급 병가	기타 특이 사항
강원	일수 폐지 통합 직종 –방학 중 근무자	40만 원	30만 원 +1만 원 (근속)	○ (영양사 포함)	14일	방학 중 비근무자, 방학 중 근무자의 75% 기본급 방중 근무 시 1.5배)
경기	통합직종 365일	40만 원	30만 원		21일	
경북	통합직종 365일	20만 원	40만 원	○	14일	
경남		20만 원	25만 원 +보험료	○ (영양사 포함)	14일	3식교 영양사 · 조리사 급식 복지비 5만 원 돌봄 토요 수 당 5.5만 원
광주	교무 365일, 275직종 290일 급식실 290일 고등조리사 365일/ 조리원 325일	40만 원	30만 원 +1만 원 (근속)	○ (영양사 포함)	14일	조리사 기술수당 2만 원 성과 상여금 연 55만 원 (무기계약 직종)
대구		20만 원	30만 원	○	14일	
대전		40만 원	40만 원 +1만 원 (근속)	○ (영양사 포함)	14일	
부산		20만 원	45만 원	○	14일	
서울	중학교 사서 245일	20만 원	30만 원 (보험 료)		14일	
세종		40만 원	40만 원	○ (영양사 포함)	14일	
울산		40만 원	40만 원	○	14일	

지역						
인천		40만 원	30만 원 +1만 원 (근속)		14일	
전남	급식실 286일 고등 조리사 325일/ 조리원 300일	40만 원	35만 원 +2년 1만 원 (근속)		14일	2·3식교, 영양사 수당 3만 원
전북	통합직종 330일/ 특수 290일 급식실 280일 (방학 제외)	50만 원	40만 원	○ (영양사 포함)	60일	방중 청소일 최대 6일 (1.5배)
제주		30만 원	30만 원 +1만 원 (근속)		14일	
충남		40만 원	30만 원 +1만 원 (근속)	○	14일	
충북	통합 직종 290일	20만 원	30만 원	14일		

* 출처: 2013년도 국정감사자료집.

불안한 고용 관계, 고질적인 저임금 구조, 근무 여건 개선에 대한 필요성을 공감하고 이를 개선하기 위한 시도 교육청의 많은 노력이 있었으나 법적 기반과 제도적 안정 장치가 마련되지 않은 상태에서의 한계 역시 명확하게 나타나고 있다. 공교육은 법률적 근거에 의해 운영되어야 하며 더 이상 비정규직의 양산 자체를 엄격한 기준으로 제한해야 할 것이다.

현재 비정규직 노조에서 주장하는 교육공무직법은 상시 지속적 업무를 수행하는 노동자를 정규직으로 채용하는 것을 법률로 정하고, 비정규직 양산 및 고용 불안이라는 사회적 문제를 해소하고, 고용 안정 및 정년 보장을

새로운 사회를 여는
교육자치 혁명

통해 교육공무직원이 마음 놓고 업무에 집중할 수 있는 환경을 마련한다는 점에서 장기적으로 공교육의 질 제고에 이바지할 수 있는 법적 근거가 될 수 있을 것이다. 또한 교육 현장에서의 차별 해소를 통해 학생들에게 노동에 대한 존중과 평등을 학습할 기회를 제공한다는 점에서 의미가 크다고 볼 수 있을 것이다.

교육공무직법안이 제정이 이루어지지 못하는 가운데 다음 도표처럼 강원도교육청으로 포함한 8개 시도 교육청은 자치조례 제정과 단체협약 등의 방식으로 교육감 직접 고용을 위한 제도적 기반을 마련했다. 특히 전남교육청은 교육감 권한 위임에 따른 교육장 임용제도를 2012년 최초 도입하여 타 시도로 확산(강원, 경기, 전북)시켰다.

<표 8> 교육감 직접 고용 현황

지역	조례 등 관련 규정	교육장 임용 대상 직종	단체협약 체결
강원	「강원도교육감 소속 계약제 직원의 임용 등에 관한 조례」 시행 일자 2012. 9. 1.	36개 직종	단체협약 체결 (사용자는 교육감)
경기	「경기도교육청 교육실무직원 채용 등에 관한 조례」 시행 일자 2012. 9. 1.	22개 직종	단체협약 체결 (사용자는 교육감)
광주	「광주광역시교육청 공무원이 아닌 근로자 채용 및 관리 조례」 시행 일자 2012. 9. 1.	28개 직종	단체협약 체결 (사용자는 교육감)
전남	「전라남도교육청 행정권한 위임에 관한 조례 시행 규칙」 시행 일자 2012. 3. 1.	4개 직종	단체협약 체결 (사용자는 교육감)
전북	「전라북도교육감 소속 비정규직 근로자의 보호 및 관리 등에 관한 조례」 시행 일자 2012. 11. 2.	21개 직종	단체협약 체결 (사용자는 교육감)
서울	「서울특별시교육청 공무원이 아닌 근로자 채용 등에 관한 조례」 시행 일자 2014. 1. 1.	미정	단체협약 체결 (사용자는 교육감)

| 울산 | 「울산광역시교육청 교육공무직 채용 및 관리 조례」 시행 일자 2013. 7. 1 . | 23개 직종 | |
| 제주 | 「제주특별자치도교육청 교육공무직원의 채용 및 관리 조례」 시행 일자 2013. 12. 1. | 미정 | |

　　노사 간의 단체협약은 강원, 전북, 전남, 광주, 서울, 경기 등 6개 지역에서 최초로 단체협약을 체결하였다. 단체협약의 주요 조항은 균등 처우, 인사 원칙, 무기계약이 아닌 노동자 채용의 제한, 정년, 휴직, 복직, 징계와 비정규직의 정규직화, 임금, 근로계약, 근로시간과 복지후생의 원칙, 교육 연수, 동아리 활동 보장 등 폭넓은 내용을 담고 있다. 이러한 시도 교육청 차원에서 진보 교육감들을 중심으로 한 비정규직 처우 개선을 위한 노력은 소외받고 차별받는 사람이 없는 더불어 함께하는 교육 사회를 만들기 위해 교육 현장이 먼저 변화해야 한다는 의지를 담고 있다고 할 수 있다.

　　고용 안정을 위해 시도 교육청별로 교육감 직고용 조례 제정을 추진하고 있으나 무기계약 전환 대상 직종과 그 범위가 시도 교육청별로 상이하여 조례나 규칙으로 한계가 있기 때문에 고용안정을 위해서는 교육공무직원법 제정이 반드시 필요하다. 고용 안정을 위한 호봉제 도입이 반영된 교육공무직법안은 그 비용 추계서에서 교육공무직이라는 새로운 직제를 편성해, 학교 교원 및 공무원에 준하는 보수를 부여함으로써 필요한 인건비 소요예산을 추산하였다. 교육공무직 전환 대상자 수를 무기계약직 7만 1,953명과 무기계약 전환 조건이 충족되는 자 4만 950명을 포함하여 총 11만 2,903명으로 이들의 호봉체계를 마련하고 3개급으로 구분하였으며, 향후 5년 동안 추계한 소요 예산은 4조 6,574억 원으로 막대한 교육 예산이 소요될 것으로 판단하였다.

<표 9> 교육공무직법안에 따른 비용 추계

(단위: 억 원)

구분 / 연도	2014년	2015년	2016년	2017년	2018년	합계
총비용	6,272	7,104	10,001	11,070	12,127	46,574

4. 나오는 글

학교 비정규직의 근본적인 대책은 불가피한 경우를 제외하고 고용이 안정되고 질 높은 노동이 이루어질 수 있도록 정규직으로 전환하는 것이다. 기간제 교원 등 비정규직 교원이 급증하는 가운데 박근혜 정부에서는 시간제 교원제도를 도입하려 하여 교원단체 등과 대립과 갈등을 빚고 있다. 이러한 상황은 학교 비정규직 문제의 해결은 결국 정부 차원에서 학교 비정규직 문제에 대한 관점을 가지고 있는가에 달려 있다는 것을 반증하고 있는 것이다.

비정규직 교원을 포함하여 37만 명에 이르는 학교 비정규직을 최소화하고 이들의 고용 안정과 처우를 개선하는 것은 더 이상 회피할 수 없는 과제이다. 이러한 의미에서 학교 비정규직의 교육적 역할과 공공적 역할이 반영되고 그에 따른 처우 개선과 고용 안정이 수반되는 '교육공무직법' 제정이 반드시 필요하다 할 것이다. 정부가 내놓은 무기계약직 전환 대책은 단순히 고용 안정성만을 보장해줄 뿐 처우 개선이 수반되지 않은 이상 무기한 비정규직으로 묶일 수밖에 없다. 정부는 고용 안정을 위한 무기계약직 전환, 저임금과 차별적 임금 체계를 개선할 대안 마련 등 문제 해결을 위하여 교육공무직법 제정을 위한 재원 마련에 특단의 결정이 있어야 할 것이다. 교육부와 교육청 차원의 정책을 추진하기 위해 채용된 비정규직 교원과 직원들을 정규직으로 채용하기 위한 노력 역시 이루어져야 할 것이다.

참고 문헌

● 전국학교비정규직노동조합(2013), 「학교비정규직노동조합 정책자료집」.
● 전남교육정책연구소(2014), 「학교 비정규직 처우개선 추진실적 평가 보고」.

새로운 사회를 여는
교육자치 혁명

교육협동조합,
협동으로 교육을 살리다

1. 협동조합의 시대, 교육은?

(1) 협동조합: 대안적 삶의 방식

19세기 근대 협동조합이 탄생한 이래 협동조합은 주류 사회에서 벗어난 사회적 약자가 힘을 모아 삶의 문제를 해결하는 방식으로, 지배적 사회 질서에 대한 대안을 모색하는 방식으로 채택되어왔다. 그런데 2008년 세계 금융위기를 거치면서 협동조합은 실패한 자본주의의 대안 경제로서, 사회 양극화와 빈부 격차 등 사회 갈등 요인을 치유하는 새로운 경제사회 발전 모델로서 크게 주목받고 있다. 우리나라에서도 일자리 창출과 국민경제 활성화 차원에서 협동조합이 주목되면서 장려하고 있다. 그동안 협동조합의 법제화는 필요에 따라 정부 주도하에 특별법 형태로 이루어졌다.[35] 현행법에 따라

---

35) 농업협동조합법(1957), 중소기업협동조합법(1961), 수산업협동조합법(1962), 엽연초생산협동조합법(1963), 신용협동조합법(1972), 산림조합법(1980), 새마을금고법(1982), 소비자생활협동조합법(1999)

농협은 1,000명, 생협은 300명이 모여야 설립이 가능하기 때문에 설립 장벽이 높고, 협동조합에 대한 이해가 부족해 큰 주목을 받지 못하였다. 그러나 2012년 1월 협동조합기본법과 시행령의 제정으로 보험업과 금융업을 제외하고는 어느 업종에서나 5명만 모이면 설립이 가능해졌다.

국제협동조합연맹(ICA)에 의하면, 협동조합은 "공동으로 소유되고 민주적으로 운영되는 사업체를 통하여 공통의 경제·사회·문화적 필요와 욕구를 충족시키고자 하는 사람들이 자발적으로 결성한 자율적인 조직"이다. 협동조합기본법에서는 협동조합을 "일반적인 영리를 추구하는 사업체와는 달리, 자발적이고 민주적인 참여에 의해 조합원들의 권익을 향상하고 지역사회에 공헌하는 사업 조직(제2조 1호)"으로 규정하고 있다. 또한 협동조합기본법은 조합원의 권익 증진을 위한 일반 협동조합과 별도로 공익을 추구하는 사회적 협동조합의 '2중 구조'를 도입함으로써 사회 서비스 활성화 및 공공 서비스 보완의 역할을 하고 있다. 이와 같이 경제 침체라는 현실적 조건과 기본법 제정이라는 법적 조건에 의해, 이제 우리 사회에서 협동조합은 대안 경제와 대안적 삶의 방식으로 각광을 받고 있다. 2012년 12월 1일부터 협동조합기본법이 시행된 지 1년 6개월 만에 협동조합은 하루에 평균 8~9개씩 만들어지는 활발한 팽창 흐름을 보이고 있다.

(2) 교육 관련 협동조합의 현황

2012년 12월 1일부터 협동조합 기본법이 시행된 지 1년 6개월 만에 4,342개의 협동조합이 설립 처리되었다. 영리 추구가 가능한 일반 협동조합은 시장·도지사에게 '신고'만 하면 설립이 가능하지만, 사회적 협동조합은 공익적 가치와 목적을 강조하기 때문에 관계 중앙행정기관장의 '인가'를 받아야 설립이 가능하다. 이로 인해 설립 신청을 했더라도 인가를 받지 못하는 경우가 발생한다. 이런 상황은 〈표 1〉의 협동조합의 신청(신고)과 처리(인

가) 누적 숫자에 잘 나타나 있다. 현재 일반 협동조합은 4,193개, 사회적 협동조합은 133개이다.

<표 1> 협동조합 및 협동조합연합회 일반 현황(기획재정부, 2014년 4월 3일 현재)

연번	구분	신청(신고) / 처리(인가) 건수 누계		
		2013년 12월 31일 기준	2014년 2월 28일 기준	2014년 4월 3일 기준
1	사회적 협동조합	148/111	163/128	158/133
2	일반 협동조합	3,300/3,210	3,846/3,816	4,239/4,193
3	사회적 협동조합 연합회	1/1	1/1	1/1
4	일반 협동조합 연합회	17/14	15/15	16/15
	총계	3,466/3,336	4,025/3,960	4,414/4,342

전체 협동조합 가운데 교육 서비스업[36] 분야의 협동조합은 531개로 12%에 해당한다. 이 중 493개가 일반 협동조합이다. 지역별로 주요 사업을 살펴보면, 서울, 광주, 대구 등 대도시 지역은 문화예술체육 전반, 교육 컨설팅, 평생교육, 보육, 상담 등 다양한 영역이 활성화된 반면, 도 지역은 보육, 방과 후, 문화 콘텐츠 개발 등에 편중되어 있다. 그 외 교육 서비스업 협동조합 사업으로는 지역사회 교육, 생태 체험, 미술 치료, 교재교구 개발, 구연동화 등 교육 자체를 목적으로 하는 사업부터, 공인중개사, 식당 컨설팅, 농업경영 컨설팅 등 기능 교육에 치중하는 사업에 이르기까지 교육 활동 전반에 걸쳐 있다.

---

36) 일부 교육 관련 협동조합은 '보건업 및 사회복지 서비스업'으로 분류되기도 한다. 예) 서대문부모협동조합.

<표 2> 협동조합 '교육 서비스 업종'의 지역별 설립 현황(기획재정부 2014년 4월 3일 현재)

지 역	협동조합 수		지 역	협동조합 수	
	전체	일반/사회적		전체	일반/사회적
강 원	17(1)	15/2(1)	세 종	0	0/0
경 기	94	82/12	울 산	11	11/0
경 남	14	12/2	인 천	9	9/0
경 북	6	6/0	전 남	10	9/0
광 주	43	41/1	전 북	16	16/0
대 구	34	31/3	제 주	4	4/0
대 전	18	18/0	충 남	17	15/2
부 산	19	19/0	충 북	11	11/0
서 울	208(2)	194(2)/14	계	531	493(2)/36(1)

*연합회의 숫자는 제외하였음.
**( ) 안의 숫자는 현재 처리중인 협동조합의 숫자임.

한편, 사회적 협동조합은 현재 36개가 인가되었다. 담당 행정부서는 교육부(19), 고용노동부(10), 산림청(1), 기획재정부(4), 여성가족부(2) 등이다. 주요 사업을 보면, 방과후학교 위탁 사업이 20%에 달해 가장 비중이 높으며, 방과후학교 외에 학교 매점, 지역 학교 지원 사업, 진로교육 등 학교교육 연관 사업이 전체의 60%를 차지하고 있다(〈표 3〉 참조).

〈표 3〉 사회적 협동조합 설립 인가 현황(기획재정부 2014년 4월 3일 현재)

연번	지역	협동조합명	주요사업	신청일	인가부서
1	서울	글로벌시민양성 사회적 협동조합	시장경제 이해 증진 등 교육 프로그램	2012. 12. 3.	기획재정부
2	광주	버팀목공동체 사회적 협동조합	저소득층 교육, 성폭력 예방 사업	2013. 1. 9.	교육부

새로운 사회를 여는
교육자치 혁명

3	경기	도시원예 사회적 협동조합	원예교육 서비스업	2013. 1. 17.	교육부
4	경기	한국교육 사회적 협동조합	방과후학교 위탁 사업, 강사 양성	2013. 1. 23.	교육부
5	서울	사회적 협동조합 이상상	지역 학교 지원 사업	2013. 2. 15.	교육부
6	경기	에듀플러스 사회적 협동조합	방과후 위탁, 강사 파견	2013. 2. 19.	교육부
7	서울	사회적 협동조합 한국체험학습진흥센터	체험학습 교육, 위탁	2013. 3. 4.	교육부
8	서울	사회적 협동조합 민들레아카데미	청소년 역사문화 교육	2013. 3. 4.	교육부
9	경기	사회적 협동조합 경기창의영재교육원	교육, 복지 서비스 제공	2013. 3. 18.	교육부
10	서울	사회적 협동조합 손에손잡고	북한 이탈 주민 및 소외 계층 지원	2013. 3. 19.	기획재정부
11	경기	미들클래스소사이어티 사회적 협동조합	인문교양 사업	2013. 3. 25.	기획재정부
12	경기	사회적 협동조합 일하는 학교	직업, 진로교육	2013. 4. 3.	교육부
13	대구	호미 사회적 협동조합	장애인 취업 지원	2013. 4. 15.	고용노동부
14	서울	사회적 협동조합 워커스	교육 서비스 및 채용 컨설팅	2013. 4. 25.	고용노동부
15	강원	양구도농문화 사회적 협동조합	농촌 유학 교육 서비스	2013. 5. 6.	교육부
16	강원	사회적 협동조합 원주진로교육센터	진로교육	2013. 5. 16.	교육부
17	대구	레드리본 사회적 협동조합	에이즈 관련 교육 서비스	2013. 5. 30.	고용노동부
18	서울	에스이임파워 사회적 협동조합	교육 컨설팅	2013. 5. 31.	고용노동부
19	경남	경남행복한교육 사회적 협동조합	방과후학교 위탁 사업	2013. 6. 19.	교육부

20	서울	사랑 사회적 협동조합	카페 사업, 아동교육, 조합원 교육 훈련	2013. 6. 28.	여성가족부
21	경기	복정고 교육경제공동체 사회적 협동조합	학생 복지를 위한 친환경 매점 운영	2013. 7. 11.	교육부
22	서울	영림중 사회적 협동조합	학생 복지를 위한 친환경 매점 운영	2013. 7. 18.	교육부
23	충남	다울 사회적 협동조합	교육 서비스 제공	2013. 8. 12.	고용노동부
24	경기	한국숲속교육 사회적 협동조합	숲속교육 사업 및 지도자 양성 사업	2013. 8. 21.	산림청
25	경기	한국서비스전문가육성센터 사회적 협동조합	서비스 전문직 교육	2012. 8. 28.	고용노동부
26	대구	사회적 협동조합 문화사랑나눔센터	일자리 알선 및 교육	2013. 8. 28.	고용노동부
27	경남	가르치는 사람들 사회적 협동조합	방과후학교 위탁 사업	2013. 9. 2.	교육부
28	서울	창의와인성 사회적 협동조합	방과후학교 위탁 사업	2013. 9. 8.	교육부
29	경기	덕이고 교육복지공동체 사회적 협동조합	학교 매점 운영	2013. 9. 15.	교육부
30	충남	아름누리 아카데미 사회적 협동조합	방과후학교 위탁 사업	2013. 9. 26.	교육부
31	서울	사회적 협동조합 커리어 코칭	소년 진로교육 및 커리어 코칭 교육	2013. 9. 30.	여성가족부
32	경기	사회적 협동조합 창의교육아카데미	방과후학교 위탁 사업	2013. 10. 7.	교육부
33	서울	대한직업상담사회 사회적 협동조합	직업상담사 양성	2013. 10. 23.	고용노동부
34	서울	드림드림 사회적 협동조합	아동보육 강사 양성 (은퇴자 일자리 지원)	2013. 10. 30.	고용노동부
35	경기	피플앤프로보노 사회적 협동조합	전문 코치 양성 등 교육 서비스	2013. 12.2.	고용노동부
36	서울	대한학생회 사회적 협동조합	멘토링, 도시락, 학습 도구, 교복	2014. 1. 20.	기획재정부

최근 부쩍 높아진 협동조합에 대한 관심과 양정 팽창이 우리 사회에서 어떤 반향을 불러일으킬지 현재로서는 예측하기 어렵다. 특히 교육 서비스를 목적으로 하는 협동조합이 큰 증가 추세에 있는데, 자발적이고 민주적인 참여에 의해 조합원들의 권익을 향상하고 지역사회에 공헌하는 사업 조직인 협동조합의 증가는 한국의 교육 현실에 어떤 영향을 미칠까?

2. 교육협동조합의 원형, 교육공동체 마을을 탄생시키다

우리 사회에서 교육협동조합이라는 개념은 아직 생소하지만, 이미 50여 년 전부터 교육협동조합은 시작되었다. 교육협동조합은 간단히 말해 교육 관련 사업을 하는 협동조합을 말한다. 교육협동조합은 어떤 역사적 배경 속에서 등장하였을까?

협동조합은 설립부터 운영에 이르기까지 조합원의 자발적인 참여를 전제로 하는 조직이다. 우리나라는 전통적으로 두레와 계 같은 협동조직이 존재해왔다. 신라시대부터 시작된 계는 계원들의 공동 출자로 필요한 사업을 하였으며, 계 내부에서는 신분의 고하를 따지지 않았다는 기록도 있다. 그러나 이러한 계의 전통은 일제에 의해 억압되었다. 대신 1907년 금융조합과 1914년 산업조합을 만들어 식민지 조선의 통치 수단으로 활용하였다. 근대적 협동조합의 외피를 입었지만, 조합원의 자발성과 자율성이 결여된 관제 협동조합이 시작된 것이다.

그러나 유학생과 종교인을 중심으로 일제의 수탈과 억압으로부터 스스로의 삶을 지키기 위한 방법으로 협동조합운동이 활발히 전개되었다. 1920년 목포소비조합과 경성소비조합이 결성된 이래, 1932년에는 협동조합 290개, 조합원 10만여 명에 이를 정도로 크게 성장하였다(김기태, 2012, 4-9; 김형미, 2012, 22-26) 그러나 1937년 총독부의 협동조합 폐쇄 명령에 따라 아래로부터의 자주적 협동조합운동은 소멸되었다. 해방 이후에는 1957년 농협 설립을 시작으로 정부는 필요에 따라 협동조합을 설립하였다. 그러나 협동조합의 기본 원칙인 조합원의 자주성과 자율성은 보장되지 못하였다. 자발적인 협동조합에 대한 열망은 1960년 부산과 서울에서 신용협동조합 설립을 통해 이어갔다. 그러나 1980년대 사업이 안정화 단계에 도달하면서 조합원과 임직원의 적극적인 협동조합 문화가 쇠퇴하였으며(김기태, 2012, 7-8), 1980년대 후반에 등장하기 시작한 소비자생활협동조합이 그 맥을 이어가고 있다.

이와 같이 관제적 협동조합이 주류를 형성하고, 자주적 협동조합이 겨우 명맥을 유지하고 있는 상황에서 교육협동조합은 순수한 민간 차원의 자발적인 노력으로 만들어졌다. 교육협동조합의 역사는 대안 교육과 연관이 깊다. 한국 교육은 양적으로는 성장하였지만, 지나친 입시 경쟁과 획일화된 교육으로 심각한 위기에 처해 있다. 이런 교육 현실에 대한 대안을 모색하며 제도 교육의 통제 밖에서 가장 먼저 대안 교육을 시작한 풀무농업고등기술학교(이하 풀무학교)와 공동 육아 어린이집은 협동조합을 중심 원리로 삼았다.

(1) 풀무학교, 이상촌 건설의 중심에 협동조합이 있다

풀무학교는 기독교 사상에 기초한 '위대한 평민' 교육을 목적으로 1958년 4월 농촌인 충남 홍성군 홍동면에서 풀무고등공민학교로 출발하였다. 입시 편중 교육을 벗어나 인문과 직업 교육의 이원성을 극복하고, 자연 친화적이고 생태적인 공동체 교육을 지향하기 위해 학력 인정과 무관한 비인가 학교를 설립한 것이다. 1983년에 학력 인정을 받는 농업고등기술학교로 전환할 때도 대학입시 중심 교육과는 거리가 멀고, 지역사회 성격에 부합하는 '농업학교'를 선택하였다.

풀무학교는 남강 이승훈의 오산학교(1907) 정신을 계승하고 있다. 이승훈은 오산학교를 중심으로 지역과 학교가 하나가 되는 이상촌을 만들어 식민지 조선을 구하고자 하였다. 이상촌 건설에서 중요한 역할을 한 것은 협동조합과 마을공동체 자치기구인 자면회였다. 자면회는 도로 정비, 농지 개량, 연료 개량, 부엌 정돈 등 마을 생활 개선 전반에 관여하며, 공동 생산과 협동 노동을 지향하였다. 이러한 자면회의 상부 조직에 협동조합이 있었다. 오산학교는 보다 건실한 지역공동체를 만들기 위해 주민, 교사, 학생을 회원으로 하는 소비조합을 만들어 쌀과 옷감을 위시한 생필품과 학용품 구판 업무를 담당하였다. 소비조합은 조합원인 주민과 교원들이 이사와 평의원을 선출해 운영하였다.

오산소비조합에서 1933년부터 2년간 전무이사로 일을 했던 이찬갑은 오산학교에서의 경험을 바탕으로 풀무학교를 설립한 것이다. 풀무학교는 참여·공감·민주주의 원칙에 따라 학교 구성원 모두가 공동 책임을 지고 평등한 '무두무미(無頭無尾)' 정신을 교육 이념으로 삼았다. 이 교육철학에 따라 학생회, 교사회, 학부모회, 운영회(이사회), 수업생회(동창회)가 협력 보완해 학교를 운영하고 있다(정병호, 2000, 409-412). 학교 설립 다음 해인 1959년에 학교 내에 작은 소비조합을 만들어 학용품 등을 공동구매하였는데, 이것이 현재 풀무학교생활협동조합의 모체가 되었다. 이른바 최초의 협동조합 학교 매점은 풀무학교에서 시작되었다고 할 수 있다. 그리고 이 소비조합은 사실상 해방 이후 민간이 자발적으로 처음 설립한 협동조합이다. 소비조합에 이어 풀무도서협동조합(1966), 풀무신용협동조합(1969)이 설립되었으며, 소비조합은 풀무소비자협동조합(1983)으로 발전하였다. 홍동면 내 협동조합의 중심에 풀무학교가 있으며, 현재 홍동 지역에는 20여개의 다양한 직능별 협동조합이 운영되면서 지역공동체를 형성하고 있다(정해진, 2013, 236-238; 고병헌, 2009, 489-498) 풀무학교는 대안 교육의 효시일 뿐 아니라,

마을공동체를 형성하는 데 학교와 협동조합이 중요한 기능을 할 수 있다는 사실을 보여주었다.

(2) 공동 육아에서 대안학교까지 : 공동 육아협동조합이 학교와 마을을 만들다

'공동 육아'는 대학생 집단의 빈민탁아운동의 경험에 뿌리를 두고 있다.[37] 빈민 아동의 보육에 대한 고민은 맞벌이가 보편화되면서 전 계층의 육아문제로 확대되었다. 획일화된 성적 경쟁을 벗어나 자유로운 교육을 갈망한 일부의 부모들이 자신들의 교육철학을 실천할 수 있는 육아 방법을 고민하는 과정에서 '협동조합' 방식이 고안되었다. 터전 마련부터 육아에 소용되는 모든 비용은 조합원 가정이 공동 출자해 기금으로 충당하였으며, 교사 초빙과 교육과정 설계, 그리고 기타 세부적인 사항에 이르기까지 조합원들이 공동으로 참여하고 운영하였다. 그 결과 1994년 8월에 신촌에서 처음으로 공동 육아협동조합 '우리어린이집'이 문을 열었다.

공동육아의 구체적인 교육 내용은 자연 친화 교육, 공동체 교육, 체험을 중시하는 종합적 교육 프로그램, 평등한 인간관계 교육 등이다. 입시 경쟁 교육의 풍토에서 출발한 조기 교육의 열풍에서 벗어나 공동체 교육을 강조하고 있으며, 개개인의 개성 교육 역시 중요시 한다. 공동 육아는 또한 교사, 학생, 학부모 간의 평등한 대화 관계를 지향한다. 이와 같이 교육 내용뿐만

---

37) '공동 육아' 운동은 1978년 도시빈민 · 야학 운동을 하던 대학생 집단이 중심이 된 '해송 어린이 걱정 모임'에서 출발하였다. 저소득층 아동의 교육과 자율적인 교육을 중시한 이 모임은 1978년에 '해송보육학교', 1980년에 난곡 '해송유아원'을 설립해 운영하면서 한국사회 전반의 보육과 유아교육의 문제를 경험하게 된다. 1991년 계층 차별적인 보육 정책과 사회적 육아의 영리화 · 관료화의 문제가 근간을 이루는 영유아보육법이 제정되자 걱정모임은 '공동육아연구회'로 개칭하고 직접 구체적인 공동 육아 터전 만드는 작업을 시작하였다. 빈민운동의 울타리를 벗어나 계층 통합을 실현하는 보편적인 보육제도를 만들어 사회적 육아환경의 기준을 높이고자 한 것이다. '공동육아연구회'는 1996년에 '(사)공동육아연구원'으로 정식 발족하였고, 2001년 10월 '(사)공동육아와 공동체교육'으로 개칭하였다. 활동을 보육에 국한하지 않고, 자라나는 아이들을 공동체적으로 키우자는 뜻을 담고 있다.

새로운 사회를 여는
교육자치 혁명

아니라 교육 방법과 기관 운영에 이르기까지 기존의 교육관행을 따르지 않고 대안을 모색하는 과정에서 공동육아협동조합이 탄생한 것이다.

그런데 공동 육아가 주목을 받는 것은 공동육아협동조합 운영의 경험이 확장돼 새로운 공동체 문화를 형성하였다는 점이다. 공동체와 협동의 가치를 중시한 공동 육아와 협동조합이 결실을 맺은 것이다. 대부분의 공동 육아는 아이들이 성장하면서 방과후(교실), 대안 초등학교, 대안 중고등학교로 확대되었으며, 결국 아이들 교육을 중심으로 마을공동체를 형성하였다. 대표적인 사례로서 우리어린이집이 성미산마을로 발전해가는 과정을 살펴본다.[38]

'우리어린이집'의 조합원들은 자녀가 초등학교에 입학하자, 방과 후 아이들 돌봄과 교육 문제에 직면하였다. 이 문제를 해결하기 위해 1996년 우리어린이집 부설 '도토리방과후'가 만들어졌다. 같은 해에 '날으는어린이집'이 개원하였으며, 1999년에는 '풀잎새방과후'가 '날으는어린이집'에서 분리 독립하였다. 그러나 초등교육 역시 입시 위주의 경쟁 교육에서 자유롭지 못한 현실을 고민하다가 2004년에 초중고 통합 대안학교인 성미산학교를 설립하였다. 공동육아협동조합으로 출발해 대안학교까지 만든 것이다. 학력주의 시대에 국가 인증 졸업장을 받지 못하는 비인가 학교를 선택한다는 것은 사회적 불이익을 감수할 각오와 새로운 교육 문화를 개척해야 하는 부담을 안게 된다는 것을 의미한다.

---

38) 공동육아협동조합 어린이집에서 출발해 대안학교와 마을공동체를 만든 경험은 다른 지역에서도 발견된다. 강북의 삼각산재미난 마을 역시 1998년 공동육아협동조합 '꿈꾸는 어린이집'에서 출발했다. 아이들이 성장하면서 대안 교육에 대한 열망은 비인가 대안초등학교 '삼각산재미난학교'(2003) 설립으로 나타났다. 마을의 소통 공간으로 카페를 만들어 동아리 활동, 각종 강좌, 공간 대여, 도서관 기능, 주민 프로그램 운영 공간으로 활용하고 있다. 또한 동아리(마을목수공작단, 마을밴드 JnB)를 만들었으며, 작은도서관, 마을유기농카페 521st, 극단 진동도 운영하고 있다.

교육을 중심으로 형성된 공동체는 점차 마을공동체의 모습을 갖춰나가기 시작했다. 공동 육아와 대안 교육에 동조하는 사람들이 자녀 교육을 위해 성미산 일대로 이사하기 시작했다. 이들의 건강하고 안전한 먹을거리에 대한 고민은 마포두레생협(2001)과 유기농 반찬 가게인 '동네부엌' 창업으로 이어졌다. 함께 서로의 삶을 공유하고 소통하기 위해 공동체 라디오 마포FM(2005), 마을극단(2007), 마을카페(2008), 마을극장(2009)을 만들기도 하였다. 이와 같이 성미산마을 주민들은 필요한 것이 생길 때마다 직접 만들어 해결하면서 자신들의 삶의 방식을 유지하기 위한 하나의 공동체로서 '성미산마을'을 형성해갔다. 2001년부터 해마다 5월에는 성미산마을축제를 열어 서로 마을공동체임을 확인하기도 한다. 그런데 2001년에 성미산이 서울시 배수지 건설 계획에 따라 크게 훼손될 상황에 처하자, '성미산을 지키는 주민연대모임'을 구성해 서울시와 긴 싸움을 하였다. 성미산마을 사람들에게 성미산은 단순한 숲을 넘어 공동 육아의 터전이자, 대안적 삶을 추구하는 가치의 상징이고, 성미산마을공동체의 중심이었다. 성미산마을 공동의 문제를 해결하기 위한 노력은 성미산마을공동체를 단단하게 만들어가는 원동력이 되었다.

교육협동조합은 사람을 기르고 성장시키는 일을 중심으로 모인 조직이기 때문에 성공하기만 하면 파급 효과가 엄청나다. 앞서 살펴보았듯이, 협동조합 정신에서 출발한 풀무학교는 홍동마을을 협동조합마을로 바꾸고 협동조합의 메카로 만들었다. 육아에 대한 고민을 해결하기 위해 만든 공동육아협동조합은 우리 사회에 '공동 육아'라는 새로운 교육 시스템을 정착시켰으며, 공동 육아의 경험을 발판으로 대안학교의 설립과 마을공동체까지 형성하였다. 풀무학교와 공동 육아에서 시작된 초기 교육협동조합은 국가가 주도하는 공교육과 정형화된 교육 시스템을 거부하고 스스로 세운 교육철학을 실천하면서 대안 교육의 내용과 형식을 구체화하였다. 이러한 대안 교육의 실천은 국가를 포함한 모든 교육 외적인 요소로부터 교육의 본질적 가치를 지켜내려는 자유 교육의 전통을 만들고 있다. 이와 같이 지배적 사회질서와 거리를 두고 대안적 삶과 교육을 어느 정도 성취한 초기 교육협동조합의 경험은 소중한 자산이다. 이러한 경험은 협동조합이 법적·정책적 지원 속에 양적 성장을 하고 있는 현시점에서 몇 가지 중요한 시사점을 제공해준다.

첫째, 교육의 공동체성을 회복한 결과 마을공동체가 살아났다. 초기 교육협동조합의 경험은, 교육은 학교라는 제한된 공간에서만 일어나는 현상이 아니라, 생활 자체가 교육이고, 삶의 터전인 마을 전체가 교육의 장이라는 사실을 일깨워줬다. 아이들의 교육과 생활에 대해 함께 고민하고 해법을 모색하는 과정에서 마을과 학교의 경계가 허물어지고, 아이들은 마을 속에서 함께 성장해갔다. 아이들은 공동체 속에서, 협력의 과정 속에서 성장한다는 사실을 보여준 것이다. 마을공동체의 형성은 지역사회 활성화에 기여할 것이다.

둘째, 교육 주체의 자발성과 민주적 운영에 기초한 교육협동조합은 풀뿌리 민주주의의 성장을 가져와 시민사회 형성의 기반이 될 수 있다. 어느 조직이든지 의견의 불일치가 있기 마련인데, 협동조합은 충분한 토론 과정을 거쳐 서로의 이해를 바탕으로 합의를 이끌어내게 된다. 이것이 바로 민주주의 원리를 삶 속에서 구현해내는 것이다. 또한 교육 문제를 포함해 지역 문제 해결을 위해 적극적으로 노력하는 과정에서 주체적인 시민이 되는 것이다.

셋째, 제도교육 바깥에서 학부모들의 자발성과 협력으로 이루어진 교육협동조합의 경험은 건강한 사교육 문화를 형성하고 공교육의 변화도 견인할 수 있다. 그동안 학부모가 교육에 참여하는 방식은 주로 획일적인 경쟁 교육을 지향하는 공교육의 가치를 내면화한 채, 자식을 위해 사교육 경쟁에 몰두하는 방식이었다. 교육열로 표상되는, 내 아이만을 위한 이기적이고 경쟁적인 사교육 문화는 공교육 붕괴의 한 축을 형성해왔다. 교육협동조합이 활성화된다면, 교육 주체로서 자각과 협동을 전제한 건전한 교육 참여를 통해 공교육과 사교육에 대한 반성과 변화를 이끌어낼 수 있을 것이다.

3. 교육협동조합의 새로운 비전, 공교육과의 만남

제도 교육 바깥에서 축적된 초기 교육협동조합의 경험은 이제 제도적 지원 속에서 다양한 분야로 꽃피울 수 있는 조건이 마련되었다. 사교육을 비롯한 교육관련 사업이 활성화된 우리 사회에서 협동조합은 소규모, 소자본으로 쉽게 시도할 수 있는 사업 운영 방식이기 때문에 자발적인 성장이 이루어질 것이다. 협동조합기본법 제정 이후 설립된 교육협동조합 가운데 기획재정부가 우수 사례를 선정해 발간한 『2013 협동조합 사례집』에 소개된 5개의 교육협동조합을 살펴보면(〈표 4〉), 주로 육아와 학교교육 연장선상에서 지역 중심으로 협동조합이 활성화되고 있음을 알 수 있다.

<표 4> 국내 교육 관련 협동조합 사례 비교

협동 조합명	농산어촌 섬마을 유학 협동조합	서대문부모 협동조합	영림중 사회적 협동조합	잉쿱 영어교육 협동조합	협동조합 둥지
유형	사업자 협동조합	소비자 협동조합	사회적 협동조합	다중이해관계자 협동조합	소비자 협동조합
주요 사업	폐교 활용 교육 도시 학생의 장 단기 유학	콩세알 어린이집 콩세알 사랑방 운영	학생 복지를 위 한 친환경 매점 운영 사업	소외 계층 자녀 영어 교육 영어 강사 아카 데미	방과후 마을 학교 심리 상담 공간 '마음 이야기' 어른 배움터 '율하는대학' 운영

위치	전남 완도	서울 서대문	서울 구로	서울 서초	대구 동구 율하동
인가일	2013. 1. 3.	2013. 3. 8.	2013. 7. 18.	2013. 1. 2.	2013. 3. 25.
조합원 수	17명	31명	32명	40명	45명
가입조건 (1구좌)	10만 원	100만 원/ 2구좌	1만 원 (학생 1,000원)	1만 원	10만 원/ 마을학교는 30구좌
최초 출자금	120만 원	1,000만 원	336만 원	16만 원	4,460만 원
현재 출자금	170만 원	3.800만 원	336만 원	400만 원	4,670만 원

다양한 교육협동조합이 가능하지만, 여전히 학교교육과 연관된 협동조합이 많다. 초기 교육협동조합이 한국 교육과 한국 사회의 건강성을 회복하려는 데 초점을 두었던 것처럼, 협동조합 대중화 시대에 학교교육과 지역사회의 건강성과 공동체성을 회복하는 데 협동조합이 어떻게 기능할 수 있을지 모색할 필요가 있다. 학교와 지역사회에서 현재 진행되고 있거나 예상 가능한 교육협동조합의 형태를 목적과 연계 범위에 따라 정리해보면 〈표 5〉와 같다. 교육협동조합이 학교 영역에서 어떻게 운영될 수 있는지, 그리고 학교교육과 지역에 어떤 비전을 줄 수 있을 지에 초점을 두고, 현재 활동 중인 교육협동조합 가운데 주목할 만한 몇 가지 사례를 검토해보고, 그 가능성과 문제점을 살펴본다.

목적/ 사업 범위	학교 사업	지역 사업	학교-지역 연계 사업
교육 주체 권익 향상	• 교재교구, 학습 자료 개발 • 학교 매점 운영	• 공동 육아 • 체험학습 • 평생교육 • 강사와 지도자 양성	• 주말 프로그램, 방학 캠프 • 전문 도서관 • 교육 관련 물품 유통
지역사회 활성화	• 학생 통학 위탁 • 방과후학교 위탁 운영 • 학교 급식 위탁	• 청소년 카페 운영[39]	• 농산어촌 유학센터 • 아토피 치유 학교[40] • 폐교 활용 사업
공익 증진 (공공위탁)	• 공립위탁 협동조합학교	• 저소득층, 위기 청소년, 학업중단청소년교육 지원센터[41]	• (마을공동체 기반) 협동조합학교

(1) 학교협동조합, 매점

학교협동조합은 학교 구성원들이 필요로 하는 사업을 위해 만든 협동조합을 말한다. 현재 우리 사회에서 학교협동조합 사업 가운데 가장 주목을 받

---

39) 외국에서는 학생들의 협동조합운영은 학생 간의 민주적인 의사결정과 협동을 장려하여 교육적인 효과가 있다고 보고되고 있다. 대표적으로, 영국의 영코퍼레이트 프로그램(young cooperative program)은 농업, 쓰레기 처리, 댄스파티 운영, 밴드 공연 등 학생들끼리 지역사회에 가치 있는 일에 도전하면서 협동의 가치와 협동의 경제를 체득하고 있다.

40) 협동조합은 아니지만, 아토피 클러스터 구축 사업을 통해 교육청과 협력하여 '아토피 친화 시범학교'로 지정된 조림초등학교, 2010년 교과부 공모 사업을 통해 950백만 원을 지원받아 전학생 가족의 공동 주거 시설을 건립한 금반초등학교, 충남 금산군이 아토피 안심학교로 지정하여 녹색농촌체험마을 조성 사업을 통해 황토 치유방, 아토피 케어실, 대체식품 등을 추진한 상곡초등학교 등의 사례가 있다.

41) 김종성(2013)은 2004년 법제화된 지역아동센터는 타 돌봄 기관과의 역할 중복, 전문성 미흡 등 내적 한계를 갖고 있다고 보고, 이의 대안으로서 협동조합에 의한 지역 단위의 지역아동센터 통합운영 방안을 제안하였다. 다시 말해, 시군별로 지역아동센터와 유관 기관들이 조합원으로 참여하는 '지역아동센터협동조합'과 이들의 연합 조직으로서 '전남지역아동센터협동조합'을 설립하자는 것이다. 김종성은 지역아동센터협동조합은 공동 구매와 공동 프로그램 운영, 정부 지원 사업 연계 등을 통해 공공 재원이 다시 공익 부문에 재충당되어 지역사회 자원의 선순환 구조를 창출할 수 있고, 기반 조성, 협력 사업을 통한 지역아동복지네트워크 구축, 하나의 조직으로의 통합 등 지역아동센터협동조합의 단계적 구축 전략을 제시하고 있다.

새로운 사회를 여는
교육자치 혁명

고 있는 것은 학교 매점이다. 앞서 살펴보았듯이 우리나라 최초의 학교협동조합인 풀무학교 소비조합도 필요한 물건을 공동 구입해 운영한 학교 매점이었다. 이윤보다는 양질의 먹을거리를 제공하기 위한 건강 매점은 협동조합 방식으로 접근하기에 적절한 사업이다. 학교협동조합이 할 수 있는 사업은 매점 외에 방과후학교, 교복 공동 구매, 수학여행, 학교 급식 등으로 넓혀나갈 수 있다.

2013년 10월 24일에 문을 연 복정고등학교 매점 '복스쿱스(Bok's Coops)'는 학생, 교직원, 학부모가 공동 출자해 만든 '복정고등학교 교육경제공동체 사회적 협동조합'(2013. 6)이 운영하고 있다. 복정고 사회적 협동조합의 이사회는 17명의 이사로 구성되었는데, 학생 8명, 학부모 4명, 교사 5명이다. 복정고 학교협동조합 탄생의 배경에는 성남시의 적극적인 지원이 있었다. 성남시는 경기도교육청, 한국사회적기업진흥원과 '학교협동조합 시범사업'을 위한 협약을 체결하고, 학교협동조합 법인 설립과 학교 매점 시설 개선을 위한 행·재정적 지원, 시범 사업 운영을 토대로 교육 프로그램과 학교협동조합 표준 모델을 개발하였다(뉴스1, 2013. 4. 23).

서울시 영림중학교는 국내에서 처음으로 친환경 학교 매점 '여물점'을 운영하고 있다. 2011년 학부모회에서 학교 매점에 대해 모니터링한 결과, 사업자가 돈벌이 수단으로 매점을 운영하는 한 자녀들의 안전한 먹을거리를 보장할 수 없다는 문제의식을 갖게 되었다. 여기에 공감하는 학부모와 교사 25명이 327만 원을 공동 출자해 협동조합을 만들어 매점을 직접 운영하기로 하였다. 조합원 가입을 위한 출자금은 1만 원인데, 학생의 경우 1,000원을 받고 있다. 매점 이름은 공모를 통해 '여유롭고 물 좋은 매점'이라는 뜻을 담은 '여물점'으로 지었다. 그런데 여물점의 탄생은 학부모의 노력만으로는 불가능했다. 매점 운영권을 따는 데 「공유재산 및 물품관리법」에 근거한 '최고가 입찰' 규정이 걸림돌이 되었다. 법은 공개 입찰을 통해 최고가를 써낸 사업자를 선정하도록 하고 있다. 실제로 금천구 독산고에서도 학부모들이 협동조합 매점을 운영하려고 하였지만, 이 규정 때문에 실패하였다. 그러나 영림중은 교장공모제로 선출된 교장이 협동조합을 적극 지원을 하였다. 학교 측에서는 '최고가 입찰'에 '친환경 제품이 판매 물품의 80% 이상이어야 한다'는 조건을 추가해 영리 사업사의 참여를 사실상 봉쇄했다. 두 차례 유찰 끝에 2012년 10월 학부모들이 임대료 600만 원에 학교와 매점 운영 수의계약을 맺었다(『한겨레』 2013. 2. 7). 현재 매점은 학부모들이 운영하고 있으며, 교육부로부터 '영림중 사회적 협동조합'으로 인가를 받았다(2013. 7. 18).

이제 막 시작한 학교협동조합 매점 사업은 교육적 가능성과 향후 과제가 무엇인지를 보여준다. 첫째, 안전한 먹을거리 제공을 통해 학생들의 건강을 증진시켰으며, 수익보다 학생의 건강이 우선적이어야 한다는 교육적 가치를 확인할 수 있었다. 둘째, 학교협동조합은 학교 사업의 투명한 운영에 크게 기여할 것이다. 매점의 상업화를 막아낸 경험은 다른 학교 사업의 상업화를 막아내고 비리를 근절할 수 있는 토대가 될 것이다. 셋째, 판매 수익을 장학금 등의 학생 복지기금으로 사용해 자본의 선순환 구조를 만들고 있다. 넷째, 학교협동조합은 1인 1표로 운영되는 협동조합의 특성상 학내 교육자치를 실현하는 디딤돌이 될 수 있다. 특히 학생의 이사회 참여는 경제와 협동에 대하여 실제 체험을 통해 배우는 계기가 될 수 있다. 다섯째, 협동조합 매점을 만들기 위한 학교 구성원들의 노력이 학교 폭력 감소라는 뜻밖의 결실을 가져왔다. 이것은 학교 폭력 대책을 처벌과 징계 위주로 해온 그동안의 관행에 대해 시사하는 바가 크다. 학교 구성원 간의 소통이 문제 해결의 단초였던 것이다. 그러나 복정고와 영림중 학교 매점 설립 과정에서 볼 수 있듯이, 학교협동조합이 원활하게 기능하기 위해서는 정책적·제도적 지원이 필수적이다. 매점뿐만 아니라 급식, 학교 공사, 교재 선정, 물품 구입 등 대부분의 학교 사업이 최고가 또는 최저가 입찰을 사업자 선정 기준으로 삼고 있어 영리 사업자에게 유리하게 되어 있다. 협동조합이 학교 사업에 진출할 수 있도록 교육 환경 개선과 교육적 가치를 반영한 제도적 보완이 필요하다.

학교협동조합이 발달한 말레이시아의 사례는 많은 참고가 될 수 있다. 2013년 현재 말레이시아에는 총 1만 587개의 협동조합이 있는데, 이중 21%인 2,262개가 학교협동조합이다. 1953년에 학교협동조합 결의안이 채택되었으며, 1968년에 정부 주도로 9개 학교에서 시범 학교협동조합이 설립되었다. 협동조합법이 제정(1993)된 뒤에는 학교협동조합이 더욱 활성화되었다. 말레이시아는 중고교생들에게 협동조합을 서클 활동처럼 장려하고 있으며, 학생들이 책이 아닌 실제 체험으로 경제 관념과 회계 방식 실습, 사업가 정신과 협동심을 기를 수 있도록 하고 있다(주수원, 2014). 이를 위해서 이사회는 학생들로 구성하며, 학교 협동조합의 의사결정 주체는 학생이 된다. 학생들이 자신의 리더를 뽑고, 스스로 조직 구조를 만들어갈 수 있도록 학교관계자는 조언을 해주거나 독려를 할 뿐이며, 교육부에서도 전혀 관여하지 않는다. 교장은 일 년간 학교 협동조합 활동이 끝나면, 결산을 하고 거기에서 난 수익은 다른 학교 협동조합 활동을 돕는 데 쓴다. 학부모는 학교 협동조합 활동에 관여하지 못한다(오마이뉴스, 2014. 1. 26).

말레이시아는 학생들의 학교협동조합 운영의 자율성은 보장하지만, 원활한 운영을 돕기 위해 지원 체계를 갖추고 있다. 협동조합대학 CCM에서는 협동조합 콘텐츠를 생산하고, 협동조합을 훈련시키며, 협동조합연합회인 앙카사(ANGKASA)는 협동조합에 대한 교육 프로그램개발과 시스템 지원을 맡고 있다. 이러한 전문적인 지원 시스템을 통해 학교협동조합 운영에서 발생하는 다양한 문제들은 체계적으로 해결해나간다(오마이뉴스, 2014. 2. 6). 학교협동조합의 사업은 매점뿐만이 아니라, 수학여행, 세탁소, 농업, 기념품제작

등 다양하다. 그리고 각각의 사업에는 학생들에 대한 교육과 지역 순환 개발의 고민이 들어 있다(박주희, 2014).

말레이시아의 사례는 학교협동조합이 초기 단계인 우리에게 시사하는 바가 많다. 우리의 경우 학교 매점을 학부모가 주도하는 것과 달리 말레이시아는 학생들이 이사회를 통한 의사결정부터 물품 구입 및 판매에 이르기까지 협동조합의 모든 활동을 직접 담당한다. 이것은 학교협동조합 운영을 교육 프로그램으로 보기 때문이다. 나아가 협동조합에 대한 전문적인 지원을 하는 시스템을 갖추고 있어 체계적인 관리와 지원을 통해 협동조합의 교육 기능을 강화시키고 교육 프로그램을 완성하고 있다.

(2) 지역 공동체에 기반을 둔 교육협동조합

가. 공동 육아와 마을공동체, 그리고 혁신학교

20년의 역사를 가진 공동 육아는 유아교육의 한 방식으로 우리 사회에 단단히 뿌리를 내렸으며, 협동조합을 전파시키는 산파 구실을 하고 있다. 초기 공동육아협동조합운동을 주도했던 '(사)공동육아와 공동체교육'은 2014년 4월 현재 어린이집 73개, 방과 후 교실 16개, 지역공동체학교 6개, 대안 초등학교 1개의 회원 기관을 두고 있으며, 이들 회원 기관들은 협동조합 방식으로 운영되고 있다. '(사)공동육아와 공동체교육'은 현재 공동 육아를 희망하는 집단에게 협동조합 설립과 유지에 필요한 정보와 교육을 제공하는 교육협동조합 인큐베이팅을 하고 있다. 서대문부모협동조합도 이런 도움으로 탄생하였다.

서대문구 창천동의 한 직장어린이집이 갑자기 문을 닫자, 이용자들이 안정적인 육아를 모색하던 과정에서 공동육아협동조합 방식을 선택하게 되었고, 2013년 4월 15일에 '서대문부모협동조합 콩세알 어린이집' 문을 열었다.

부모협동조합은 공동 육아를 위해 만들어진 협동조합으로서, 2005년 42곳이었던 부모협동조합은 2012년 113곳으로 늘었다(육아정책연구소, 2013). '서대문부모협동조합'은 설립 과정 자체가 협동의 산물이었다. 마을 활동에 관련된 사람들과 '서대문마을넷'이라는 마을 네트워크의 도움을 받았으며, 협동조합의 면모를 갖춰가는 과정에서 필요한 컨설팅과 조합원 교육은 '(사)공동육아와 공동체교육'의 전문적인 도움을 받았다. '콩세알 어린이집'은 단순한 부모협동 어린이집을 넘어 생태 지향적인, 마을로 향하는 어린이집을 지향하고 있다. 서대문부모협동조합은 '콩세알 어린이집' 외에 부모 공동체를 위한 공간 '콩세알 사랑방'을 운영하고 있는데, 이웃에게 받은 도움을 다시 이웃에게 되돌리기 위해 '콩세알 사랑방'을 이웃에게도 개방해 예비 부모들을 위한 상담과 프로그램, 임산부를 위한 요가 프로그램을 운영하고 있다.

한편, 고양시에도 10~20년 전 공동 육아가 시작되었다. 대장동과 내곡동을 일컫는 대내리마을도 공동육아협동조합 '나무를 키우는 햇살' 어린이집을 중심으로 형성되었다. 그러나 대내리마을은 성미산마을과 삼각산재미난마을과 달리 대안학교를 만들지 않았다. 그 이유는 인근에 대곡초등학교가 혁신학교 지정을 받으면서 학교교육에 만족하기 때문이다. 공동 육아와 혁신학교 교육을 위해 대내리마을에 이주한 젊은 주민들은 2010년에 '영주산마을협동조합'을 만들어 십시일반으로 출자해 마을카페 '영주산 다락방'과 '두근두근 도서관'의 문을 열었다. 카페와 도서관은 마을공동체의 소통과 만남, 학습이 이루어지는 중심이 되고 있다(『한겨레』 2013. 11. 24). 공동 육아로 출발한 협동조합이 마을공동체의 소통과 학습을 위해 또다시 협동조합을 만든 것이다. 이 협동조합은 마을공동체의 구심점이 될 것이다.

대내리마을이 주목되는 것은 마을과 공교육과의 연계 때문이다. 공교육 개혁의 가능성을 보여주고 있는 혁신학교가 마을공동체와 연결될 때 그 성과는 더 확대될 수 있다. 학교 안에서 혁신교육이 성공하더라도 교육에 대한 지향성이 가정과 지역사회에서 단절된다면, 그 효과는 반감될 수밖에 없다. 그러나 대내리마을처럼 학부모와 지역 주민이 교육관을 공유하고 마을 공동체 속에서 아이들의 성장을 돕는다면 교육적 효과는 배가 될 것이다. 공동육아 이후 대안학교를 만들었던 이유는 그 지역 내 교육철학을 이어갈 수 있는 학교가 없었기 때문이다. 따라서 지역사회의 교육협동조합과 혁신학교가 만나면 교육 혁신의 가능성은 훨씬 높아질 것이며, 지역과 학교의 교육 문제 해결에 큰 기여를 하게 될 것이다.

나. 작은학교 살리기에서 마을 살리기로

전남 완도군 청산면의 '농산어촌섬마을유학협동조합'은 모도분교의 폐교를 막기 위해 만든 협동조합이다. 2012년 모도분교에 학생 1명만 남아 폐교 위기에 몰렸을 때, 폐교를 막은 것은 섬마을의 대안 교육 배움터 '올스약(우리 스스로 아름다운 이야기 만듦터)'였다. 모도에서 활동을 하던 한 목사가 폐교를 구입해 만든 '올스약'에서는 방과 후에 자연 생태교육 프로그램을 운영하였으며, 방학마다 육지 학생들을 초청해 교육 프로그램을 진행하였다. 모도분교가 폐교 위기에 놓이자 도시에 사는 지인들에게 자녀 전학을 권유해 3명이 모도분교로 전학하면서 폐교 위기를 넘기게 되었다. 2012년 12월 28일에 목회자와 학부모 등 12명이 출자해 '농산어촌섬마을유학협동조합'을 설립하고, 도시 어린이와 청소년을 대상으로 유학프로그램을 운영하고 있다(『한겨레』 2013. 1. 10).

교육 프로그램은 기존 교과과정에 더해 국내외 여행을 통해 다양한 체험 활동, 방문 참여 교육 등을 통해 스스로 경험하고 배우는 교육을 지향하고 있다. 현재의 제도 교육을 포괄하면서 더 넓은 범위에서 아이들이 성장할 수 있는 교육 프로그램을 지향하며, 1개월, 6개월, 1년, 3년 등 단기/장기간 유학 프로그램과 돌봄 프로그램을 운영하고 있다. '농산어촌섬마을유학협동조합'은 자체 유학프로그램을 운영하면서, 동시에 공교육인 모도분교를 유지시키는 기둥과 같은 역할을 하고 있다. 나아가 노령 인구가 주였던 섬마을에 어린이들이 늘어나면서 활기를 주고 있다.

전남 완도의 '농산어촌섬마을유학협동조합'은 폐교 위기의 작은 학교를 살리고, 마을까지 활성화시킨 예이다. 교육협동조합은 도시화에 따라 폐교 위기에 놓인 지역의 작은 학교들을 지켜내고, 농촌, 어촌, 산촌을 살릴 수 있는 좋은 방법으로 주목받고 있다. 완도군에서는 다양하고 특색 있는 협동조합에 대한 지원을 통해 지역공동체 회복, 일자리를 창출 및 경제 활성화를 기대하고 있다(『한국농어민신문』 2013. 3. 4). 전라북도에서도 도청 내에 농촌유학 지원센터를 개소하여 도시 학생들이 도내 시골 학교로 6개월 이상 전학, 시골 생활을 체험하도록 하는 농촌 유학 프로그램을 지원하고 있다.

4. 교육협동조합 활성화를 위한 과제

(1) 교육협동조합 관련 지원 체계 구축

협동조합기본법의 제정으로 협동조합 대중화 시대가 열렸다. 역사상 조합원의 자발성이 전제되지 않고, 관제화된 협동조합은 조합원의 이익을 증진시키지 못하고 유사 기업이 되고 말았다. 그러나 교육협동조합은 자생적으로 태동해 협동과 민주주의 원리를 충실히 지켜온 소중한 경험을 갖고 있다. 교육의 본질적 가치를 환기시키고 교육 주체의 자치를 통해 협동조합을 발전시켜온 초기 교육협동조합은 교육자치의 초석을 놓았다고 할 수 있다. 자생적 조직인 협동조합의 자율성을 최대한 존중하면서 학교교육 혁신과 연계할 때 교육자치는 큰 성과를 거둘 것이다. 공교육 혁신의 가능성을 보여준 혁신학교 운동이 지역을 기반으로 한 교육협동조합과 만날 때 시너

지효과를 기대할 수 있다.

그러나 협동조합의 자생적 노력만으로는 성장하는 데 한계가 있으며, 정부와 지자체, 지역교육청의 지원이 필요하다. 다만 관제 협동조합의 역사를 되풀이하지 않기 위해서는 외적 지원은 하되, 협동조합의 자율성을 최대한 보장해야 한다. 말레이시아의 학교협동조합은 정부와 학교 그리고 협동조합 관련 기구의 전문적인 지원체계 속에서 교육적 효과를 거두고 있는 사례를 보여준다. 교육협동조합 지원체계를 구축해 협동과 민주주의의 가치를 충실히 지켜나간다면, 교육협동조합은 정부·지자체·교육청·학교·지역사회가 연계·융합된 민·관 협력의 자발적·민주적 모델이 될 수 있으며, 학교교육을 포함한 교육의 혁신과 지역 공동체의 활성화를 기대할 수 있다.

그렇다면 교육자치가 제도화되고 주민 직선 교육감이 이끄는 교육청은

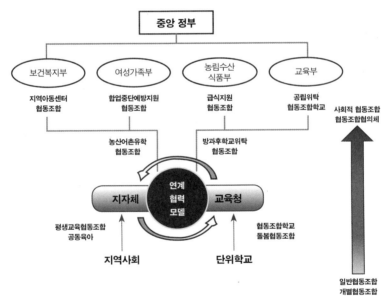

[그림 1] 민·관 연계-협력 교육협동조합 모형의 예

그동안 교육협동조합의 성과를 발전시키고, 새롭게 만들어지고 있는 교육협동조합을 지원하기 위해 어떻게 결합할 수 있을까? 교육협동조합 지원체계 구축을 위해, 시도 교육청은 지자체와 연계해 '교육협동조합 지원센터'를 설립할 수 있다. 이 센터가 중심이 되어 먼저 교육협동조합 활성화를 위한 기본 계획을 설립하고, 조례 제정 등 법·제도 정비를 해야 한다. 복정고와 영림중 그리고 독산고의 학교 매점 추진 사례를 통해 볼 수 있듯이 교육협동조합의 설립과 활성화를 위해서는 관련 법·제도의 정비가 시급하다. 또 교육협동조합 사업 영역을 발굴하고 시범 사업을 운영한다. 시범 지역을 선정해 인큐베이팅을 담당한다. 그리고 센터에서는 교육협동조합의 설립과 운영 지원을 위한 컨설팅을 하며, 교육협동조합 아카데미를 운영할 수 있다. 이러한 지원체계는 교육협동조합이 학교 내외의 지역공동체, 지자체 등과의 연계를 통해 교육 혁신[42]을 이룰 수 있는 제도적 장치가 될 수 있다.

이와 같은 지원 체계를 통해 지역사회에서 활동하고 있는 지역아동센터, 돌봄 기관, 비인가 대안학교, 평생교육기관, 공부방 등 교육관련 조직들의 협동조합 설립과 전환을 지원할 수 있다. 또한 점차 증가하고 있는 학업 중단 청소년을 위해 학교-정부-사회 협력을 통한 지원 체계를 구축해 학업 중단 실태를 파악하고, 교사, 심리상담전문가, 진로진학전문가, 청소년지도사, 사회복지사 등 다양한 전문가의 협업 체계 구축해 지원을 해야 한다. 그리고 폐교(혹은 폐교 위기에 처한) 농어촌 학교를 대상으로 협동조합학교 프로젝트를 공모해 교직원뿐 아니라 학생, 학부모, 마을 주민 등 지역공동체 구성원이 자발적으로 참여하여 학교 설립을 도울 수 있다.

---

42) 1990년대 열린교육운동이 점차 관 주도의 교수법 개선 차원 운동에 그친 반면, 2000년대 혁신학교운동은 학교 문화 개선과 혁신의 확산을 꾀하고 있다. 그러나, 교장공모제 등 위로부터의 동원과 제도적 지원이 교사의 자발적 연구와 학교 변화를 위한 실질적 노력을 자극하지 못하는 한계를 가지고 있다. 교육협동조합 운동은 교육 주체의 자발적이고 민주적인 참여, 아래로부터의 교육혁신을 이루는 주요한 수단이 될 수 있다.

(2) 공립위탁 협동조합학교: 교직원 중심의 협동조합학교

'협동조합학교(Coopertative School)'는 우리 사회에서는 아직 생소하지만, 최근 대안적인 학교 형태로 주목을 받고 있다. 영국에서는 2008년 국제 금융 위기 이후 협동조합학교 설립 또는 전환의 붐이 일어, 2013년까지 400개가 넘는 협동조합학교가 탄생하였다(『한겨레』 2013. 2. 21). 영국 협동조합학교 운영의 가장 큰 특징은 학교 운영의 자금을 조달하는 트러스티와 운영 주체가 분리된 점이다. 지역 상권, 대학, 관련 단체 등의 다양한 트러스티(Trustee)로 구성된 트러스트(Trust)와 지원금을 지급하는 지역 정부 기관은 자금만 조달하고, 운영에는 관여할 수 없다(노율, 2013). 대신 학교 운영은 협동조합 방식으로 이루어진다. 학생, 교사, 학부모, 교직원, 지역사회 인사가 조합원으로 참여하며, 조합원을 대표하는 운영단위(이사회)에서 학교의 운영을 맡는다.

공교육에 협동조합 운영 원리를 적극적으로 도입하는 방법으로 공립위탁협동조합학교를 생각해볼 수 있다. 공립위탁협동조합학교는 시도 교육청이 공립학교 가운데 교직원 중심의 협동조합에게 운영을 위탁한 학교를 말한다. 공립위탁 협동조합학교는 협동조합과 교원팀 공모제가 결합된 개념으로 볼 수 있다. '교원팀 공모제'는 김춘진 의원이 2010년에 농산어촌과 도심 지역의 소규모 학교 활성화 방안을 입법 발의하는 과정에서 나온 개념이다. 농어촌 인구의 고령화 및 도심의 공동화 현상으로 인해 발생하는 작은 학교에 대한 획일적인 통폐합 정책의 대안으로서, 작은 학교를 '소규모 공동체 학교'로 지정하고, 이 학교의 구성원들에게 교장을 포함한 교원 집단을 공모할 수 있는 권한을 부여하는 것이다(연합뉴스, 2010. 8. 27). 초중고의 학교장과 교사의 인사권은 교육감에게 있는데, 학교 구성원에게 교장 선택권을 부여한 것이 교장공모제라면, 교원 집단에 대한 선택권을 부여하는 것이 바로 '소규모 공동체 학교'의 '교원팀 공모제'이다. '교원팀 공모제'는 학교 혁신을 교장 한 사람의 의지와 역량에만 의존하는 교장공모제의 한계를 극복할 수 있는 대안이라고 주장하였다. 공모 교원팀은 교사 경력 15년 이상인 자가 교장이 되고, 자유로운 교육과정 운영과 초빙 교사 선발권, 자율적인 학교 운영을 보장받는다.

이수일은 교사협동조합에게 학교 운영을 위탁하는 '협동조합형 학교'를 제안하였다.[43] 그는 혁신학교가 '교장공모제'를 기반으로 성공했다고 보고, 교장 대신 교사협동조합을 공모해 학교 운영을 맡기는 방식을 고안한 것이다. 즉 교장공모제의 변형으로서 교사협동조합을 공모 대상으로 하는데, 현직 교사협동조합에게 학교 운영권을 위임할 경우, '내부 위탁형 혁신학교'라고 할 수 있다. 이 학교는 미국의 '협약학교(charter school)'와 유사하지만, 주로 외부 전문가와 협약을 체결한다는 점에서 성격이 완전히 다르다고 하였다. 이수일은 '내부 위탁형 혁신학교'는 교장 한 사람에게 모든 권한과 책임을 부여하는 교장공모제의 혁신학교보다 한 단계 진화한 혁신학교가 될 것이라고 전망하였다.

이와 같이 공립위탁협동조합학교는 교원협동조합을 공모해 학교 운영을 위탁하는 학교이다. 위탁 기간은 4년으로 하되, 4년 차에 운영 평가를 통해 위탁 연장 가능하다(운영의 연속성 보장). 이 제도는 관료적인 학교 문화를 혁신하는 데 기여할 것이다. 단, 고용 관계와 법적 지위, 기관 구성원으로서의 활동 사항 등은 초중등교육법, 교육공무원법, 교육공무원 인사관리규정 등 관련 법률과 협동조합기본법 간의 충돌 여부에 대한 면밀한 검토와 제도적 보완을 요한다.

---

43) 이수일은 학교협동조합은 그 구성원의 범위에 따라 교사 중심, 교사·학생·학부모·지역인사 등이 조합원으로 참여하는 학교협동조합이 있을 수 있으며, 사립학교나 대안학교의 경우 후자의 학교협동조합 운영이 가능하겠지만, 교사 주도의 협동조합으로 시작하는 것이 가장 현실적이라고 보았다(이수일, 2013. 10). 이수일은 교육협동조합형 학교와 학교협동조합을 같은 의미로 사용하고 있지만, 이 글에서는 양자를 구별해 그의 제안을 협동조합학교로 받아들인다.

공립위탁 대상 지역 선정		도교육청 공지		교직원 팀 구성
면단위 지역 중 협동조합학교가 적합하다고 판단되는 공립위탁 대상 지역 선정	⇨	선정된 지역에 대해 공립위탁협동조합학교에 대한 공모 공지, 공립학교위탁선정위원회 구성	⇨	해당 지역의 학교를 대상으로 교장·교사·행정직원 팀 구성, 학교 운영 및 발전방향 기획

공모 협동조합 적합성 심의		해당 학교 공모 신청		해당 학교 심의
공립학교위탁선정위원회를 통해 공모한 협동조합을 대상으로 학교운영계획, 사회적 협동조합 적합성 심의	⇦	교직원 팀을 주축으로 해당 학교의 공모 신청.	⇦	해당 지역의 총회 또는 운영위원회 개최, 위탁 여부 및 해당 교직원 팀의 적절성 여부 심의, 학교 내외 연계

공립위탁협동조합학교 선정		사회적 협동조합 등록		교직원 인사 이동
선정된 학교는 학교운영위원회를 통해 협동조합학교 운영을 최종 의결	⇨	해당 교직원 팀의 사회적 협동조합 등록(교육부)	⇨	교직원 팀의 해당 학교로의 인사이동, 기존 교직원 인사발령(인사이동에 대한 유인책 마련)

협동조합학교 운영 평가		협동조합학교 운영
협동조합학교 운영 2년 차 중간 점검, 4년차 최종 평가 실시하여 위탁 연장 여부 결정	⇦	협동조합을 중심으로 학교 운영(4년간)

〈그림 2〉 공립위탁 협동조합학교 운영 절차(예)

교원 집단에 의한 협동조합학교의 가능성은 이미 우리 사회에서 경험한 바 있다. 2000년 폐교 위기에 놓은 남한산초등학교에 일부 교사들이 자원해 들어가 새로운 교육 실험을 한 결과, 인기 있는 학교로 만든 선례가 있다. 남한산초등학교의 실험은 혁신학교의 토대가 되었다. 협동조합학교는 협동조합 방식으로 학교를 운영하기 때문에 민주적인 의사결정 과정에서 교육 주체들의 자발성을 끌어내고 투명하게 운영할 수 있으며, 협동과 공동체 정신을 살려 학교를 소통의 공간으로 만들 수 있다. 자발성과 협동의 가치가 존중되는 학교교육은 민주시민교육의 기초가 되며, 시민사회 형성의 토대가 될 것이다. 협동조합학교는 혁신학교에서 우선적으로 도입해 시범 운영을 해보고, 검토 과정을 거쳐 일반 학교로 점차 확산시킬 수 있다.

(3) 남는 과제

교육협동조합 지원체계는 교육협동조합의 활성화에 기여할 것이다. 그러나 협동조합 내부적으로 자생할 수 있는 역량이 부족할 때는 위기를 맞을 수 있다. 협동과 민주주의 원리를 지향하는 협동조합이라 하더라도, 욕망과 이해관계를 갖고 있는 사람들의 모임이기 때문에, 조합원들이 상호 이해관계와 입장 차이로 인한 갈등이 생기기 마련이다. 갈등 해결 위한 노력을 지속적으로 하지 않으면 협동조합의 빛은 퇴색하게 된다. 갈등이 불거졌을 때 토론을 통한 소통 노력을 해야 하며, 주기적으로 조합원 교육을 실시해 협동조합 설립 취지와 협동조합 정신을 환기시킬 필요가 있다.

또한 협동조합의 활성화를 통해 교육 주체의 자발성을 향상시키고 교육자치에 참여를 이끌어내는 점은 고무적이다. 그러나 교육 복지가 강조되고 무상교육이 확대되고 있는 현실에서 자칫 교육협동조합의 강조는 공교육과 복지에 대한 국가의 의무를 소홀히 할 우려가 있다. 특히 무상교육이 확산되고 있는 상황에서 재정 자립을 원칙으로 하는 협동조합의 양적 팽창은 자칫 보편적 무상교육의 확산을 막고 정부의 역할을 축소할 우려가 있다. 이로 인해 국가가 담당해야 할 복지 영역을 민간에게 떠넘기는 결과를 낳을 수 있다. 교육에 소요되는 비용은 국가가 부담하되, 운영 과정에서 주체들의 자발성과 협동조합 원리를 존중하는 방향으로 나아갈 필요가 있다.

참고문헌

● 기획재정부, 「협동조합 설립운영 안내서: 아름다운 협동조합 만들기」 ver2.0, 2013.
● 기획재정부 협동조합 안내 홈페이지 http://www.cooperatives.go.kr.
● 기획재정부, 『2013 협동조합 사례집-협동조합 이렇게』, 2013.
● 고병헌(2009), 「부록: 풀무농업기술학교」, 고병헌 외, 『교사, 대안의 길을 묻다』, 이매진.
● 김기태(2012), 「한국 협동조합의 역사와 동향」, 『일하는 여성』 통권 제91호, 한국여성노동자회.
● 김대성(2013), 「협동조합 활성화를 통한 사회 서비스 일자리 창출 방안」, 『전남발전연구원 정책연구 2013-13』.
● 김선명·김현철(2013), 「협동조합을 활용한 친환경급식 지원체계 효율화 방안」, 『녹색전남』 75호.
● 김종성(2013), 「지역아동 돌봄 협동조합 설립 및 운영 방안」, 『녹색전남』 75호.
● 김형미(2012), 「한국 생활협동조합운동의 기원을 찾아서」, 『한국 생활협동조합운동의 기원과 전개』, 푸른나무 .
● 노율(2013), 「이런 학교 어떤가요?」, 희망제작소, 2013. 6. 18.
● 문보경·심미경(2013), 「사회적 약자를 위한 전남형 협동조합 모델 구축」, 『녹색전남』 75호.
● 박승옥(2012), 「왜 협동조합 운동인가」, 『녹색평론』 125호(2012년 7~8월).
● 박주희(2014), 「학교협동조합의 무한한 가능성에 주목한다」, 한국협동조합연구소(홈페이지 자료실), 2014. 2. 4.
● 여치헌(2012), 「협동조합법에 대하여」, 『녹색평론』 126호(2012년 9~10월).
● 유창복(2010), 『우린 마을에서 논다』, 또하나의문화.
● 위성남 외(2013), 『마을하기, 성미산 마을의 역사와 생각』, 국토연구원 도시재생지원센터.
● 이수일(2013), 「교육협동조합을 상상한다」, 전남교육정책연구소, 『전남교육 이슈&정책』 8호(2013년 10월).
● 전남교육정책연구소(2014), 『교육협동조합 현황과 정책 제안』.
● 정병호(2000), 「한국 사회의 공동체 교육 현장에 대한 인류학적 연구—풀무학교와 공동육아 어린이집을 중심으로」, 『민족과 문화』 제9집.
● 정해진(2013), 「풀무학교의 근대 교육사적 의의」, 『한국교육학연구』 제19권 제3호.
● 주수원, 「학교협동조합의 나라, 말레이시아에 가다」, 뉴스레터 세모편지 11호, 서울시 사회적경제지원센터, 2014. 2. 13. http://sehub.blog.me/150184891935.

- 뉴스1(2013. 4. 23), 「성남시-도 교육청 등, 학교협동조합 시범 사업 협약」.
- 아시아경제(2013. 10. 22), 「전국 최초 '학교협동조합' 성남에 문 연다」.
- 연합뉴스(2010. 8. 27), 「김춘진 의원, '교장공모제'를 넘어 '교원팀공모제' 첫 입법 시도」.
- 오마이뉴스(2014. 1. 26), 「말레이시아 학교협동조합 방문기 ①: 학교협동조합의 본류를 찾아서」.
- 오마이뉴스(2014. 2. 6), 「말레이시아 학교협동조합 방문기 ②: 학교협동조합의 든든한 길잡이 '앙카사'」.
- 한겨레(2013. 2. 7), 「국내 최초 '친환경 먹거리 학교 매점' 활짝 피었어요」.
- 한겨레(2013. 2. 21), 「영국 '협동조합학교' 급증…… 학교 폭력 줄고 성적 쑥쑥」.
- 한겨레(2013. 2. 22), 「관심 끄는 영국의 협동조합학교…… 협동조합 가치와 원칙 따라 학교 운영」.
- 한겨레(2013. 1. 10), 「'섬마을 대안학교'가 폐교 막았다」.
- 한겨레(2013. 3. 29), 「성공회대·서대문구청 '협동조합 국제 심포지엄'」.
- 한겨레(2013. 11. 24), 「공동 육아하러 왔다가…… 학교를 살리고 마을을 살리는 사람들」.
- 한국농어민신문(2013. 3. 4), 「완도 '농산어촌섬마을유학협동조합' 설립」.
- 한국일보(2014. 3. 5), 「우후죽순 사회적 기업…… 속사정은 '문 닫을 판'」.

- 전라북도청 농촌유학지원센터 http://www.jbyes.go.kr.
- Department for Children, Schools and Families(2009). Co-operative schools – making a difference. retrieved from http://www.teachernet.gov.uk/publications.
- Co-operative colleage. Co-operative academies: stronger together. retrieved from http://www.co-op.ac.uk/schools-and-young-people/
- Co-operative school and Young co-operatives. retrieved from http://school.coop,http://www.youngco-operatives.coop.

삶의 행복을 꿈꾸는 교육은
어디에서 오는가? 미래 100년을 향한 새로운 교육

혁신교육을 실천하는 교사들의 필독서

▶ 교육혁명을 앞당기는 배움책 이야기

혁신교육의 철학과 잉걸진 미래를 만나다!

 핀란드 교육혁명
한국교육연구네트워크 총서 01 | 320쪽 | 값 15,000원

 일제고사를 넘어서
한국교육연구네트워크 총서 02 | 384쪽 | 값 13,000원

 새로운 사회를 여는 교육혁명
한국교육연구네트워크 총서 03 | 380쪽 | 값 17,000원

 교장제도 혁명
한국교육연구네트워크 총서 04 | 268쪽 | 값 14,000원

 새로운 사회를 여는 교육자치혁명
한국교육연구네트워크 총서05 | 312쪽 | 값 15,000원

 혁신학교
성열관·이순철 지음 | 224쪽 | 값 12,000원

 행복한 혁신학교 만들기
초등교육과정연구모임 지음 | 264쪽 | 값 13,000원

 서울형 혁신학교 만들기
이부영 지음 | 320쪽 | 값 15,000원

 혁신교육 철학을 만나다!
브렌트 데이비스·데니스 수마라 지음 |
현인철·서용선 옮김 | 304쪽 | 값 15,000원

 혁신교육 존 듀이에게 묻다
서용선 지음 | 292쪽 | 값 14,000원

 미래교육의 열쇠, 창의적 문화교육
심광현·노명우·강정석 지음 | 368쪽 | 값 16,000원

 대한민국 교사, 어떻게 가르칠 것인가?
윤성관 지음 | 320쪽 | 값 15,000원

 아이들을 어떻게 가르칠 것인가
사토 마나부 지음 | 박찬영 옮김 | 232쪽 | 값 13,000원

 교사, 선생이 되다
김태은 외 지음 | 260쪽 | 값 13,000원

 다시 읽는 조선 교육사
이만규 지음 | 750쪽 | 값 33,000원

 대한민국 교육혁명
교육혁명공동행동 연구위원회 | 152쪽 | 값 5,000원

▶평화샘 프로젝트 매뉴얼 시리즈
학교 폭력에 대한 근본적인 예방과 대책을 찾는다

 학교 폭력 어떻게 만들어지는가
문재현 외 지음 l 300쪽 l 값 14,000원

 아이들을 살리는 동네
문재현·신동명·김수동 지음 l 204쪽 l 값 10,000원

 학교 폭력, 멈춰!
문재현 외 지음 l 328쪽 l 값 15,000원

 평화! 행복한 학교의 시작
문재현 외 지음 l 252쪽 l 값 12,000원

 왕따, 이렇게 해결할 수 있다
문재현 외 지음 l 236쪽 l 값 12,000원

▶비고츠키 선집 시리즈
발달과 협력의 교육학 어떻게 읽을 것인가?

 생각과 말
레프 세묘노비치 비고츠키 지음
배희철·김용호·D. 켈로그 옮김l690쪽 l 값 33,000원

 어린이의 상상과 창조
L.S.비고츠키 지음 l 비고츠키연구회 옮김
280쪽 l 값 15,000원

 도구와 기호
비고츠키·루리야 지음 l 비고츠키연구회 옮김
336쪽 l 값 16,000원

 비고츠키 생각과 말 쉽게 읽기
비고츠키 교육학 실천연구모임 지음
316쪽 l 값 15,000원

 어린이 자기행동숙달의 역사와 발달
L.S.비고츠키 지음 l 비고츠키연구회 옮김
564쪽 l 값 28,000원

 비고츠키와 인지 발달의 비밀
A.R.루리야 지음 l 배희철 옮김
280쪽 l 값 15,000원

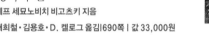

▶ 살림터 참교육 문예 시리즈
영혼이 있는 삶을 가르치는 온 선생님을 만나다!

 꽃보다 귀한 우리 아이는
조재도 지음 l 244쪽 l 값 12,000원

 선생님이 먼저 때렸는데요
강병철 지음 l 248쪽 l 값 12,000원

 성깔 있는 나무들
최은숙 지음 l 244쪽 l 값 12,000원

 서울 여자, 시골 선생님 되다
조경선 지음 l 252쪽 l 값 12,000원

 아이들에게 세상을 배웠네
명혜정 지음 l 240쪽 l 값 12,000원

 행복한 창의 교육
최창의 지음 l 328쪽 l 값 15,000원

▶ 교과서 밖에서 만나는 역사 교실
상식이 통하는 살아 있는 역사를 만나다

 전봉준과 동학농민혁명
조광환 지음 | 336쪽 | 값 15,000원

 남도의 기억을 걷다
노성태 지음 | 344쪽 | 값 14,000원

 즐거운 국사수업
김은석 지음 | 352쪽 | 값 13,000원

 즐거운 국사수업 32강
김남선 지음 | 280쪽 | 값 11,000원

 즐거운 세계사 수업
김은석 지음 | 328쪽 | 값 13,000원

 한국 고대사의 비밀
김은석 지음 | 304쪽 | 값 13,000원

 아이들이 주인공이 되는 주제통합수업
이윤미 외 지음 | 268쪽 | 값 13,000원

 통하는 공부
김태흥·김현우·이경서·심우근·허진만 지음 | 024쪽 | 값 15,000원

 팔만대장경도 모르면 빨래판이다
전병철 지음 | 360쪽 | 값 16,000원

 빨래판도 잘 보면 팔만대장경이다
전병철 지음 | 360쪽 | 값 16,000원

 김창환 교수의 DMZ 지리 이야기
김창환 지음 | 264쪽 | 값 15,000원

 영화는 역사다
강성률 지음 | 288쪽 | 값 13,000원

 친일 영화의 해부학
강성률 지음 | 264쪽 | 값 15,000원

 광주의 기억을 걷다
노성태 지음 | 348쪽 | 값 15,000원

▶ 창의적인 협력수업을 지향하는 삶이 있는 국어 교실
우리말 글을 배우며 세상을 배운다

 중학교 국어 수업 어떻게 할 것인가?
김미경 지음 | 332쪽 | 값 15,000원

 토론의 숲에서 나를 만나다
명혜정 엮음 | 312쪽 | 값 15,000원

 이야기 꽃 1
박용성 엮어 지음 | 276쪽 | 값 9,800원

 이야기 꽃 2
박용성 엮어 지음 | 294쪽 | 값 13,000원

▶ 정의로운 세상을 여는 인문사회 과학

사람의 존엄과 평등의 가치를 배운다

 밥상혁명
강양구·강이현 지음 | 298쪽 | 값 13,800원

 좌우지간 인권이다
안경환 지음 | 288쪽 | 값 13,000원

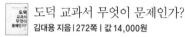 도덕 교과서 무엇이 문제인가?
김대용 지음 | 272쪽 | 값 14,000원

 민주시민교육
심성보 지음 | 544쪽 | 값 25,000원

 자율주의와 진보교육
조엘 스프링 지음 | 심성보 옮김 | 320쪽 | 값 15,000원

 민주시민을 위한 도덕교육
심성보 지음 | 496쪽 | 값 25,000원

 민주화 이후의 공동체 교육
심성보 지음 | 392쪽 | 값 15,000원

 교과서 밖에서 배우는 인문학 공부
정은교 지음 | 276쪽 | 값 13,000원

 갈등을 넘어 협력 사회로
이창언·오수길·유문종·신윤관 지음 | 280쪽 | 값 15,000원

 오래된 미래교육
정재걸 지음 | 392쪽 | 값 18,000원

 동양사상과 마음교육
정재걸 외 지음 | 356쪽 | 값 16,000원

▶ 남북이 하나 되는 두물머리 평화교육

분단 극복을 위한 치열한 배움과 실천을 만나다!

 10년 후 통일
정동영·지승호 지음 | 328쪽 | 값 15,000원

 선생님, 통일이 뭐예요?
정경호 지음 | 252쪽 | 값 13,000원

▶ 출간예정

 근간 수업과 교육의 지평을 확장하는 수업 비평
윤양수 지음

 근간 어린이 자기행동숙달의 역사와 발달 2
L.S 비고츠키 지음 | 비고츠키연구회 옮김

 근간 응답하라 한국사 1·2
김은석 지음

참된 삶과 **교육**에 관한
생각 줍기

MEMO

MEMO